婚姻家庭继承案件

实用办案手册

邝宪平◎ 著

HUNYIN JIATING JICHENG ANJIAN
SHIYONG BANAN SHOUCE

中国法制出版社
CHINA LEGAL PUBLISHING HOUSE

序 言

2021年1月1日，《民法典》开始施行，原《婚姻法》《继承法》《收养法》等九部法律及其司法解释同时废止。2021年1月1日，最高人民法院发布了新版《民事案件案由规定》，对相关案由进行了相应的调整和增加。

婚姻家庭编、继承编是《民法典》的重要组成内容，与原《婚姻法》《收养法》《继承法》相比，在坚持婚姻自由、一夫一妻、保障被收养人和收养人合法权益、保护私有财产继承权等基本原则的前提下，结合社会发展需要，修改了部分规定，并增加了一些新规定。

在婚姻家庭方面，主要修改内容有：1. 修改禁止结婚的条件，增加婚姻无效的情形。原《婚姻法》规定，患有医学上认为不应当结婚的疾病者禁止结婚，强制婚检制度废除以后，这一规定在实践中难以操作，且在对方知情的情况下，是否患有疾病并不必然影响当事人的结婚意愿。为尊重当事人的婚姻自主权，《民法典》婚姻家庭编规定，一方患有严重疾病的应当在结婚登记前如实告知对方，不如实告知的，对方可以请求撤销该婚姻。2. 完善了可撤销婚姻制度。原《婚姻法》中规定的可撤销婚姻法定事由只有胁迫婚姻一种情形。《民法典》婚姻家庭编增加了一项重大疾病不如实告知可撤销婚姻的法定事由规定，并删除了"患有医学上认为不应当结婚的疾病"这一禁止性规定。3. 增加离婚冷静期的规定，避免轻率离婚。实践中，由于离婚登记手续过于简便，轻率离婚的现象增多，不利于家庭稳定。为此，《民法典》婚姻家庭编规定了30日的离婚冷静期，在此期间，任何一方都可以向登记机关撤回离婚申请。4. 完善离婚赔偿制度。原《婚姻法》规定了四种适用离婚损害赔偿的情形，为更好地发挥离婚损害赔偿制度的预防和制裁作用，促进婚姻关系的稳定，《民法典》婚姻家庭编增加了离婚损害赔偿的兜底条款，将其他一些确实给对方造成严重损害的情形也纳入损害赔偿范围。这样既能涵盖可能出现的其他严重损害配偶一方权益的情形，又能为司法裁判提供依据。5. 不再保留计划生育的有关内容。为适用我国人口形势新变化，《民法典》婚姻家庭编不再规定有关计划生育的内容。

在收养方面，除了增加有利于收养人的原则性规定外，还有以下四个亮点：1. 将被收养人年龄限制从“不满 14 周岁”放宽至“不满 18 周岁”。原《收养法》规定，被收养人只能是不满 14 周岁的未成年人。然而，这个年龄阶段的未成年人身心尚未成熟，一旦面临意外的家庭变故就可能受到伤害，也可能增加社会不稳定因素。2. 修改和增加收养的条件。《民法典》婚姻家庭编规定曾有过虐待、遗弃未成年人或者性侵害等违法犯罪记录的人，一般不能收养子女。3. 征得被收养人同意的年龄下调。原《收养法》规定，收养年满 10 周岁以上未成年人的，应当征得被收养人的同意。《民法典》婚姻家庭编则将“10 周岁”修改为“8 周岁”。4. 新增政府收养评估制度。原《收养法》规定，收养向县级以上人民政府民政部门登记，收养关系成立。《民法典》婚姻家庭编在此基础上新增了政府收养评估制度，从源头保障收养行为更有利于被收养人。

在继承方面，主要有四点修改：1. 《民法典》继承编在原《继承法》规定的公证遗嘱、自书遗嘱、代书遗嘱、录音遗嘱和口头遗嘱五种遗嘱形式基础之上，增加了打印遗嘱和录像遗嘱。2. 代位继承扩展。原《继承法》代位继承仅限于被继承人子女的直系晚辈亲属，《民法典》继承编扩展到被继承人的兄弟姐妹先于被继承人死亡的由被继承人的兄弟姐妹的子女代位继承。3. 公证遗嘱效力不再优先。4. 新增遗产管理人制度，等等。

目前，我国图书市场出版的婚姻家庭继承案件书籍，有的只介绍案由规定的理解与适用；有的是纯粹法学理论，无法运用到实务中；有的虽有实务和理论知识，但又未与现行有效的法律规定保持一致。在此背景下，笔者根据自 2021 年 1 月 1 日起施行的最高人民法院《民事案件案由规定》，编写了这本《婚姻家庭继承案件实用办案手册》。本书共分为四大部分，分别为婚姻家庭、继承概述，常见十八类婚姻家庭继承案件，与婚姻家庭继承有关的常见合同纠纷案件和办案工具箱。本书以婚姻家庭继承诉讼类案件经常涉及的民事案由为主线，对每个案由的适用要点、注意问题及法律依据进行实务解读，对每个案由涉及的法学理论进行详细阐述，精选与现实生活紧密相连，紧扣相关案由的案例进行实务指引，对读者具有很强的参考借鉴价值。

另外，本书具有如下特点：1. 编写人员专业。由从事一线法律实务人员编写，确保内容的专业性和准确性。2. 案例典型真实。案例均来自各级司法机关在中国裁判文书网公布的真实案例，让读者直观有效了解法律实践。3. 内容实时性强。注重案例与法律的时效性，紧密结合现行有效的法律规定，以增强读者掌握现行法律规定并加以运用的能力。4. 紧扣现实生活，特别关注现实生活中可能出现、经常出现的法律问题或法律纠纷，希望能够帮助读者了解现实中法律的实际运行情况，为读者提供有益的启示。

因近几年我国法律的“立、改、废、释”工作举措密集，同时新类型案件层出不穷，本书以期为读者提供最新、最全的婚姻家庭继承案件指导和参考，同时也为法学理论研究提供真实的案例素材。

最后，感谢中国法制出版社编辑戴蕊、秦智贤、朱自文，也感谢我的家人和同事，没有他们的大力支持，本书就不会出版问世。本书将以修订版的形式，长期致力于婚姻家庭继承法律实务知识的整理工作，本书中的不当、疏漏之处难免，敬请广大读者批评指正。

邝宪平

2023 年 1 月于江西省遂川县

法律文件缩略语对照表

全称	简称	施行时间
《中华人民共和国民法典》	《民法典》	2021. 1. 1
《最高人民法院关于适用〈中华人民共和国民法典〉婚姻家庭编的解释（一）》	《民法典婚姻家庭编司法解释一》	2021. 1. 1
《最高人民法院关于适用〈中华人民共和国民法典〉继承编的解释（一）》	《民法典继承编司法解释一》	2021. 1. 1
《最高人民法院关于适用〈中华人民共和国民法典〉时间效力的若干规定》	《民法典时间效力规定》	2021. 1. 1
《最高人民法院关于办理人身安全保护令案件适用法律若干问题的规定》	《人身安全保护令司法解释》	2022. 8. 1
《最高人民法院关于审理民间借贷案件适用法律若干问题的规定》	《民间借贷规定》	2021. 1. 1
《中华人民共和国民事诉讼法》	《民事诉讼法》	2022. 1. 1
《最高人民法院关于适用〈中华人民共和国民事诉讼法〉的解释》	《民事诉讼法解释》	2022. 4. 10
《中华人民共和国婚姻法》	《婚姻法》	已废止
《中华人民共和国收养法》	《收养法》	已废止
《中华人民共和国继承法》	《继承法》	已废止

目录

第一篇 婚姻家庭、继承概述

第二篇 常见十八类婚姻家庭继承案件

第三篇　与婚姻家庭继承有关的合同纠纷案件

附录　办案工具箱

第一篇

婚姻家庭、继承概述

第一章 婚姻家庭概述

第一节 概念和基本原则

一、婚姻、亲属的概念

婚姻，是男女双方以共同生活为目的，以夫妻的权利义务为内容的依法结合。

亲属，是基于婚姻、血缘、法律拟制而产生的人与人之间的社会关系。根据《民法典》的规定，亲属包括配偶、血亲和姻亲。

1. 配偶即夫妻，是男女双方因结婚而产生的亲属关系。在婚姻关系存续期间，夫妻互为配偶。配偶能够形成血亲关系和姻亲关系，在亲属关系中具有重要地位。

2. 血亲，是具有血缘关系的亲属，包括自然血亲和拟制血亲、直系血亲和旁系血亲。

3. 姻亲，是除配偶外，以婚姻关系为中介而产生的亲属。

二、婚姻家庭法的基本原则

婚姻家庭法的基本原则，是指对婚姻家庭立法具有指导作用的根本准则，是婚姻家庭立法的基本指导思想，体现婚姻家庭制度的基本精神，决定婚姻家庭立法的性质和内容，反映婚姻家庭制度的本质和特点，也是解释、适用和研究婚姻家庭法的出发点和重要依据。

根据《民法典》的规定，婚姻家庭受国家保护。我国婚姻家庭法的基本原则包括婚姻自由，一夫一妻，男女平等，保护妇女、未成年人、老年人、残疾人合法权益，夫妻相互忠实、尊重，家庭成员尊老爱幼、互帮互助，最有利于被收养人 7 项基本原则。

第二节　结婚和离婚

一、结　婚

（一）结婚的概念

结婚，是指男女双方依照法律规定的条件和程序，确立夫妻关系的民事法律行为。

（二）结婚的条件

1. 结婚行为的成立条件

（1）必须存在一男一女双方当事人。

（2）必须存在结婚的意思表示。

（3）必须经过登记。

2. 结婚行为的生效要件

（1）男女双方必须具有完全民事行为能力。

（2）男女双方结婚的意思表示必须真实且自愿。

（3）不存在导致婚姻无效的法定事由。

（三）结婚登记机关和程序

根据《婚姻登记条例》第 2 条的规定，我国内地居民办理婚姻登记的机关是县级人民政府民政部门或者乡（镇）人民政府，省、自治区、直辖市人民政府可以按照便民原则确定农村居民办理婚姻登记的具体机关。我国公民同外国人，内地居民同香港特别行政区居民、澳门特别行政区居民、台湾地区居民、华侨办理婚姻登记的机关是省、自治区、直辖市人民政府民政部门或省、自治区、直辖市人民政府民政部门确定的机关。

结婚登记程序分为申请、审查和登记三个环节。

1. 申请

自愿结婚的男女，必须双方亲自到一方户口所在地的婚姻登记机关申请结婚登记。离婚的男女双方自愿恢复夫妻关系的，应当到婚姻登记机关重新进行结婚登记。结婚申请不能由一方单独申请，也不能委托他人代理申请。

居民申请结婚登记的，应当出具下列证件和证明材料：本人的户口簿、身份证；本人无配偶以及与对方当事人没有直系血亲和三代以内旁系血亲关系的签字声明。办理结婚登记因故不能提交身份证的，可以出具有效的临时身份证。居民身份证与户口簿上的姓名、性别、出生日期、居民身份证号码应当一致；不一致的，当事人应当先到有关部门更正。

当事人一方或双方的婚姻状况为离婚的，应当向婚姻登记机关提交能够证明其声明真实性的离婚证、人民法院生效的离婚判决书或调解书等材料。

当事人一方或双方的婚姻状况为丧偶的，应当向婚姻登记机关提交能够证明其声明真实性的结婚证和配偶死亡证明等材料。死亡证明包括宣告死亡的生效法律文书及医院、公安等有关部门出具的居民死亡医学证明（推断）书、非正常死亡证明等材料。

2. 审查

婚姻登记机关应当对结婚登记当事人出具的证件、证明材料进行审查并询问相关情况，以确定当事人是否符合结婚条件，包括男女双方的结婚意愿、男女双方是否存在导致婚姻无效的法定事由等。

在审查中，如果发现申请结婚登记的当事人有下列情形之一的，婚姻登记机关不予登记：（1）一方或双方未到法定结婚年龄的；（2）非双方自愿的；（3）一方或双方已有配偶的；（4）双方属于直系血亲或三代以内旁系血亲的。

3. 登记

经过审查，男女双方当事人符合结婚条件的，婚姻登记机关应当当场予以登记、发给结婚证；当事人不符合结婚登记条件的，婚姻登记机关不予登记，并应当向当事人说明理由，还要根据当事人的要求出具不予办理结婚登记告知书。男女双方当事人从完成结婚登记时起确立夫妻关系。

婚姻登记是国家公权力对私法关系的确认和保护，婚姻登记属于行政行为。如果婚姻登记程序存在瑕疵，当事人主张撤销结婚登记的，应当依法向婚姻登记机关申请行政复议或者依法向人民法院提起行政诉讼。当事人对行政复议决定不服的，可以依照《行政诉讼法》的规定向人民法院提起行政诉讼。人民法院有权撤销结婚登记。结婚登记不具有可撤销内容的，人民法院应当确认结婚登记违法。

二、离　婚

（一）离婚的概念

离婚，是指夫妻依照法定的条件和程序解除夫妻关系，属于婚姻关系终止的法定事由。

（二）离婚方式

按照离婚方式的不同，离婚可分为协议离婚和诉讼离婚两种。

1. 协议离婚

（1）协议离婚的概念和条件

协议离婚，是指夫妻双方自愿离异，并就子女抚养、财产处理等离婚的法律后果达成协议，经过婚姻登记机关认可并办理离婚登记的离婚方式，也称登记离婚、行政离婚。

协议离婚的条件包括：①协议离婚的双方为一男一女，双方已经登记结婚取得结婚证；②双方当事人就离婚的意思表示并行一致，即双方当事人必须就以协议离婚方式结束婚姻关系达成合意；③双方当事人已经签订书面离婚协议；④双方当事人具有完全民事行为能力；⑤双方当事人离婚的意思表示真实且自愿；⑥双方当事人应当亲自、同时、共同到婚姻登记机关申请离婚登记。

（2）协议离婚的程序

协议离婚程序分为申请、受理、冷静期、审查和登记五个环节。

①申请

居民自愿离婚的，男女双方应当共同到一方当事人常住户口所在地的婚姻登记机关办理离婚登记。婚姻登记机关的管辖范围按照行政区域划分，原则上与户籍管辖范围相适应。县、不设区的市、市辖区人民政府民政部门办理双方或一方常住户口在本行政区域内的内地居民之间的离婚登记。省级人民政府可以根据实际情况，规定乡（镇）人民政府办理双方或者一方常住户口在本乡

（镇）的内地居民之间的离婚登记。

办理离婚登记的居民应当出具下列证件和证明材料：a. 婚姻登记机关或中国驻外使（领）馆颁发的结婚证；b. 男女双方本人的户口簿、身份证；c. 男女双方共同签署的载明双方自愿离婚的意思表示以及子女抚养、财产及债务处理等事项协商一致的意见的离婚协议书；d. 在婚姻登记机关现场填写的《离婚登记申请书》。

②受理

当事人共同到有管辖权的婚姻登记机关提出申请的，婚姻登记员对当事人提交的证件和证明材料初审无误后，发给《离婚登记申请受理回执单》。不符合离婚登记申请条件的，不予受理。办理离婚登记的当事人有下列情形之一的，婚姻登记机关不予受理：a. 要求离婚的夫妻双方未达成离婚协议的；b. 双方或一方当事人属于无民事行为能力人或限制民事行为能力人的；c. 双方结婚登记不是在中国婚姻登记机关或者中国驻外使（领）馆办理的。当事人要求出具《不予受理离婚登记申请告知书》的，婚姻登记机关应当出具。

③冷静期

自婚姻登记机关收到离婚登记申请并向当事人发放《离婚登记申请受理回执单》之日起 30 日内，任何一方不愿意离婚的，可以持本人有效身份证件和《离婚登记申请受理回执单》，向受理离婚登记申请的婚姻登记机关撤回离婚登记申请，并亲自填写《撤回离婚登记申请书》。经婚姻登记机关核实无误后，发给《撤回离婚登记确认单》，并将《离婚登记申请书》《撤回离婚登记申请书》与《撤回离婚登记申请确认单（存根联）》一并存档。

自离婚冷静期届满后 30 日内，双方未共同到婚姻登记机关申请发给离婚证的，视为撤回离婚登记申请。

④审查

自离婚冷静期届满后 30 日内，双方当事人应当持离婚协议书、结婚证、居民身份证、户口簿等证件和材料，共同到婚姻登记机关申请发给离婚证。期间届满的最后一日是节假日的，以节假日后的第一日为期间届满的日期。

经过婚姻登记机关审查，双方当事人不符合离婚登记条件的，婚姻登记机关不予办理。当事人要求出具《不予办理离婚登记告知书》的，应当出具。

⑤登记

经过婚姻登记机关审查，双方当事人符合离婚登记条件的，婚姻登记机关予以登记，发给离婚证。

如果离婚登记程序存在瑕疵，当事人主张撤销离婚登记的，可以依法提起行政诉讼，人民法院有权撤销离婚登记行为。如果一方当事人在离婚后已经再婚，离婚登记已经不具有可撤销内容，人民法院应当确认离婚登记行为违法。

2. 诉讼离婚

诉讼离婚，是指夫妻双方对是否离婚、离婚后子女抚养或财产分割等问题不能达成协议，由一方向人民法院提起离婚诉讼，人民法院依诉讼程序审理后，调解或判决解除婚姻关系的离婚方式。

（1）准予离婚的法定条件

人民法院审理离婚案件，如果夫妻感情确已破裂，调解无效的，人民法院应当准予离婚。人民法院判断夫妻感情是否确已破裂，应当从婚姻基础、婚后感情、离婚原因、夫妻关系的现状和有无和好的可能等方面综合分析。

《民法典》第1079条规定了调解无效，应当准予离婚的五种情形。

①重婚或者与他人同居

重婚，是指自然人已有婚姻关系后又与他人缔结婚姻关系。与他人同居，是指有配偶者与婚外异性，不以夫妻名义，持续、稳定地共同居住。

夫妻一方重婚或者与他人同居的，合法婚姻的另一方要求离婚的，如果感情确已破裂，调解无效，人民法院应准予离婚。

重婚一方起诉要求与合法婚姻的另一方离婚，如果感情尚未破裂，合法婚姻的另一方坚持不离婚的，人民法院可以不准予离婚；如果感情确已破裂，调解无效，人民法院应准予离婚。

②实施家庭暴力或者虐待、遗弃家庭成员

家庭暴力，是指家庭成员之间以殴打、捆绑、残害、限制人身自由以及经常性谩骂、恐吓等方式实施的身体、精神等侵害行为。

虐待，是指经常以殴打、冻饿、强迫过度劳动、限制人身自由、恐吓、侮辱、谩骂等方式，对共同生活的家庭成员进行身体上和精神上的摧残、折磨。持续性、经常性的家庭暴力，可以认定为虐待。

遗弃，是指对于年老、年幼、患病、残疾或者其他没有独立生活能力的家庭成员，负有扶养义务且有扶养能力而故意拒绝扶养的行为，一般表现为经济上不供养，生活上不照顾，使被扶养人不能维持正常的生活，甚至生命和健康得不到保障。

《民法典》婚姻家庭编并没有将家庭暴力、虐待和遗弃行为的受害人限定于配偶一方，而是包括任何家庭成员，即配偶、父母、子女和其他共同生活的近亲属。

③有赌博、吸毒等恶习屡教不改

夫妻一方有赌博、吸毒或其他恶习（如酗酒、嫖娼），且达到了长期、严重、屡教不改的程度。

偶尔的赌博、吸毒行为，或者虽有赌博、吸毒行为但已经改正并获得谅解的，不属于认定夫妻感情确已破裂的具体情形。

④因感情不和分居满 2 年

分居，是指夫妻间不再共同生活，不再互相履行夫妻义务，包括停止性生活，生活上不再互相关心、互相扶助等。

因感情不和分居满 2 年，包括几层含义：

第一，分居的原因是当事人主观意愿导致夫妻感情不和，而不是因工作、学习等导致的两地分居，感情不和的原因可能是性格不合、家庭暴力、一方违反忠实义务等。

第二，当事人因感情不和连续分居的状态持续已满 2 年，而非数次分居的时间累计 2 年。

第三，分居强调的是夫妻双方互不履行夫妻义务，而不是单方面的不履行。

因感情不和分居满 2 年不是当事人起诉要求离婚的前置条件，即使夫妻双方分居未满 2 年，只要夫妻双方感情确已破裂，调解无效，人民法院就应当准予离婚。

⑤其他导致夫妻感情破裂的情形

这是认定夫妻感情确已破裂的兜底性规定。根据《民法典婚姻家庭编司法解释一》第 23 条的规定，夫妻双方因是否生育发生纠纷，致使感情确已破裂，一方请求离婚的，人民法院经调解无效，属于其他导致夫妻感情破裂的情形，应准予离婚。

根据司法实践的经验，女方隐瞒子女与男方无亲子关系的事实，使男方实际履行了抚养义务，构成欺诈性抚养的，一般也被认定为导致夫妻感情破裂的情形。

此外，在夫妻一方被宣告失踪的情形下，夫妻一方下落不明已满 2 年，夫妻共同生活已经终止，婚姻的目的已经不能达到。如果另一方提出离婚请求，人民法院应当判决准予离婚。

经人民法院判决不准离婚后，双方又分居满 1 年，一方再次提起离婚诉讼，人民法院应当准予离婚。夫妻一方第一次起诉离婚后撤诉的，即使撤诉后分居满 1 年，也不属于这一种情形。

人民法院审理离婚案件，无论是过错方还是无过错方起诉要求离婚，经调解无效的，只要符合感情确已破裂的情形，人民法院都应当准予离婚。

（2）诉讼离婚中的两项特殊保护规则

①对现役军人的特殊保护

根据《民法典》第 1081 条的规定，现役军人的配偶要求离婚，应当征得军人同意，但是军人一方有重大过错的除外。这是对现役军人的非军人配偶离婚自由的限制，以保护军婚，维护军人利益。

现役军人，是指在中国人民解放军服役，具有军籍的人员，包括现役军官、文职干部、士兵及具有军籍的学员。退伍、复员、转业的军人和在军事单位中不具有军籍的职工，均不属于现役军人。中国人民武装警察部队虽然不属于中国人民解放军的编制序列，但在婚姻问题上仍按现役军人处理。

现役军人的配偶，是指同现役军人履行了结婚登记手续，并领取结婚证的非军人配偶。

《民法典》第 1081 条旨在保护军人一方。夫妻双方都是军人的，无论哪一方提起离婚诉讼，如果适用该规定，就会阻碍另一方军人的利益，因此，夫妻双方都是军人的，不适用该规定。

军人一方向非军人一方提出离婚的，意味着军人一方自愿放弃了特殊保护，应按一般离婚纠纷处理，不适用《民法典》第 1081 条。

《民法典》第 1081 条仅适用于诉讼离婚，不适用于现役军人及其非军人配偶协议离婚的情形。

现役军人有重大过错导致夫妻感情确已破裂，非军人配偶要求离婚的，无须征得现役军人的同意。这里的重大过错，依据《民法典》第 1079 条第 3 款前 3 项规定及军人有其他重大过错，导致夫妻感情破裂的情形予以判断，具体包括：重婚或与他人同居；实施家庭暴力或虐待、遗弃家庭成员；有赌博、吸毒等恶习屡教不改；其他重大过错导致夫妻感情破裂的情形。

②对女方的特殊保护

根据《民法典》第 1082 条的规定，女方在怀孕期间、分娩后 1 年内或者终止妊娠后 6 个月内，男方不得提出离婚；但是，女方提出离婚或者人民法院认为确有必要受理男方离婚请求的除外。这是对男方诉讼离婚的暂时性限制，旨在保护孕妇、产妇和终止妊娠后妇女的身心健康，保护胎儿、婴儿的发育成长。女方在怀孕期间、分娩后 1 年内，胎儿、婴儿正在发育期间，母亲的身体状况和精神状况直接影响胎儿、婴儿的发育成长；女方在终止妊娠后 6 个月内，身体和精神都处于恢复期，需要特别照顾。允许男方在这个时期提出离婚，会给女方身体、精神上造成过重的负担。既影响妇女的身心健康，也不利于胎儿、婴儿的发育成长。

不过，男女双方协议离婚或女方主动提出离婚的，意味着女方自愿放弃了法律的特殊保护。因此，不适用《民法典》第 1082 条的规定。

此外，人民法院认为确有必要受理男方离婚请求的，男方也可以不受上述限制提出离婚。确有必要的情形主要包括：男女双方在此期间确实存在不能继续共同生活的重大且急迫的事由，比如，女方有危害男方生命、人身安全的可能；女方因违反忠实义务与婚外异性发生性关系而怀孕或分娩的是他人的子女。

因此，对女方的特殊保护，并非对男方诉讼离婚之诉权的限制。男方向人民法院起诉离婚的诉权不受限制，但是是否确有必要受理男方的离婚请求，由男方负举证责任。如果女方举证证明自己在怀孕期间、分娩后 1 年内或者终止妊娠 6 个月内，男方无法证明存在人民法院确有必要受理其离婚请求的情形，人民法院应当裁定驳回起诉。

（三）离婚的法律后果

离婚的法律后果，是指离婚在身份关系和财产关系等方面引起的后果。在夫妻身份关系方面，男女双方基于夫妻身份而确定的配偶终止。男女双方不再互负忠实义务，并获得再婚的权利。在财产关系方面，男女双方不再互负扶养义务，不再互相享有继承的权利、日常家事代理权。

1. 离婚时的财产处理

（1）离婚时财产分割的范围和原则

离婚时分割的财产原则上以夫妻的共同财产为限。

按照《民法典》第 1062 条的规定，夫妻共同财产一般包括：①工资、奖金、劳务报酬；②生产、经营、投资的收益；③知识产权的收益，即婚姻关系存续期间，基于知识产权实际取得或者已经明确可以取得的财产性收益；④继承或者受赠的财产，但遗嘱或者赠与合同中确定只归一方的财产除外；⑤其他应当归共同所有的财产。

“其他应当归共同所有的财产”包括以下 4 类：

①一方以个人财产投资取得的收益。夫妻一方个人财产在婚后产生的收益，除孳息和自然增值外，属于夫妻共同财产。

②男女双方实际取得或应当取得的住房补贴、住房公积金、养老保险金、破产安置补偿费。

③由夫妻一方婚前承租，婚后用共同财产购买的房屋，登记在一方名下，属于夫妻共同财产。

④军人复员费、自主择业费等一次性费用中属于夫妻共同财产的部分。在计算上，应当以夫妻婚姻关系存续年限乘以平均值，所得数额为夫妻共同财产。年平均值，是指将发放到军人名下的上述费用总额按具体年限均分得出的数额。其具体年限为人均寿命 70 岁与军人入伍时实际年龄的差额。

（2）特殊类型夫妻共同财产的分割

①夫妻双方分割共同财产中的股票、债券、投资基金份额等有价证券以及未上市股份有限公司股份时，根据《民法典婚姻家庭编司法解释一》第 72 条的规定，协商不成或者按市价分配有困难的，人民法院可以根据数量按比例分配。

②离婚案件中涉及分割夫妻共同财产中以一方名义在有限责任公司的出资额，另一方不是该公司股东的，根据《民法典婚姻家庭编司法解释一》第 73

条的规定，按以下情形分别处理：夫妻双方协商一致将出资额部分或者全部转让给该股东的配偶，其他股东过半数同意，并且其他股东均明确表示放弃优先购买权的，该股东的配偶可以成为该公司股东；夫妻双方就出资额转让份额和转让价格等事项协商一致后，其他股东半数以上不同意转让，但愿意以同等条件购买该出资额的，人民法院可以对转让出资所得财产进行分割。其他股东半数以上不同意转让，也不愿意以同等条件购买该出资额的，视为其同意转让，该股东的配偶可以成为该公司股东。用于证明股东同意的证据，可以是股东会议材料，也可以是当事人通过其他合法途径取得的股东的书面声明材料。

③离婚案件中涉及分割夫妻共同财产中以一方名义在合伙企业中的出资，另一方不是该企业合伙人的，当夫妻双方协商一致，将其合伙企业中的财产份额全部或者部分转让给对方时，根据《民法典婚姻家庭编司法解释一》第 74 条的规定，按以下情形分别处理：其他合伙人一致同意的，该配偶依法取得合伙人地位；其他合伙人不同意转让，在同等条件下行使优先购买权的，可以对转让所得的财产进行分割；其他合伙人不同意转让，也不行使优先购买权，但同意该合伙人退伙或者削减部分财产份额的，可以对结算后的财产进行分割；其他合伙人既不同意转让，也不行使优先购买权，又不同意该合伙人退伙或者削减部分财产份额的，视为全体合伙人同意转让，该配偶依法取得合伙人地位。

④夫妻以一方名义投资设立个人独资企业的，人民法院分割夫妻在该个人独资企业中的共同财产时，根据《民法典婚姻家庭编司法解释一》第 75 条的规定，应当按照以下情形分别处理：一方主张经营该企业的，对企业资产进行评估后，由取得企业资产所有权一方给予另一方相应的补偿；双方均主张经营该企业的，在双方竞价基础上，由取得企业资产所有权的一方给予另一方相应的补偿；双方均不愿意经营该企业的，按照《个人独资企业法》等有关规定办理。

⑤夫妻一方或双方继承或受赠获得的财产属于夫妻共同财产，但是，遗嘱或赠与合同中明确只归夫妻一方的财产，不属于夫妻共同财产。根据《民法典婚姻家庭编司法解释一》第 81 条的规定，如果夫妻一方可以继承的遗产在继承人之间尚未实际分割，起诉离婚时另一方请求分割的，由于夫妻尚未实际取得遗产，其他继承人对遗产也享有权益，人民法院应当告知另一方在遗产实际

分割，夫妻一方实际取得遗产后另行起诉。

⑥夫妻一方在婚姻关系存续期间取得的住房补贴、住房公积金属于夫妻共同财产。在具体操作上，可以先计算出双方婚姻关系存续期间的住房公积金、住房补贴总额再分割。由于当事人离婚并不是提取住房公积金的事由，故住房公积金的分割，应当先经过折抵，再由一方根据其享有的住房公积金、住房补贴的差额给对方予以补偿。也就是说，如果夫妻双方在婚姻关系存续期间均取得了住房公积金，那么，应当计算夫妻双方取得的住房公积金总额，然后平均分割以确定双方各自应当取得的住房公积金数额。

⑦在婚姻关系存续期间，夫妻一方或双方以夫妻共同财产缴纳养老保险费的，养老保险账户中婚姻关系存续期间个人实际缴纳部分及利息属于夫妻共同财产。根据《民法典婚姻家庭编司法解释一》第 80 条的规定，如果离婚时夫妻一方尚未退休、不符合领取基本养老金条件，且离婚也不属于领取养老保险金的事由，因此，应当对个人实际缴纳部分采取作价补偿的方式进行分割。在具体操作上，用离婚时养老保险金个人账户余额减去结婚时养老保险金个人账户余额，两者差额为夫妻共同财产（个人实际缴纳部分）。经过折抵后，夫妻一方养老保险金个人账户的余额归个人所有，但应当就差额对另一方予以补偿，并支付相应利息。

⑧婚姻关系存续期间以夫妻共同财产投保，投保人和被保险人同为夫妻一方，离婚时处于保险期内，投保人不愿意继续投保的，保险人退还的保险单现金价值部分应按照夫妻共同财产处理；离婚时投保人选择继续投保的，投保人应当支付保险单现金价值的一半给另一方。夫妻一方作为被保险人依据意外伤害保险合同、健康保险合同获得的具有人身性质的保险金，或者夫妻一方作为受益人依据以死亡为给付条件的人寿保险合同获得的保险金，宜认定为个人财产，但双方另有约定的除外。夫妻一方依据生存到一定年龄为给付条件的具有现金价值的保险合同获得的保险金，宜认定为夫妻共同财产，但双方另有约定的除外。

（3）离婚时房屋的处理

夫妻双方离婚时房屋的归属，由双方协议处理，无法达成协议的，由人民法院按照个案的具体情况，结合房屋出资的性质、房屋登记的情况来认定房屋的归属。

①夫妻一方婚后以个人名义订立房屋买卖合同并以个人财产支付全部价款的，如果房屋登记于夫妻一方名下，该房屋属于夫妻一方的个人财产的转化，属于夫妻一方个人财产。

②夫妻一方婚前以个人财产订立房屋买卖合同，支付首付款并办理银行抵押贷款，婚后用夫妻共同财产偿还贷款，房屋登记于夫妻一方名下的，离婚时该房屋由夫妻双方协议处理。双方无法协议的，法院可以判决该不动产归登记一方，尚未归还的贷款为不动产登记一方的个人债务。双方婚后共同还贷支付的款项及其相对应财产增值部分，离婚时由不动产登记一方对另一方进行补偿。

③夫妻双方婚后用共同财产购买的房屋，无论房屋登记在双方名下还是一方名下，房屋均属夫妻共同财产，离婚时应按夫妻共同财产分割。

④根据《民法典婚姻家庭编司法解释一》第 27 条的规定，由夫妻一方婚前承租，婚后用共同财产购买的房屋，登记在一方名下，属于夫妻共同财产。

⑤根据《民法典婚姻家庭编司法解释一》第 29 条的规定，夫妻双方结婚前，父母为双方购置房屋出资的，该出资应当认定为对自己子女个人的赠与，但父母明确表示赠与双方的除外。当事人结婚后，父母为双方购置房屋出资的，依照约定处理；没有约定或者约定不明确的，按照《民法典》第 1062 条第 1 款第 4 项规定的原则处理，属于夫妻共同财产。

⑥根据《民法典婚姻家庭编司法解释一》第 77 条的规定，离婚时双方对尚未取得所有权或者尚未取得完全所有权的房屋有争议且协商不成的，人民法院不宜判决房屋所有权的归属，应当根据实际情况判决由当事人使用。当事人取得房屋完全所有权后，对房屋所有权归属和分割有争议的，可以另行向人民法院提起诉讼。

⑦双方对夫妻共同财产中的房屋价值及归属无法达成协议时，根据《民法典婚姻家庭编司法解释一》第 76 条的规定，人民法院按以下情形分别处理：双方均主张房屋所有权并且同意竞价取得的，应当准许。一方主张房屋所有权的，由评估机构按市场价格对房屋作出评估，取得房屋所有权的一方应当给予另一方相应的补偿。双方均不主张房屋所有权的，根据当事人的申请拍卖、变卖房屋，就所得价款进行分割。

⑧根据《民法典婚姻家庭编司法解释一》第 79 条的规定，婚姻关系存续期间，双方用夫妻共同财产出资购买以一方父母名义参加房改的房屋，登记在一方父母名下，离婚时另一方主张按照夫妻共同财产对该房屋进行分割的，人民法院不予支持。购买该房屋时的出资，可以作为债权处理。

（4）夫妻共同财产的少分或不分和离婚后再次分割

《民法典》第 1092 条规定，夫妻一方隐藏、转移、变卖、毁损、挥霍夫妻共同财产，或者伪造夫妻共同债务企图侵占另一方财产的，在离婚分割夫妻共同财产时，对该方可以少分或者不分。离婚后，另一方发现有上述行为的，可以向人民法院提起诉讼，请求再次分割夫妻共同财产。这一规定旨在制裁恶意侵害夫妻另一方财产权的行为，保障离婚时对夫妻共同财产的公平分割。

（5）离婚经济补偿请求权

《民法典》第 1088 条规定，夫妻一方因抚育子女、照料老年人、协助另一方工作等负担较多义务的，离婚时有权向另一方请求补偿，另一方应当给予补偿。具体办法由双方协议；协议不成的，由人民法院判决。这一补偿请求权被称为离婚经济补偿请求权或者家务劳动补偿请求权，体现的是权利义务一致的原则。

（6）离婚时对生活困难一方的经济帮助

《民法典》第 1090 条规定，离婚时，如果一方生活困难，有负担能力的另一方应当给予适当帮助。具体办法由双方协议；协议不成的，由人民法院判决。

2. 离婚时的债务清偿

《民法典》第 1089 条规定，离婚时，夫妻共同债务应当共同偿还。共同财产不足清偿或者财产归各自所有的，由双方协议清偿；协议不成的，由人民法院判决。

《民法典》第 1064 条规定，夫妻双方共同签名或者夫妻一方事后追认等共同意思表示所负的债务，以及夫妻一方在婚姻关系存续期间以个人名义为家庭日常生活需要所负的债务，属于夫妻共同债务。夫妻一方在婚姻关系存续期间以个人名义超出家庭日常生活需要所负的债务，不属于夫妻共同债务；但是，债权人能够证明该债务用于夫妻共同生活、共同生产经营或者基于夫妻双方共同意思表示的除外。

3. 离婚后的子女抚养

《民法典》第1084条规定，父母与子女间的关系，不因父母离婚而消除。离婚后，子女无论由父或者母直接抚养，仍是父母双方的子女。离婚后，父母对于子女仍有抚养、教育、保护的权利和义务。离婚后，不满两周岁的子女，以由母亲直接抚养为原则。已满两周岁的子女，父母双方对抚养问题协议不成的，由人民法院根据双方的具体情况，按照最有利于未成年子女的原则判决。子女已满8周岁的，应当尊重其真实意愿。

《民法典》第1085条规定，离婚后，子女由一方直接抚养的，另一方应当负担部分或者全部抚养费。负担费用的多少和期限的长短，由双方协议；协议不成的，由人民法院判决。前款规定的协议或者判决，不妨碍子女在必要时向父母任何一方提出超过协议或者判决原定数额的合理要求。

《民法典》第1086条规定，离婚后，不直接抚养子女的父或者母，有探望子女的权利，另一方有协助的义务。行使探望权利的方式、时间由当事人协议；协议不成的，由人民法院判决。父或者母探望子女，不利于子女身心健康的，由人民法院依法中止探望；中止的事由消失后，应当恢复探望。

第三节 家庭关系

一、夫妻关系

夫妻关系，是指夫妻间的权利义务关系，包括夫妻人身关系和夫妻财产关系。

1. 夫妻人身关系

包括：双方的姓名权、人身自由权、婚姻住所决定权、忠实义务、生育权。

其中，需要注意的是，虽然男女双方均享有生育权，但是决定是否生育，是否终止妊娠的权利属女方，进而女方在婚姻关系存续期间怀孕的，有权自行决定是否终止妊娠。女方自行终止妊娠的，男方以女方擅自终止妊娠侵犯其生育权为由请求损害赔偿的，人民法院不予支持；夫妻双方因是否生育发生纠纷，致使感情确已破裂，一方请求离婚的，人民法院经调解无效，应当判决双方离婚。

2. 夫妻财产关系

包括双方的相互扶养的义务、相互继承遗产的权利、财产制。

我国《民法典》婚姻家庭编对夫妻财产制采取的是法定夫妻财产制与约定夫妻财产制相结合的模式。

（1）法定夫妻财产制

包括夫妻共同财产和夫妻一方的个人财产。

根据《民法典》第 1062 条第 1 款的规定，夫妻共同财产的范围包括：①工资、奖金、劳务报酬；②生产、经营、投资的收益；③知识产权的收益；④继承或者受赠的财产，但是《民法典》第 1063 条第 3 项规定的除外；⑤其他应当归共同所有的财产。

根据《民法典》第 1063 条的规定，夫妻一方的个人财产的范围包括：①一方的婚前财产；②一方因受到人身损害获得的赔偿或者补偿；③遗嘱或者赠与合同中确定只归一方的财产；④一方专用的生活用品；⑤其他应当归一方的财产。

（2）约定夫妻财产制

根据《民法典》第 1065 条第 1 款的规定，男女双方可以约定婚姻关系存续期间所得的财产以及婚前财产归各自所有、共同所有或者部分各自所有、部分共同所有。约定应当采用书面形式。

我国的约定夫妻财产制包括分别财产制、一般共同制、部分共同制 3 种类型。分别财产制，是指夫妻双方婚前财产和婚姻关系存续期间取得的财产归各自所有；一般共同制，是指夫妻双方婚前财产和婚姻关系存续期间取得的财产，全部归双方共同所有；部分共同制，是指夫妻双方婚前财产和婚姻关系存续期间取得的财产，部分归各自所有，部分归双方共同所有。

约定夫妻财产制具有对内效力和对外效力。对内效力，是指夫妻双方对婚姻关系存续期间所得的财产以及婚前财产的约定，对双方具有法律约束力。对外效力，是指夫妻财产制约定对夫妻之外的第三人的效力。夫妻双方约定采分别财产制的，如果在相对人与夫妻一方实施民事法律行为、产生债权债务关系时，相对人知道夫妻双方采分别财产制的约定的，债权人只能就夫妻一方的个人财产受偿，配偶无须以个人财产对债权人负责。需要注意的是，夫妻一方应当举证证明相对人知道该约定，即债权债务关系发生时相对人知道该约定。也就是说，相对人知道的时间，是在债务产生之前或者债务产生时。善意相对人不知道夫妻采分别财产制的，夫妻之间关于夫妻财产制的约定不得对抗善意相对人。

二、近亲属关系

（一）父母子女关系

根据血亲形成的原因，可分为自然血亲的父母子女关系和拟制血亲的父母子女关系。自然血亲的父母子女关系是基于子女出生的事实而发生的父母子女关系，包括婚生的父母子女关系、非婚生的父母子女关系。拟制血亲的父母子女关系是基于法律的拟制而形成的父母子女关系，包括有抚养教育关系的继父母子女关系、收养形成的养父母子女关系。

（二）祖父母、外祖父母与孙子女、外孙子女关系

祖父母、外祖父母与孙子女、外孙子女是直系血亲。一般情况下，子女由父母抚养，父母由子女赡养，祖父母、外祖父母与孙子女、外孙子女之间没有抚养、赡养关系。在特殊情形下，根据《民法典》第1074条的规定，有负担能力的祖父母、外祖父母，对于父母已经死亡或者父母无力抚养的未成年孙子女、外孙子女，有抚养的义务。有负担能力的孙子女、外孙子女，对于子女已经死亡或者子女无力赡养的祖父母、外祖父母，有赡养的义务。

（三）兄弟姐妹关系

兄弟姐妹是关系最密切的旁系血亲，是第二顺序的法定继承人。被继承人的兄弟姐妹先于被继承人死亡的，被继承人的兄弟姐妹的子女可以代位继承。根据《民法典》第1075条的规定，有负担能力的兄、姐，对于父母已经死亡或者父母无力抚养的未成年弟、妹，有扶养的义务。由兄、姐扶养长大的有负担能力的弟、妹，对于缺乏劳动能力又缺乏生活来源的兄、姐，有扶养的义务。

第四节　收　养

一、收养关系的成立和效力

（一）收养的概念

收养，是指自然人依法领养他人子女，使没有父母子女关系的当事人之间产生法律拟制的父母子女关系的民事法律行为。领养他人子女为自己子女的人为收养人，即养父和养母；被他人收养的人为被收养人，即养子或养女；将子女或儿童送给他人收养的自然人或社会组织为送养人。

（二）收养的条件

收养行为的成立，不仅要求当事人意思表示达成一致，还要求当事人依法办理收养登记。

收养行为的生效要件包括：1. 收养人、被收养人、送养人适格，即符合法律规定的条件；2. 当事人意思表示真实；3. 不违反法律、行政法规的强制性规定，不违背公序良俗。

收养人应当具备以下条件：1. 无子女或者只有一名子女；2. 有抚养、教育和保护被收养人的能力；3. 未患有在医学上认为不应当收养子女的疾病；4. 无不利于被收养人健康成长的违法犯罪记录；5. 年满 30 周岁。

被收养人应当具备以下条件：1. 须为未成年人；2. 须为丧失父母的孤儿，或者查找不到生父母的未成年人，或者生父母有特殊困难无力抚养的子女。

送养人应当属于下列自然人或社会组织：1. 孤儿的监护人；2. 儿童福利院；3. 有特殊困难无力抚养子女的父母；4. 特殊情形下未成年人的监护人。

（三）收养的限制规则

《民法典》婚姻家庭编对收养设置了许多限制，包括对送养人的限制和对收养人的限制。

1. 对送养人的限制

（1）监护人送养孤儿的，应当征得有抚养义务的人同意。有抚养义务的人，主要是有负担能力的祖父母、外祖父母，有负担能力的兄、姐。如果上述主体不同意监护人送养孤儿，而监护人又不愿意继续履行监护职责的，应当按照《民法典》总则编规定另行确认监护人。

（2）生父母送养子女，应当双方共同送养；生父母一方不明或者查找不到的，可以单方送养。

2. 对收养人的限制

（1）收养子女的人数限制。除被收养人为孤儿、残疾未成年人、儿童福利机构抚养的查找不到生父母的未成年人外，无子女的收养人可以收养两名子女，有子女的只能收养一名子女。

（2）收养程序：有配偶者收养子女，应当夫妻共同收养。

（3）无配偶收养人与异性被收养人的年龄差距：无配偶者收养异性子女的，收养人与被收养人的年龄应当相差40周岁以上。

（四）收养关系的登记

收养应当向县级以上人民政府民政部门登记。收养关系自登记之日起成立。

1. 收养登记机关

办理我国居民收养登记的机关是县级人民政府民政部门。收养查找不到生父母的未成年人，如果未成年人由社会福利机构抚养，由社会福利机构所在地的收养登记机关办理登记；如果未成年人非由社会福利机构抚养，由未成年人发现地的收养登记机关办理登记。收养生父母有特殊困难无力抚养的子女或者由监护人监护的孤儿的，在被收养人生父母或监护人常住人口所在地（组织作监护人的，在该组织所在地）的收养登记机关办理登记。收养三代以内旁系同辈血亲的子女，以及继父母收养继子女的，在被收养人生父或生母常住户口所在地的收养登记机关办理登记。华侨以及居住在香港特别行政区、澳门特别行政区、台湾地区的中国公民在内地（大陆）收养子女的，应当到被收养人常住户口所在地的直辖市、设区的市、自治州人民政府民政部门或者地区（盟）行政公署民政部门申请办理收养登记。

2. 收养登记程序

收养登记程序分为申请、审查和登记三个环节。收养行为的当事人应当亲自到收养登记机关办理成立收养关系的登记手续。

民政部门受理收养登记申请的条件包括：①收养登记机关具有管辖权；②收养登记当事人提出申请；③收养人、送养人持有的证件、证明材料符合规定。

（1）收养人应当提交的材料

包括：①收养人的居民户口簿和居民身份证；②由收养人所在单位或村民委员会、居民委员会出具的本人婚姻状况和抚养教育被收养人的能力等情况的证明，以及收养人出具的子女情况声明；③县级以上医疗机构出具的未患有在医学上认为不应当收养子女的疾病的身体健康检查证明；④收养查找不到生父母的未成年人的，收养人还应当提交经常居住地计划生育部门出具的收养人生育情况证明或子女情况的证明。收养继子女的，可以只提交居民户口簿、居民身份证和收养人与被收养人生父或生母结婚的证明。

（2）送养人应该提交的材料

包括：①居民户口簿和居民身份证（组织作监护人的，提交其负责人的身份证件）；②送养时应当征得其他有抚养义务的人同意的，送养人应当提交其他有抚养义务的人同意送养的书面意见；③社会福利机构为送养人的，并应当提交未成年人进入社会福利机构的原始记录、公安机关出具的《拾捡弃婴（儿童）报案证明》，或者孤儿的生父母死亡或宣告死亡的证明；④监护人为送养人的，并应当提交实际承担监护责任的证明，孤儿的父母死亡或者宣告死亡的证明，或者被收养人生父母无完全民事行为能力并对被抚养人有严重危害的证明；⑤有特殊困难无力抚养子女的生父母为送养人的，还应当提交送养人有特殊困难的声明（对该证明，登记机关可以进行调查核实）；⑥因丧偶或一方下落不明由生父母一方单方送养的，还应当提交配偶死亡或下落不明的证明；⑦子女由三代以内同辈旁系血亲收养的，还应当提交公安机关出具的或者经过公证的与收养人有亲属关系的证明。

（3）收养材料的审查

收养登记机关收到收养登记申请书及有关材料后，应当自次日起 30 日内进行审查。按照《民法典》第 1105 条第 5 款的规定，县级以上人民政府民政部门应当依法进行收养评估。对符合《民法典》婚姻家庭编规定条件的，收养登记机关为当事人办理收养登记，发给收养登记证，收养关系自登记之日起成立；对不符合《民法典》婚姻家庭编规定条件的，不予登记，并对当事人说明理由。收养查找不到生父母的未成年人的，收养登记机关应当在登记前公告查找其生父母，公告期为 60 日。

收养关系当事人各方或一方要求办理收养公证的，应当办理收养公证。

收养关系成立后，公安机关应当按照国家有关规定为被收养人办理户口登记。

（五）收养的效力

根据《民法典》的规定，收养的效力可分为拟制效力和解销效力。

收养的拟制效力，是指收养依法创设新的亲属关系及其权利义务关系的效力。收养人和被收养人之间形成拟制直系血亲的父母子女关系，权利义务适用关于父母子女关系的法律规定。

收养的解销效力，是指收养依法消灭原有的亲属关系及其权利义务关系的效力。收养消除的是养子女与生父母之间法律意义上的父母子女关系，而非自然意义上的父母子女关系。

收养行为违反《民法典》规定的收养条件无效，无效具有溯及力，收养的拟制效力和解销效力自始未发生。

二、收养关系的解除

根据《民法典》婚姻家庭编的规定，收养关系的解除有两种方式：协议解除和诉讼解除。

（一）协议解除

收养关系的协议解除，须当事人达成解除收养关系的合意，以书面形式订立解除收养关系的协议。在被收养人成年之前，协议解除须具有完全民事行为能力的收养人、送养人双方达成合意，并征得 8 周岁以上被收养人的同意；在被收养人成年后，协议解除须具有完全民事行为能力的被收养人、收养人达成合意，无须送养人参与。

根据《民法典》第 1116 条的规定，当事人协议解除收养关系的，应当到民政部门办理解除收养关系登记。

（二）诉讼解除

收养关系的诉讼解除，须存在一方要求解除收养关系的法定事由。根据《民法典》的规定，收养人、送养人、被收养人均可在具有法定事由的情形下，向人民法院提起解除收养关系的诉讼。

在被收养人未成年前，根据《民法典》第 1114 条第 2 款的规定，收养人不履行抚养义务，有虐待、遗弃等侵害未成年养子女合法权益行为的，如不能达成解除收养关系协议的，送养人可以向人民法院提起诉讼要求解除收养关系。

在被收养人成年后，根据《民法典》第 1115 条的规定，养父母与成年养子女关系恶化、无法共同生活的，如果双方无法达成解除收养关系协议，收养人、被收养人都可以向人民法院提起诉讼要求解除收养关系。

以诉讼方式解除收养关系的，收养关系自解除收养关系的调解书或判决书生效之日起解除。

（三）收养关系解除的法律效果

1. 亲属关系方面

（1）收养关系解除后，养子女与养父母以及其他近亲属间的权利义务即行消除。

（2）未成年养子女与生父母以及其他近亲属间的权利义务关系自行恢复；成年养子女与生父母及其他近亲属间的权利义务关系是否恢复，可以协商确定。

2. 财产关系方面

（1）收养关系解除后，经养父母抚养的成年养子女，对缺乏劳动能力又缺乏生活来源的养父母，应当给付生活费。

（2）因养子女成年后虐待、遗弃养父母而解除收养关系的，养父母可以要求养子女补偿收养期间支出的抚养费。生父母要求解除收养关系的，养父母可以要求生父母适当补偿收养期间支出的抚养费；但是因养父母虐待、遗弃养子女而解除收养关系的除外。

第二章 继承概述

第一节 继承与继承权

一、继承的概念和特征

我国现行法中的继承是财产继承，指自然人死亡时遗留的个人合法财产，由法律规定的或者由被继承人指定的人取得的制度。取得遗产的人可能是继承人、受遗赠人或者酌情分得遗产的人。

继承制度具有如下两个特征：

（一）继承自被继承人死亡时开始

《民法典》第 1121 条第 1 款规定，继承从被继承人死亡时开始，即被继承人死亡的时间就是继承开始的时间。

1. 继承开始的时间之法律意义

其一，继承开始的时间是确定继承人、受遗赠人范围的时间标准，即只有在继承开始时生存的人或已受胎的胎儿才具有继承或受遗赠的资格。其二，继承开始的时间是确定遗产范围的时间标准，在继承开始时属于被继承人的个人合法财产才是遗产。其三，继承开始的时间也是继承人可以放弃继承权的时间标准。

2. 继承开始的时间之确定

法律上对自然人死亡时间的确定是以死亡证明记载的时间为准；没有死亡证明的，以户籍登记或者其他有效身份登记上所记载的死亡时间为准；但有其他证据足以推翻上述记载时间的，以该证据证明的时间为准。如果不知道自然人是否死亡或者需要确定更确切的死亡时间以处理继承问题，就需要宣告死亡制度和死亡时间推定制度来确定继承开始的时间。

（1）宣告死亡制度

自然人失去音讯处于下落不明的状态达到一定期限，利害关系人可以申请宣告其死亡。被宣告死亡之人的死亡时间为人民法院宣告其死亡的判决作出之日；但因意外事件下落不明而被宣告死亡的，意外发生之日视为其死亡的日期。需要注意的是，因意外事件下落不明而申请宣告死亡，不论是否经有关机关证明该自然人不能生存，只要下落不明是因为意外事件，其死亡的日期均应确定为意外事件发生之日。

（2）死亡时间推定制度

两个以上相互有继承关系的人在同一事件中死亡，又难以确定实际死亡时间的，为解决死者之间的相互继承问题，需要通过死亡时间推定制度来确定死亡顺序。

根据《民法典》第1121条第2款的规定，我国死亡时间推定制度包含三个具体规则：第一，推定没有其他继承人的人先死亡。第二，死者都有其他继承人时，如死者的辈份不同，则推定长辈先死亡。第三，死者都有其他继承人时，如死者的辈份相同，则推定同时死亡，相互不发生继承。

例如，夫妻与其未成年独生子在刑事案件中被害，不能确定三人的死亡顺序。丈夫的继承人只有其长兄，妻子的继承人只有母亲。夫妻生前有共同财产100万元。按照上述三个规则确定死亡顺序：第一，推定没有其他继承人的人先死亡，夫的继承人有其长兄，妻的继承人有其母亲，独生子的继承人有其外祖母，都有其他继承人；第二，死者都有其他继承人时，如死者的辈份不同，则推定长辈先死亡，因此推定夫妻先于独生子死亡；第三，死者都有其他继承人时，如死者的辈份相同，则推定同时死亡，相互不发生继承，因此夫妻被推定同时死亡。本案中，夫妻先于儿子死亡，夫妻同时死亡，夫的遗产50万元由其第一顺序继承人儿子继承，妻子的遗产50万元由其第一顺序继承人母亲和儿子继承，儿子从父母处应继承的遗产发生转继承，由儿子的唯一法定继承人外祖母取得。

（二）继承的结果是遗产的权利转移

继承是财产权利转移的方式之一。被继承人死亡后，根据《民法典》第

1123 条的规定，继承开始后，按照法定继承办理；有遗嘱的，按照遗嘱继承或者遗赠办理；有遗赠扶养协议的，按照协议办理。据此可归纳出遗产处理有如下规则：

1. 被继承人死亡后，有遗赠扶养协议的，应先按遗赠扶养协议的约定转移遗产。

2. 没有遗赠扶养协议或者协议尚有未处理完的遗产，如有遗嘱的，则由遗嘱继承人或受遗赠人取得遗产。

3. 如果被继承人生前与他人订有遗赠扶养协议，同时又立有遗嘱，若二者没有相抵触，则遗产分别按协议和遗嘱处理，若二者有抵触，则按协议处理，与协议抵触的遗嘱全部或部分无效。

4. 没有遗嘱、遗嘱无效或遗嘱未处分全部遗产的，则由法定继承人或酌分遗产人取得遗产。

如上述遗产转移的方式都不能适用的，则根据《民法典》第 1160 条的规定，无人继承又无人受遗赠的遗产，归国家所有，用于公益事业；死者生前是集体所有制组织成员的，归所在集体所有制组织所有。

二、继承权的概念和特征

（一）继承权的概念

继承权是自然人依照法律规定或被继承人生前有效遗嘱的指定所享有的取得被继承人遗产的权利。

法律以及法学著作通常在两种意义上使用“继承权”一词。第一种是继承期待权；第二种是继承既得权。

1. 继承期待权。这是一种不确定的权利，指继承人在将来有继承遗产的可能性。

2. 继承既得权。这是确定的现实权利，享有继承期待权的推定继承人在继承开始后转化为享有继承既得权的应召继承人，享有取得被继承人遗产的权利。

（二）继承权的特征

1. 继承权是一项独立的民事财产权利。依据《民法典》对权利的分类，继承权与物权、债权、知识产权等均属于民事权利中的财产权利。

2. 继承权的主体只能是被继承人法定继承人范围之内的自然人。

第二节　法定继承

一、法定继承定义

法定继承，是指依照法律直接规定的继承人范围、顺序和遗产分配原则，将遗产分配给合法的继承人的继承方式。

二、适用法定继承的情形

（一）被继承人没有订立遗嘱或遗赠扶养协议

被继承人没有订立合法有效的遗嘱或遗赠扶养协议时，继承开始后继承人的范围、继承顺序以及遗产分配规制按法律的规定确立。

（二）遗嘱继承人放弃继承或者受遗赠人放弃受遗赠

被继承人虽然订立了遗嘱，但遗嘱继承人或受遗赠人放弃继承权或受遗赠权，依遗嘱本应由遗嘱继承人或受遗赠人取得的遗产份额，适用法定继承的规则。

（三）遗嘱继承人丧失继承权或者受遗赠人丧失受遗赠权

被继承人虽然订立了遗嘱，但遗嘱继承人或受遗赠人因法定违法行为而丧失继承权或受遗赠权的，遗嘱中指定由该遗嘱继承人或受遗赠人取得的财产份额，适用法定继承的规则。

（四）遗嘱继承人或受遗赠人先于遗嘱人死亡或终止

被继承人虽然订立了遗嘱，但遗嘱继承人或受遗赠人先于被继承人死亡或在法律上终止主体资格，遗嘱中指定由该遗嘱继承人或受遗赠人取得的财产份额，适用法定继承的规则。

（五）有遗嘱无效部分涉及的财产

《民法典》第 1143 条规定，无民事行为能力人或者限制民事行为能力人所立的遗嘱无效。遗嘱必须表示遗嘱人的真实意思，受欺诈、胁迫所立的遗嘱无效。伪造的遗嘱无效。遗嘱被篡改的，篡改的内容无效。无效的遗嘱或遗嘱中无效部分所处置的遗产，由法定继承人取得。

（六）有遗嘱未处分的遗产

被继承人虽然订立了有效遗嘱或遗赠扶养协议，但并未处理完全部遗产，未处分的遗产适用法定继承的规则。

三、法定继承人的范围

法定继承人包括第一顺序和第二顺序的继承人，也包括依法可以代位继承的代位继承人。我国的法定继承人是被继承人的亲属。

（一）配偶

配偶之间相互为继承人。依照现行法律的规定，男女双方完成结婚登记，即确立婚姻关系，产生配偶的身份关系。在婚姻关系存续期间，一方死亡，另一方享有法定继承权。

现实社会生活中，存在符合结婚的条件且以夫妻名义共同生活的男女双方，没有办理结婚登记的情形。在这种情形下，一方死亡，另一方以配偶身份主张享有继承权的，根据《民法典婚姻家庭编司法解释一》第 7 条的规定，1994 年 2 月 1 日民政部《婚姻登记管理条例》公布实施以前，男女双方已经符合结婚实质要件的，按事实婚姻处理，一方死亡另一方可以配偶身份参加继承；1994 年 2 月 1 日以后，男女双方符合结婚实质要件并以夫妻名义同居生活的，如未补办结婚登记的，双方关系按同居关系处理，互不享有配偶的法定继承权。

（二）近血亲

1. 父母子女

父母子女是最近的直系血亲，《民法典》第 1070 条规定“父母和子女有相互继承遗产的权利”。根据《民法典》的相关规定，被继承人的生父母、养父母和抚养教育其的继父母，被继承人的婚生子女、非婚生子女、养子女和其抚养教育的继子女，均是其法定继承人。

需要注意的是：《民法典婚姻家庭编司法解释一》第 40 条认为“婚姻关系存续期间，夫妻双方一致同意进行人工授精，所生子女应视为婚生子女，父母子女间的权利义务关系适用民法典的有关规定”。故双方一致同意进行人工授精所生子女即使与男方并无自然的血缘联系，但仍然是其法定继承人。此外养子女被收养后，与其养父母互为继承人，与其生父母不再互为法定继承人。

2. 兄弟姐妹

兄弟姐妹是最近的旁系血亲，被继承人同父同母，同父异母或同母异父的兄弟姐妹、养兄弟姐妹均是其法定继承人。但根据《民法典继承编司法解释一》第12条第2款的规定，被收养人与其亲兄弟姐妹之间的权利义务关系，因收养关系的成立而消除，不能互为第二顺序继承人。

3. 祖父母、外祖父母

《民法典》未界定祖父母、外祖父母，但依据第1111条第1款的规定，被继承人的生父母之生父母或养父母，或者养父母之生父母或养父母为被继承人的法定继承人。

4. 子女的直系晚辈血亲

所谓直系晚辈血亲，是指已身所生的血亲，即子女、孙子女、外孙子女、曾孙子女等。被继承人子女的直系晚辈血亲作为代位继承人，不受辈数的限制。

5. 兄弟姐妹的子女

兄弟姐妹的子女即被继承人的侄子女或外甥子女。依据《民法典》第1127条第3款和第5款规定，被继承人同父同母、同父异母或同母异父的兄弟姐妹、养兄弟姐妹、有扶养关系的继兄弟姐妹的婚生子女、非婚生子女、养子女和有扶养关系的继子女是代位继承人。

（三）有扶养关系的特定姻亲

姻亲是以婚姻为中介而形成的亲属关系，可分为直系姻亲和旁系姻亲。前者如公婆与儿媳、岳父母与女婿、继父母与继子女，后者如继兄弟姐妹等。在我国的亲属制度中，姻亲之间的权利义务关系很少，单纯的姻亲不是法定继承人，但有扶养关系的特定姻亲可依法成为继承人。

1. 有扶养关系的继父母、有扶养关系的继子女

继父母子女关系是配偶一方和配偶另一方与前配偶所生子女之间的关系，该方配偶为继父母，另一方配偶与前配偶所生子女为继子女，继父母子女互为直系姻亲关系。依据《民法典》第1127条第3款和第4款的规定，有扶养关系的继

父母与生父母、养父母一样是被继承人的法定继承人；有扶养关系的继子女与婚生子女、非婚生子女、养子女一样是被继承人的法定继承人。

这里需要注意三点：其一，被继承人生前与其继父母或继子女之间存在扶养关系。其二，被继承人生前与其继父母或继子女之间的姻亲关系存在。如果被继承人生前与有扶养关系的继父母或继子女已经终止姻亲关系，相互不再是继父母子女关系，也不能互为对方的法定继承人。其三，继父母继承了继子女的遗产，或继子女继承了继父母的遗产，不影响其继承自己生子女或生父母的遗产。

2. 有扶养关系的继兄弟姐妹

继兄弟姐妹，是指继子女与继父母的生子女、养子女之间的相互关系。继兄弟姐妹之间是旁系姻亲关系，相互之间本来没有继承权，但如果继兄弟姐妹之间有扶养义务，则可互为法定继承人。

3. 对公婆、岳父母尽了主要赡养义务的丧偶儿媳、女婿

儿媳与公婆、女婿与岳父母本是直系姻亲关系，相互没有继承权，但是，儿媳、女婿在丧偶后对公婆、岳父母尽到了主要赡养义务的，为公婆、岳父母的法定继承人。

这里需要注意两点：其一，姻亲关系在中介婚姻关系因离婚而终止时会随之解除，但不会在中介婚姻关系因一方死亡而终止时随之解除，因此无论丧偶儿媳、女婿是否再婚，均有权依照《民法典》第 1129 条的规定作为第一顺序继承人参加继承，其与公婆和岳父母仍然具有姻亲关系。其二，丧偶儿媳、女婿对公婆、岳父母尽到了主要赡养义务，主要是指在丧偶后，儿媳、女婿对公婆、岳父母的生活提供了主要经济来源，或在劳务等方面给予了主要扶助。

第三节　遗嘱继承

一、遗嘱继承定义

遗嘱继承，是指依照被继承人生前遗嘱，由其指定的继承人取得遗嘱确定的遗产份额的继承方式。

二、遗嘱继承的法律特征

第一，遗嘱继承的发生需要两个法律事实：一是被继承人死亡，二是被继承人生前订立了有效遗嘱。

第二，遗嘱继承在适用上优先于法定继承，如果另有遗赠扶养协议的，则优先适用遗赠扶养协议。

第三，遗嘱继承人均为法定继承人范围之内的人，但不受法定继承顺序和份额的限制。

第四，遗嘱继承不适用代位继承。遗嘱指定的继承人先于遗嘱人死亡的，涉及的遗产份额按法定继承处理。

三、遗嘱继承的适用条件

1. 被继承人生前订立合法有效遗嘱。被继承人生前依照法律规定的遗嘱有效要件订立了遗嘱，这是适用遗嘱继承的首要条件。

2. 遗嘱人死亡。

3. 没有遗赠扶养协议或遗嘱未与遗赠扶养协议抵触。根据《民法典》第1123条的规定，继承开始后有遗嘱的，按照遗嘱继承或者遗赠办理；但有遗赠扶养协议的，按照协议办理。《民法典继承编司法解释一》第3条也明确规定，如果被继承人的遗嘱扶养协议与其遗嘱有抵触，按协议处理，与协议抵触的遗嘱全部或部分无效。

4. 遗嘱继承人未放弃继承，也未丧失继承权。

5. 遗嘱人先于遗嘱继承人死亡。如遗嘱指定的继承人先于遗嘱人死亡，遗嘱中指定其为继承人的部分不生效。

四、遗嘱的概念、特征和形式

（一）遗嘱的概念

遗嘱，是指自然人生前对个人财产进行处分并于其死亡后生效的单方民事法律行为。遗嘱处分的方式有三种：一是遗产继承，二是遗赠，三是设立遗嘱信托。

依据《民法典》第1133条第2款、第3款、第4款的规定，自然人立遗嘱将个人财产指定由法定继承人中的一人或者数人继承的是遗嘱继承。自然人立遗嘱将个人财产赠与国家、集体或者法定继承人以外的组织、个人的是遗赠。自然人可以依法设立遗嘱信托。以遗嘱形式设立的信托，既要符合《民法典》对遗嘱有效要件和生效要件的规定，又要符合《信托法》的规定才能产生法律效力。

（二）遗嘱的特征

1. 遗嘱是单方民事法律行为。根据《民法典》第134条、第138条的规定，遗嘱是无相对人的单方民事法律行为，遗嘱按照法律规定的形式和要件订立后即成立，无须他人了解更不需要他人同意。遗嘱的这一特征也决定了遗嘱人在死亡前可以随时随意更改、撤回其遗嘱处分。

2. 遗嘱于遗嘱人死亡时生效。遗嘱属于终意处分行为，在遗嘱人死亡前其均有权撤回、变更其遗嘱处分，所以即使是符合法律规定成立的遗嘱也只能在继承开始后方能执行。故根据《民法典》第136条、第138条、第1121条第1款的规定，遗嘱于符合有效要件完成时成立，于遗嘱人死亡时生效。

3. 遗嘱不得代理。为确保遗嘱是被继承人的真实意思，遗嘱人应亲自订立遗嘱，不得由他人代理。

4. 遗嘱是要式法律行为。遗嘱属于《民法典》第135条规定的要式法律行为，只有符合法律规定的六种形式遗嘱才能有效成立。这是因为遗嘱生效执行时，遗嘱人已经死亡，必须有严格的形式要求来保证其真实性。

（三）遗嘱的形式

遗嘱是要式法律行为，《民法典》第1134条至第1139条规定了六种遗嘱的形式，即自书遗嘱、代书遗嘱、打印遗嘱、录音录像遗嘱、口头遗嘱和公证遗嘱。

1. 自书遗嘱。自书遗嘱，也称为亲笔遗嘱，要求遗嘱人亲笔书写全部遗嘱内容，并在遗嘱上签名，注明年、月、日。自书遗嘱的形式要求比较简单，无须他人帮助即可自行完成。根据《民法典继承编司法解释一》第27条的规定，自然人在遗书中涉及死后个人财产处分的内容，确为死者的真实意思表示，有本人签名并注明了年、月、日，又无相反证据的，可以按自书遗嘱对待。

2. 代书遗嘱。遗嘱人若因不识字或因病不能亲自书写遗嘱，可以采用代书遗嘱的形式。代书遗嘱有以下三个要求：其一，需要有两个以上见证人在场见证。也就是说，最少需要两名见证人，并且见证人必须在现场亲自见证订立遗嘱的过程。其二，遗嘱人口授遗嘱内容，在场的一名见证人书写其遗嘱内容。该名见证人在记录完成后向遗嘱人和其他见证人宣读讲解。其三，经遗嘱人和其他见证人确认遗嘱内容无误后，由遗嘱人、代书人和其他见证人签名并注明订立遗嘱的年、月、日。

《民法典》第1140条明确规定了不能担任遗嘱见证人的情况，包括：(1) 无民事行为能力人、限制民事行为能力人以及其他不具有见证能力的人。见证能力主要是指能够履行见证职责的能力，比如能够表达、能够看见的能力。(2) 继承人、受遗赠人。继承人和受遗赠人的利益与遗嘱的内容息息相关，法律将其列为不适格的见证人是为保证遗嘱是遗嘱人的真实意思表示。(3) 与继承人、受遗赠人有利害关系的人，包括继承人、受遗赠人的亲属、债权人、债务人，共同经营的合伙人等。这也是为避免因利害关系而影响遗嘱的真实性。

3. 打印遗嘱。打印遗嘱是新的遗嘱形式，但在司法实践中多有出现。由于打印遗嘱不是遗嘱人的亲笔书写，容易被篡改，为确保其真实性，法律规定需符合如下要求：其一，需要两名以上见证人在场见证订立打印遗嘱的过程；其二，遗嘱人和见证人均应在打印遗嘱的每一页签名，并注明日期。

4. 录音录像遗嘱。由于智能手机的普及，不受书写能力和书写环境限制，在录音录像中口述遗嘱内容的形式是比较方便的。但影像录音资料也容易被篡改，所以法律要求遗嘱人和见证人均需在录音录像中表明自己的姓名等身份信息以及录音录像的日期信息。

5. 口头遗嘱。口头遗嘱属于特别遗嘱形式，没有文字记载，全凭见证人证明，存在见证人记错记漏的可能性，且容易被篡改。

订立口头遗嘱应注意：(1) 在危急情况下才能订立口头遗嘱。危急情况一般是指因遗嘱人生命垂危或者与外界隔绝等，无法订立其他形式遗嘱的情况。(2) 需两名以上见证人在场见证。(3) 口头遗嘱从危急情况消除，遗嘱人能够以任何其他法定形式订立遗嘱之日起无效。能够以任何其他法定形式订立遗嘱是指一种可能性，并不需要遗嘱人在危急情况解除后实际上以其他形式订立遗嘱。

6. 公证遗嘱。公证机构按照法定程序证明遗嘱人设立遗嘱行为真实、合法的活动为遗嘱公证。经公证证明的遗嘱为公证遗嘱。

较之其他遗嘱形式，公证遗嘱的要件要求是最严格的。自然人办理遗嘱公证，应经由公证机关依照《公证法》《公证程序规则》以及《遗嘱公证细则》所规定的条件和程序办理。需要注意的是，遗嘱公证应由立遗嘱人亲自申请，不得委托他人代理申办。遗嘱公证应当由两名公证人员共同办理，由其中一名公证员在公证书上署名。因特殊情况由一名公证员办理时，应当有一名符合要求的见证人在场见证并在遗嘱和笔录上签名。

《民法典》虽未规定共同遗嘱，但两个以上的遗嘱人坚持申请办理共同遗嘱公证的，公证机关应引导其在共同遗嘱中明确遗嘱变更、撤销及生效的条件。

第四节 继承权的取得、放弃、丧失和保护

一、继承权的取得

继承权依据取得根据的不同分为法定继承权和遗嘱继承权。

（一）法定继承权的取得

法定继承权，是指法定继承人依据法律直接规定而享有的取得遗产的权利。法定继承权的取得取决于两个法律事实：一是被继承人的死亡；二是被继承人死亡时有法定继承人。

（二）遗嘱继承权的取得

遗嘱继承权基于被继承人的遗嘱指定。被继承人可以通过遗嘱来指定继承人、指定继承份额或具体遗产的取得，法定继承人因被继承人的意思而取得遗产的权利为遗嘱继承权。遗嘱继承权的取得也取决于两个法律事实：一是被继承人死亡；二是被继承人生前有合法有效的遗嘱指定了继承人。

二、继承权的放弃

（一）放弃继承权的时间

继承人放弃继承权应在继承开始后，遗产处理前。继承开始前，继承人享有的是继承期待权，该权利不具有客观确定性，所以无法放弃。遗产分割后表示放弃的不再是继承权，而是所有权。

（二）放弃继承权的方式

《民法典》第1124条第1款规定，继承人应以书面形式作出放弃继承的表示。

1. 放弃继承权不需要得到他人的同意

放弃继承权是单方法律行为，作出该意思表示即可放弃继承权，不需要其他继承人、遗产管理人或法院的同意。但为了处理遗产的方便，放弃继承权的意思表示应向其他继承人、遗产管理人或人民法院作出。依据《民法典》关于遗产管理人职责的规定，以及《民法典继承编司法解释一》第33条和第34条的规定，继承人放弃继承权的意思表示应以书面形式向遗产管理人或其他继承人作出，也可以在诉讼中向人民法院作出。

2. 放弃继承权应以书面形式作出

根据《民法典继承编司法解释一》第34条的规定，在诉讼中，继承人向人民法院以口头方式表示放弃继承的，要制作笔录，由放弃继承的人签名。

3. 放弃继承权不能部分接受，部分放弃

放弃继承权的后果是从继承一开始就不享有继承权，因此是整体地对继承人法律地位的放弃，而不是放弃这部分遗产而接受另一部分遗产。这里需要注意两点：一是放弃继承权是对个人财产权利的放弃，不得以不承担法定义务为条件，例如以将来不赡养父亲为条件放弃对母亲遗产的继承权；二是如果继承人既享有遗嘱继承权，又享有法定继承权，单独放弃遗嘱继承权或法定继承权，不属于部分接受部分放弃。

4. 监护人一般不得代为放弃继承权。监护人应当按照最有利于被监护人的原则履行监护职责。而继承权是一项纯受益的财产权利，监护人不得代为放弃。

（三）放弃继承权的法律效力

根据《民法典继承编司法解释一》第 37 条的规定，放弃继承权的效力追溯到继承开始的时间。也就是从继承开始该继承人就没有继承权，处理遗产时不再考虑该继承人。

继承人放弃继承的，对被继承人依法应当缴纳的税款和债务可以不负清偿责任。

三、继承权的丧失

（一）继承权丧失的概念和特点

继承权丧失是有继承资格的人因有法律规定的违法行为而丧失继承资格。我国的继承权丧失具有如下 3 个特点：

1. 丧失的继承权既可能是继承期待权，也可能是继承既得权。

2. 丧失继承权是一种民事制裁，针对的是法律明文规定的违法行为。

3. 继承权丧失的规则适用于法定继承和遗嘱继承，也适用于遗赠的情形。受遗赠人有《民法典》第 1125 条第 1 款规定的行为，丧失受遗赠权。

（二）继承权丧失的法定情形

根据《民法典》第 1125 条第 1 款的规定，继承人有下列行为之一的将丧失继承权：

1. 故意杀害被继承人

关于此种情形有两点需要注意：（1）有杀害被继承人的故意即可，不考虑其动机或目的。因过失行为致被继承人死亡并不导致继承权丧失。（2）根据《民法典继承编司法解释一》第 7 条的规定，无论杀害被继承人的犯罪行为既遂还是未遂，继承人只要有故意杀害被继承人的行为均丧失继承权。

2. 为争夺遗产而杀害其他继承人

关于此种情形有四点需要注意：（1）继承人杀害的是其他继承人，被杀害者是继承顺序在前或与杀人者同一顺序的法定继承人，或是遗嘱指定的继承人；（2）继承人杀害其他继承人是为了争夺遗产，而不是因为其他纠纷；（3）杀害其他继承人的时间，可能是在继承开始之前，也可能是在继承开始之后；（4）继承人为争夺遗产杀害其他继承人的行为无论既遂还是未遂，均丧失对被继承人的继承权。

3. 遗弃被继承人，或者虐待被继承人情节严重

遗弃，是指有扶养能力的人，对其负有扶养义务又需要其扶养的无独立生活能力的被继承人拒绝履行法定扶养义务的行为。遗弃是严重违反亲属间法定义务的行为，无论继承人遗弃被继承人的行为是否造成严重后果，也无论其情节是否恶劣，均丧失继承权。

虐待，是指继承人经常以打骂、冻饿、禁闭、强迫过度劳动、有病不给治疗或其他方式摧残、折磨被继承人，给其精神上和身体上造成伤害的行为。虐待被继承人情节严重的将导致继承人丧失继承权。《民法典继承编司法解释一》第6条规定，可以从继承人实施虐待行为的时间长短、手段的恶劣程度、后果的严重性和社会影响大小等方面认定其虐待被继承人情节是否严重。只要达到情节严重的程度，无论是否追究其刑事责任，均可确认其丧失继承权。

4. 伪造、篡改、隐匿或者销毁遗嘱，情节严重

《民法典继承编司法解释一》第9条规定，继承人伪造、篡改、隐匿或者销毁遗嘱，侵害了缺乏劳动能力又无生活来源的继承人的利益，并造成其生活困难的，应当认定为“情节严重”。

5. 以欺诈、胁迫手段迫使或妨碍被继承人设立、变更或者撤回遗嘱，情节严重

通常可以从非法获利大小，造成他人权益受损后果等方面判断是否构成情节严重。

（三）被继承人宽恕对继承权丧失的影响

《民法典》第1125条第1款所列的5项导致继承权丧失的情形，分为绝对丧失继承权和相对丧失继承权：

1. 有第1项“故意杀害被继承人”和第2项“为争夺遗产而杀害其他继承人”行为的继承人依法绝对丧失继承权，即使被继承人嗣后表示宽恕原谅或嗣后遗嘱指定该继承人的遗产份额，也无法恢复或重新赋予其继承权，因为这是非常严重的犯罪行为。根据《民法典继承编司法解释一》第8条规定，若继承人有上述两项行为，而被继承人以遗嘱将遗产指定由该继承人继承的，可确认遗嘱无效，并确认该继承人丧失继承权。

2. 有第 3 项至第 5 项行为（即“遗弃被继承人，或者虐待被继承人情节严重”“伪造、篡改、隐匿或者销毁遗嘱，情节严重”“以欺诈、胁迫手段迫使或者妨碍被继承人设立、变更或者撤回遗嘱，情节严重”）的继承人相对丧失继承权，如果同时具备继承人确有悔改表现和被继承人表示宽宥或事后在遗嘱中将其列为继承人的两个条件，可不丧失继承权。

（四）继承权丧失的效力

1. 当然丧失。继承权的丧失不需要经人民法院确定或宣告，有法律规定丧失继承权的情形的，继承人当然丧失继承权。但是根据《民法典继承编司法解释一》第 5 条的规定，继承人之间因是否丧失继承权发生纠纷，诉讼到人民法院的，人民法院可判决确认继承人是否丧失继承权。

2. 不能代位继承。根据《民法典继承编司法解释一》第 17 条规定，继承人丧失继承权的，其直系晚辈血亲不得代位继承。这是因为代位继承人只能继承被代位人有权继承的遗产，被代位人丧失继承权的，代位继承人也无法继承被继承人的遗产。

四、继承权的保护

根据《民法典》第 188 条的规定，继承权受到侵害的继承人向人民法院请求保护继承权的诉讼时效期间为 3 年。诉讼时效期间自继承人知道或者应当知道继承权受到损害以及义务人之日起计算。但自继承权受到损害之日起超过 20 年的，人民法院不予保护；有特殊情况的，人民法院可以根据继承人的申请决定延长。

另外，继承人应取得的遗产的物权，从被继承人死亡时就发生效力。即使尚未完成动产交付或不动产登记，其权利受到侵害的，继承人也可以通过请求保护物权获得救济。

第二篇

常见十八类婚姻家庭继承案件

第一章 婚约财产纠纷

第一节 案由适用要点

一、案由释义

婚约，亦称订婚或定婚，是男女双方以将来结婚为目的而作的事先约定。在现实生活中，婚约虽然并非结婚的必经程序，但仍然是一种重要的民事习惯，并对人们的社会生活产生重要影响。订立了婚约的男女俗称未婚夫妻。虽然婚约对当事人并无法律上的约束力，解除婚约也不需要诉诸法律程序，但因解除婚约往往会产生向对方索还彩礼的情况，因而产生财产纠纷。

二、管辖法院

因婚约财产纠纷提起的诉讼，根据《民事诉讼法》第22条第1款的规定，应当由被告住所地人民法院管辖，被告住所地与经常居住地不一致的，由经常居住地人民法院管辖。

三、要点提示

按照《未成年人保护法》第17条第9项规定，父母或其他监护人不得允许或者迫使未成年人结婚，不得为未成年人订立婚约。

借婚约索取财物是违法行为，但彩礼并不具有违法性。对于给付彩礼的行为，《民法典》并未禁止。对于如何处理婚约财产纠纷的问题，《民法典婚姻家庭编司法解释一》第5条第1款规定："当事人请求返还按照习俗给付的彩礼的，如果查明属于以下情形，人民法院应当予以支持：（一）双方未办理结婚登记手续；（二）双方办理结婚登记手续但确未共同生活；（三）婚前给付并导致给付人生活困难。”上述第1项“双方未办理结婚登记手续”的规定对处理此类纠纷具有指导意义。对于婚约期间的双方赠与物，除贵重物品外，一般不予返还；对以订立婚约为名进行婚姻买卖的财物，原则上应当收缴；以订立婚约为名诈骗钱财的，应受法律处罚。

在审判实践中，要注意与解除同居关系析产案件的区别。婚约财产一般为赠与性质，有些财产的赠与是以双方结婚为成就条件的，而同居关系期间的财产一般应认定为双方共有财产。

四、法律指引

《民法典》

第一千零四十二条 禁止包办、买卖婚姻和其他干涉婚姻自由的行为。禁止借婚姻索取财物。

禁止重婚。禁止有配偶者与他人同居。

禁止家庭暴力。禁止家庭成员间的虐待和遗弃。

《民法典婚姻家庭编司法解释一》

第五条 当事人请求返还按照习俗给付的彩礼的，如果查明属于以下情形，人民法院应当予以支持：

（一）双方未办理结婚登记手续；

（二）双方办理结婚登记手续但确未共同生活；

（三）婚前给付并导致给付人生活困难。

适用前款第二项、第三项的规定，应当以双方离婚为条件。

第二节　婚约财产常见问题释解

一、彩礼定义

彩礼是我国古代传统婚礼中“纳征”的俗称，是指男女双方在完婚前，由男方交付给女方本人或者家属作为订立婚约成立条件的财物。

二、借婚姻索取财物定义

借婚姻索取财物，是指除买卖婚姻以外的其他借婚姻索取财物的行为。应当区分借婚姻索取财物和男女婚前出于自愿的赠与，以及借婚姻索取财物和借婚姻诈骗钱财。

三、借婚姻索取财物与买卖婚姻的区分

（一）相同之处

借婚姻索取财物与买卖婚姻都以索取财物为结婚的前提条件。

这里的前提条件，不是决定民事法律行为效力的生效条件。附生效条件的民事法律行为，在生效条件成就之前，民事法律行为已成立，在生效条件成就时，民事法律行为生效。

而借婚姻索取财物，在财物给付时，结婚行为尚未成立，在财物给付后，男女双方登记结婚的，结婚行为才有可能成立并生效。

（二）不同之处

首先，主体不同。在借婚姻索取财物中，索取财物的主体通常是婚姻当事人一方。在买卖婚姻中，索取财物的主体通常是第三人。

其次，婚姻自主决定不同。借婚姻索取财物，男女双方通常是自愿结婚，不存在强迫包办的情形，索取财物的婚姻当事人一方，实际上是滥用婚姻自主权。而买卖婚姻则违背了婚姻当事人的意愿，存在强迫包办的情形，违反了婚姻自由原则。

最后，法律后果不同。借婚姻索取财物，虽然给付方给付财物是违心的和被迫的，但是其对于结婚是自愿的，因此婚姻的效力不受索取财物的影响。买卖婚姻通常因胁迫而缔结，受胁迫的一方可以向人民法院请求撤销婚姻。

四、借婚姻索取财物和彩礼的区分

按照民间婚俗，男方为缔结婚姻通常会在婚前向女方给付一定的金钱、财物作为彩礼。

一般来说，借婚姻索取财物的，财物价值明显高出当地婚前给付彩礼的一般水平。借婚姻索取财物是违法行为，但彩礼并不具有违法性。

五、如何处理彩礼返还的问题

按照民法理论，彩礼是附解除条件的赠与。男女双方没有缔结婚姻的，解除条件成就，给付彩礼的一方可以请求对方返还彩礼。

根据《民法典婚姻家庭编司法解释一》第5条的规定，一方当事人请求返还按照习俗给付的彩礼，如果查明属于以下情形，人民法院应当予以支持：1. 双方未办理结婚登记手续；2. 双方办理结婚登记手续但确未共同生活；3. 婚前给付并导致给付人生活困难。在上述第2项和第3项的情形下，彩礼的返还应当以夫妻双方离婚为条件。

“双方未办理结婚登记手续”，是指未婚男女既未办理结婚登记手续，也没有共同生活的情形。如果未婚男女双方确已共同生活但未登记结婚，彩礼返还的具体数额，要根据未办理结婚登记手续的原因、双方共同生活的时间、彩礼数额、有无生育子女、财产使用情况，双方经济状况、当地风俗习惯等因素确定。

对于“双方办理结婚登记手续但确未共同生活”的，彩礼的返还的具体数额，要根据双方结婚时间长短、彩礼数额、未共同生活的原因、财产使用情况、双方经济状况、当地风俗习惯等因素确定。

对于“婚前给付并导致给付人生活困难”的，请求返还彩礼的一方必须陷入生活绝对困难，即彩礼返还以因彩礼的给付导致给付人无法维持当地最基本生活水平为前提。

第三节　婚约财产纠纷实务案例评析

案例1：没领结婚证同居，分手时彩礼应适当返还[①]

基本案情

2020年4月，原告（男）与被告（女）经人介绍相识、相恋。2020年6月，双方未办理结婚登记便在被告所有的房屋中同居生活至2021年5月。2020年6月，双方与对方家长见面，被告父母给予原告见面礼16800元，原告父母给予被告见面礼36800元，原告的两位姐姐每人给予被告见面礼8000元。2020年10月，双方确定于2021年正月初四举办婚礼，原告给予被告彩礼38000元、价值30000元的“三金”。2021年新年期间，原告给予被告父母3000元、给予被告生日费5200元。双方同居期间原告向被告累计微信转账17005元。被告因疫情防控原因要求推迟婚礼，原告同意后重新择定2021年5月22日举行婚礼，之后被告以该月份犯冲不适宜结婚为由再次要求延期，致婚礼无法按期举行，最终双方分手。

因返还彩礼事宜协商未果，原告以婚约财产纠纷案由起诉至浙江省宁波市北仑区人民法院（以下简称北仑区法院），请求判令被告返还122005元。北仑区法院经审理，综合考虑原告支出款项金额、双方实际共同生活时间、被告为婚礼及双方共同生活亦有一定费用支出、当地农村习俗等因素，酌定被告返还原告彩礼50000元；原告主张超出部分不予支持。

原告不服上诉至浙江省宁波市中级人民法院（以下简称宁波中院），宁波中院判决驳回上诉，维持原判。

案例点评

婚约财产纠纷是指男女双方在相识恋爱期间，一方因特定原因而从对方获

---

① 案号：(2021)浙0206民初7198号、(2022)浙02民终319号。

得数额较大的财物，在双方不能缔结婚姻时，财产受损的一方请求对方返还财物而产生的纠纷。彩礼的给付以缔结婚姻关系为目的，并以当地习俗为依据。

根据《民法典婚姻家庭编司法解释一》第5条第1款第1项的规定，双方未办理结婚登记手续，当事人请求返还按照习俗给付的彩礼，法院应当予以支持。本案中，原告与被告曾约定于2021年正月初四举办婚礼，原告亦给予被告38000元、价值30000元的“三金”，上述款物应属于彩礼，现双方因故已经分手，缔结婚姻的目的不可能实现，原告主张返还理由成立。法院综合考虑双方曾共同生活、彩礼的使用情况并结合当地风俗习惯等具体因素，酌定被告返还原告彩礼5万元。原告虽主张见面礼属于彩礼，但根据当地习俗见面礼系男女双方确定恋爱关系后一方首次见对方家长时长辈对一方的赠与，并未涉及双方是否缔结婚姻，故原告要求被告返还见面礼缺乏法律依据。2021年新年期间原告给予被告父母的款项并不属于彩礼范畴，给予被告的生日费亦系赠与款。双方同居期间原告多次微信转账给被告的款项系双方共同生活支出，原告要求被告返还该笔款项缺乏依据，法院未予支持。

案例2：因未到婚龄未领证短暂同居，分手时彩礼应全部返还[①]

基本案情

原告（男）和被告（女）经媒人介绍认识，于2021年1月18日按照当地风俗举行了结婚典礼仪式，在结婚典礼仪式前后，原告为被告购买手机一部（5278元），购买15.42克足金项链一条、45.11克足金手镯一个、3.64克足金戒指一枚（共计30160元）。被告母亲收取原告彩礼9.1万元和2万元家具钱。2021年2月27日夜，被告因家庭琐事与原告发生纠纷后离家再也未归。

因双方返还彩礼事宜协商未果，原告以婚约财产纠纷案由起诉至河南省鹤壁市山城区人民法院（以下简称山城区法院），请求判令被告与其母亲共同返还彩礼9.1万元、“三金”3万元、手机5278元、借婚姻索取的见面礼6000

① 案号：（2021）豫0603民初559号、（2022）豫06民终284号。

元、送家具钱2万元、替被告偿还的债务2000元、为被告支付的双眼皮医疗费3000元，共计157278元。山城区法院经审理认为，彩礼返还范围以被告收到的手机及金饰和被告母亲收取的现金为限，判决被告返还原告手机一部，金项链一条、金手镯一个、金戒指一枚；被告与其母亲共同返还原告彩礼9.1万元和家具钱2万元共计11.1万元。

被告母亲不服上诉至河南省鹤壁市中级人民法院（以下简称鹤壁中院），鹤壁中院判决驳回上诉，维持原判。

案例点评

给付彩礼是我国的民间婚俗，是男女双方以将来结婚为目的而为的给付，在法律性质上是一种以结婚为条件的赠与行为。《民法典婚姻家庭编司法解释一》第5条规定：当事人请求返还按照习俗给付的彩礼的，如果查明属于以下情形，人民法院应当予以支持：1. 双方未办理结婚登记手续；2. 双方办理结婚登记手续但确未共同生活；3. 婚前给付并导致给付人生活困难。适用前款第2项、第3项的规定，应当以双方离婚为条件。虽说上述规定较为明确，但实践中情形各种各样，要根据案件的具体情况进行裁判。处理婚约财产纠纷案件，不能仅以双方未办理结婚登记手续为由，简单地认为彩礼应予以返还，而应以现行法律为基础，充分结合案情，考虑给付彩礼款数额、同居生活时间长短、有无子女、支出情况等因素，按照照顾无过错方及公平原则，综合认定彩礼应否予以返还及返还数额。

本案中，原告和被告均未达到法定结婚年龄，虽举办结婚典礼仪式，但未办理婚姻登记手续，且共同生活才一个多月，被告即离家出走。故法院以被告收到的手机及金饰和被告母亲收取的现金为限作为彩礼返还范围，判决全部返还。法院对不属于彩礼范围内的财物，未予支持。

第二章　婚内夫妻财产分割纠纷

第一节　案由适用要点

一、案由释义

婚内夫妻财产分割纠纷，是指在夫妻关系存续期间，夫妻双方分割共同财产过程中所发生的纠纷。

二、管辖法院

因婚内夫妻财产分割纠纷提起的诉讼，根据《民事诉讼法》第22条第1款的规定，应当由被告住所地人民法院管辖，被告住所地与经常居住地不一致的，由经常居住地人民法院管辖。

三、要点提示

婚内夫妻财产分割请求权主体是夫妻双方当事人，即只有夫妻一方才有权提起该类诉讼。

婚内夫妻财产分割适用情形主要有两种：

1. 一方有隐藏、转移、变卖、毁损、挥霍夫妻共同财产或者伪造夫妻共同债务等严重损害夫妻共同财产利益的行为。

2. 一方负有法定扶养义务的人患重大疾病需要医治，另一方不同意支付相关医疗费用。

四、法律指引

《民法典》

第一千零六十二条　夫妻在婚姻关系存续期间所得的下列财产，为夫妻的共同财产，归夫妻共同所有：

（一）工资、奖金、劳务报酬；

（二）生产、经营、投资的收益；

（三）知识产权的收益；

（四）继承或者受赠的财产，但是本法第一千零六十三条第三项规定的除外；

（五）其他应当归共同所有的财产。

夫妻对共同财产，有平等的处理权。

第一千零六十六条　婚姻关系存续期间，有下列情形之一的，夫妻一方可以向人民法院请求分割共同财产：

（一）一方有隐藏、转移、变卖、毁损、挥霍夫妻共同财产或者伪造夫妻共同债务等严重损害夫妻共同财产利益的行为；

（二）一方负有法定扶养义务的人患重大疾病需要医治，另一方不同意支付相关医疗费用。

《民法典婚姻家庭编司法解释一》

第三十八条　婚姻关系存续期间，除民法典第一千零六十六条规定情形以外，夫妻一方请求分割共同财产的，人民法院不予支持。

第二节　婚内夫妻财产分割常见问题释解

一、一般原则

夫妻共同财产属于夫妻共同共有的财产，在婚姻关系存续期间，夫妻双方原则上不得请求分割，但具有重大理由的除外。也就是说，在夫妻婚姻关系存续期间，对夫妻共同财产的处理，以不允许分割共同财产为原则，允许分割为例外。

二、特殊情形

为了避免夫妻双方或一方在婚姻关系存续期间随意请求分割共同财产、影响家庭关系稳定及夫妻共有财产保障功能的实现，根据《民法典》第1066条的规定，请求分割夫妻共同财产的法定理由限于下列两种情形：

1. 一方实施了严重损害夫妻共同财产利益的行为，如隐藏、转移、变卖、毁损、挥霍夫妻共同财产或者伪造夫妻共同债务。实施上述行为一般具有主观的故意，实现侵占夫妻共同财产或损害夫妻共同财产利益的目的。夫妻一方因过失毁损夫妻共同财产的，另一方不享有婚内财产分割请求权。不仅如此，上述行为必须达到严重损害夫妻共同财产利益的程度，因此，隐藏少量私房钱不在此列。对于“严重损害”程度的判断，需要考虑行为的性质、夫妻共同财产的价值、造成损失的大小等因素。但是，夫妻双方不得利用婚内财产分割请求权逃避债务、损害债权人利益。

2. 一方负有法定扶养义务的人患重大疾病需要医治，另一方不同意支付相关医疗费用。依据《民法典》第26条、第1074条和第1075条的规定，夫妻一方负担的法定扶养义务包括：作为父母对未成年子女和不能独立生活的成年子女的抚养义务，包括对非婚生子女、对前一段婚姻所生子女的抚养义务；作为子女对父母的赡养义务；作为孙子女、外孙子女对子女已经死亡或者子女无力赡养的祖父母、外祖父母负有的赡养义务；作为兄、姐对父母已经死亡或者父母无力抚养的未成年弟、妹负有的扶养义务；作为由兄、姐扶养长大的弟、妹对缺乏劳动能力又缺乏生活来源的兄、姐负有的扶养义务。夫妻一方负有法定扶养义务的人所患疾病是否重大，应当按照医学标准判断。一般认为，某些需要长期治疗、花费较高的疾病，或者直接涉及生命安全的疾病属于重大疾病。相关医疗费用主要是指为治疗疾病需要支出的必要、合理费用，不包括营养费、护理费等费用。夫妻一方向人民法院请求婚内分割夫妻共同财产的，应当对上述法定事由负举证责任。

第三节　婚内夫妻财产分割纠纷实务案例评析

案例1：夫妻一方重婚且故意隐瞒共同财产，另一方有权婚内分家产①

基本案情

1994年，原告（女）与被告（男）登记结婚。婚后，双方生育一儿一女。被告自1997年离家后，一直未归。2007年，被告在未与原告离婚的情况下与他人登记结婚。2015年5月6日，被告因犯重婚罪被法院判处有期徒刑一年。2019年4月24日，被告向湖南省郴州市宜章县人民法院（以下简称宜章县法院）起诉，要求与原告离婚。法院从维护家庭和谐稳定的角度出发，驳回被告的离婚请求。2021年7月15日，原告以婚内夫妻财产分割纠纷案由诉至宜章县法院，请求依法分割被告名下的一辆轿车，该车辆系双方婚内由被告以5万元的价格购入，属于夫妻共同财产。现该车已被被告转卖。

宜章县法院经审理认为，原告请求判令分割被告名下的轿车，法院予以支持。该车购入价格为5万元，被告应向原告支付该车价款的一半即2.5万元。

案例点评

夫妻一方在婚姻关系存续期间出现以下两种情形时，可以请求分割夫妻共同财产：1. 一方实施了严重损害夫妻共同财产利益的行为，如隐藏、转移、变卖、毁损、挥霍夫妻共同财产或者伪造夫妻共同债务。2. 一方负有法定扶养义务的人患重大疾病需要医治，另一方不同意支付相关医疗费用。婚内共同财产分割的原则，以不允许分割为原则，允许分割为例外。在婚姻关系存续期间，原则上不允许分割夫妻共同财产，只有在存在婚内共同财产分割的法定事由且不损害债权人利益的条件下，法院才能允许夫妻一方请求分割夫妻共同财产，

---

①　案号：（2021）湘1022民初1192号。

如果不具备婚内分割共同财产的必要条件，夫妻一方不能请求分割夫妻共同财产。

在审判实践中，法官对婚内共同财产分割的法定事由不能类推适用或者扩大解释，以杜绝共有物分割请求权的滥用，维护婚姻家庭的稳定。

案例 2：夫妻一方患有严重疾病需治疗，可适当多分共同财产①

基本案情

1998 年 11 月 7 日，原告（男）与被告（女）登记结婚，婚后双方先后生育了二子。2013 年 4 月 7 日，原告与被告共同购买有住房一套。2021 年 3 月 1 日，原告因身体不适到浙江省温州市中心医院治疗，经过该院诊断为：1. 原发性肝癌门静脉瘤栓可能；2. 慢性乙型病毒性肝炎；3. 脾肿大；4. 肝多发性囊肿。后原告在 2021 年 4 月 2 日至 13 日、4 月 28 日至 5 月 4 日、5 月 26 日至 5 月 31 日先后三次到重庆新桥医院住院治疗，第一次出院诊断为：1. 肝癌伴门静脉癌栓；2. 肝癌介入治疗术后；3. 乙型肝炎小三阳；4. 肝功能不全。第二、三次出院诊断均为：1. 恶性肿瘤介入治疗；2. 恶性肿瘤免疫治疗；3. 肝癌伴门静脉癌栓……医嘱：注意休息……定期复查，不适随诊。被告除原告在温州住院治疗期间支付过 1 万元医疗费外，不愿意继续拿钱给原告治疗。而原告仍需继续治疗，并急需手术费。原告以婚内夫妻财产分割纠纷案由起诉至重庆市丰都县人民法院（以下简称丰都县法院），要求将位于丰都县的一套房屋分割给原告所有。

丰都县法院经审理认为，原告患严重疾病，需要花费大量的金钱进行持续的治疗，被告却不愿继续履行法定扶养义务，致使原告后续治疗得不到保障，故原告要求婚内分割家庭财产治疗疾病予以支持。原告要求将房屋全部分割给自己所有的主张不能成立，但综合考虑病情及现实收入状况，原告可适当多分，酌定由原告分得房屋处置总价款的 60%。因双方对具体分割方案无法达成

---

① 案号：（2021）渝民初 2534 号。

一致意见，法院判决将房屋拍卖或变卖，然后就价款按酌定的分割比例进行分割；拍卖或变卖过程中产生的相关费用按原告60%、被告40%的比例分担。

案例点评

实践中要准确理解“重大疾病”及“不同意支付相关医疗费用”的内涵。要严格把握疾病的适用条件，一方负有法定扶养义务的人必须患有重大疾病。至于对“重大疾病”的理解，法律没有规定，可以参考《重大疾病保险的疾病定义使用规范》列举的重大疾病。一般包括恶性肿瘤、急性心肌梗死、脑中风后遗症、重大器官移植术或造血干细胞移植术、冠状动脉搭桥术等，此外，也包括需要长期治疗、花费较高的疾病，包括糖尿病、脊髓灰质炎等。“不同意支付相关医疗费用”包括两个方面：一方面，夫妻一方向另一方明确表示要支付自己负有法定扶养义务的人医疗费用，而另一方明确表示拒绝的；另一方面，相关医疗费用，应是指为治疗疾病需要的必要、合理费用，不包括营养、陪护等费用。

第三章　离婚纠纷

第一节　案由适用要点

一、案由释义

离婚属于婚姻关系终止的法定事由。按照离婚方式的不同，离婚可分为协议离婚和诉讼离婚。“离婚纠纷”案由适用诉讼离婚。

二、管辖法院

根据《民事诉讼法》第22条第1款的规定，对公民提起的民事诉讼，由被告住所地人民法院管辖；被告住所地与经常居住地不一致的，由经常居住地人民法院管辖。

对于一般离婚纠纷案件，《民事诉讼法解释》第12条规定：夫妻一方离开住所地超过1年，另一方起诉离婚的案件，可以由原告住所地人民法院管辖。夫妻双方离开住所地超过1年，一方起诉离婚的案件，由被告经常居住地人民法院管辖；没有经常居住地的，由原告起诉时被告居住地人民法院管辖。

对于军婚，《民事诉讼法解释》第11条规定：双方当事人均为军人或者军队单位的民事案件由军事法院管辖。《最高人民法院关于军事法院管辖民事案件若干问题的规定》第2条规定：“下列民事案件，地方当事人向军事法院提起诉讼或者提出申请的，军事法院应当受理：……（三）当事人一方为军人的婚姻家庭纠纷案件；……”

对于涉外婚姻，《民事诉讼法解释》第13条至第16条规定，在国内结婚并定居国外的华侨，如定居国法院以离婚诉讼须由婚姻缔结地法院管辖为由不予受理，当事人向人民法院提出离婚诉讼的，由婚姻缔结地或者一方在国内的最后居住地人民法院管辖。在国外结婚并定居国外的华侨，如定居国法院以离婚诉讼须由国籍所属国法院管辖为由不予受理，当事人向人民法院提出离婚诉讼的，由一方原住所地或者在国内的最后居住地人民法院管辖。中国公民一方居住在国外，一方居住在国内，不论哪一方向人民法院提起离婚诉讼，国内一方住所地人民法院都有权管辖。国外一方在居住国法院起诉，国内一方向人民法院起诉的，受诉人民法院有权管辖。中国公民双方在国外但未定居，一方向人民法院起诉离婚的，应由原告或者被告原住所地人民法院管辖。

三、要点提示

离婚是一种法律行为，必须经过婚姻登记机关的批准，或者向人民法院提起诉讼后由人民法院判决准予离婚，否则将不发生法律效力。离婚的前提是有合法有效的婚姻关系存在。

具有夫妻身份的男女，任何一方要求解除婚姻关系向人民法院提起诉讼的，适用该案由。离婚往往涉及夫妻财产分割和子女抚养问题，审判实践中均将其归入“离婚纠纷”案由项下。

四、法律指引

《民法典》

第一千零七十六条　夫妻双方自愿离婚的，应当签订书面离婚协议，并亲自到婚姻登记机关申请离婚登记。

离婚协议应当载明双方自愿离婚的意思表示和对子女抚养、财产以及债务处理等事项协商一致的意见。

第一千零七十七条　自婚姻登记机关收到离婚登记申请之日起三十日内，任何一方不愿意离婚的，可以向婚姻登记机关撤回离婚登记申请。

前款规定期限届满后三十日内，双方应当亲自到婚姻登记机关申请发给离婚证；未申请的，视为撤回离婚登记申请。

第一千零七十八条　婚姻登记机关查明双方确实是自愿离婚，并已经对子女抚养、财产以及债务处理等事项协商一致的，予以登记，发给离婚证。

第一千零七十九条 夫妻一方要求离婚的，可以由有关组织进行调解或者直接向人民法院提起离婚诉讼。

人民法院审理离婚案件，应当进行调解；如果感情确已破裂，调解无效的，应当准予离婚。

有下列情形之一，调解无效的，应当准予离婚：

（一）重婚或者与他人同居；

（二）实施家庭暴力或者虐待、遗弃家庭成员；

（三）有赌博、吸毒等恶习屡教不改；

（四）因感情不和分居满二年；

（五）其他导致夫妻感情破裂的情形。

一方被宣告失踪，另一方提起离婚诉讼的，应当准予离婚。

经人民法院判决不准离婚后，双方又分居满一年，一方再次提起离婚诉讼的，应当准予离婚。

第一千零八十条 完成离婚登记，或者离婚判决书、调解书生效，即解除婚姻关系。

第二节　离婚常见问题释解

一、协议离婚

（一）协议离婚的一般要件

根据《民法典》第1076条第1款规定，夫妻双方自愿离婚的，应当签订书面离婚协议，并亲自到婚姻登记机关申请离婚登记。因此，协议离婚的双方当事人，不仅要签订书面离婚协议，还需要亲自申请离婚登记。

（二）离婚协议的成立和生效要件

离婚协议的成立要件包括：1. 存在夫妻双方当事人；2. 夫妻双方就自愿离婚、子女抚养、财产及债务处理等事项达成合意；3. 离婚协议应当具备书面形式。离婚协议的生效要件包括：1. 夫妻双方具有完全民事行为能力；2. 离婚协议中的意思表示真实自愿；3. 离婚协议不违反法律、行政法规的强制性规定，不违背公序良俗；4. 夫妻双方完成离婚登记。

离婚协议的成立不等于离婚协议的生效。离婚协议中关于财产分割、子女抚养等内容的约定，以夫妻双方解除婚姻关系为前提，以夫妻双方完成离婚登记为生效要件。因此，夫妻双方达成的以登记离婚为条件的财产分割协议，如果双方协议离婚未成，一方在离婚诉讼中反悔的，该财产分割协议没有生效，人民法院应当根据实际情况按照照顾子女、女方和无过错方权益的原则对夫妻共同财产进行分割。

（三）离婚登记申请的撤回

为了避免当事人轻率离婚、冲动离婚，维护婚姻家庭关系的稳定，《民法典》第 1077 条规定了离婚登记申请的撤回，即自婚姻登记机关收到离婚登记申请之日起 30 日内，任何一方不愿意离婚的，可以向婚姻登记机关撤回离婚登记申请。前款规定期限届满后 30 日内，双方应当亲自到婚姻登记机关申请发给离婚证；未申请的，视为撤回离婚登记申请。

离婚登记申请的撤回只适用于协议离婚，不适用于诉讼离婚。

二、诉讼离婚

按照《民法典》第 1079 条第 1 款的规定，夫妻一方要求离婚的，可以由有关组织进行调解或者直接向人民法院提起离婚诉讼。由有关组织进行调解，属于诉讼外调解。诉讼外调解不是人民法院判决离婚的必经程序，当事人可以不经诉讼外调解，直接向人民法院提起离婚诉讼。

（一）诉讼离婚的提起

诉讼离婚必须由夫妻一方本人提出离婚请求。

在离婚诉讼中，无民事行为能力的夫妻一方由其法定代理人进行诉讼。法定代理人与对方达成协议要求发给判决书的，人民法院可根据协议内容制作判决书。也就是说，无民事行为能力的夫妻一方不能协议离婚，但可以诉讼离婚。

夫妻一方有诉讼代理人的，本人除不能表达意思的外，仍应出庭；确因特殊情况无法出庭的，必须向人民法院提交书面意见。夫妻一方为无民事行为能力人的，其法定代理人应当到庭；法定代理人不能到庭的，人民法院应当在查清事实的基础上，依法作出判决。

（二）诉讼离婚的调解

按照《民法典》第1079条第2款的规定，人民法院审理离婚案件，应当进行调解；如果夫妻双方感情确已破裂，调解无效的，应当准予离婚。因此，在离婚诉讼中，调解是人民法院审理离婚案件的必经程序，也称诉讼内调解。

人民法院审理离婚案件，应当进行调解，但不应久调不决。调解达成协议，必须双方自愿，不得强迫。调解协议的内容不得违反法律规定。

一审法院判决不准离婚的案件，上诉后，第二审人民法院认为应当判决离婚的，可以根据当事人自愿的原则，与子女抚养、财产问题一并调解；调解不成的，发回重审。

诉讼内调解可能出现三种结果：

1. 原告撤诉，人民法院可以不制作调解书，但应当将调解协议制作笔录，由双方当事人、审判人员、书记员签名或盖章。

2. 双方当事人达成离婚协议，由人民法院制作调解书，写明诉讼请求、案件的事实和调解结果，并由审判人员、书记员署名，加盖人民法院印章，送达双方当事人。调解书经双方当事人签收后，即具有法律效力，婚姻关系解除。

3. 调解无效，双方当事人无法达成一致，由人民法院依法判决。对于调解无效的离婚案件，人民法院应当以夫妻感情确已破裂为标准，判决离婚或不准离婚。判决不准离婚和调解和好的离婚案件，没有新情况、新理由，原告在6个月内又起诉的，人民法院不予受理。原告撤诉或按撤诉处理的离婚案件，没有新情况、新理由，6个月内又起诉的，人民法院不予受理。

（三）人身安全保护令与离婚诉讼之间的关系

1. 申请人身安全保护令，不以提起离婚等诉讼为条件。人身安全保护令是法院为了保护家庭暴力受害人及其子女和特定亲属的人身安全、确保婚姻案件诉讼程序的正常进行而作出的民事裁定，是一种民事强制措施。2022年8月1日起施行的《人身安全保护令司法解释》规定：向法院申请人身安全保护令，不以提起离婚等民事诉讼为条件。该规定明确了向法院申请人身安全保护令不需要在先提起离婚诉讼或者其他诉讼，也不需要在申请人身安全保护令后一定期限内提起离婚等诉讼。从程序法角度看，人身安全保护令的申请、审查、执行等均具有高度独立性，完全可以不依托于其他诉讼而独立存在。这符合人身安全保护令快速、及时制止家庭暴力的基本特征和制度目的。

2. 违反人身安全保护令，属于有"新情况、新理由"，离婚案件起诉不受6个月期间的限制。《民事诉讼法》第127条第7项规定：判决不准离婚和调解和好的离婚案件，判决、调解维持收养关系的案件，没有新情况、新理由，原告在6个月内又起诉的，不予受理。但《人身安全保护令司法解释》第11条规定：离婚案件中，判决不准离婚或者调解和好后，被申请人违反人身安全保护令实施家庭暴力的，可以认定为《民事诉讼法》第127条第7项规定的"新情况、新理由"，即在判决不准离婚或者调解和好后的离婚案件中，如有家暴情况发生，可以法院作出的人身安全保护令作为证据材料，即使未满6个月，面对屡教不改的家庭暴力行为，属于"新情况、新理由"，起诉不受6个月期间的限制。

3. 人身安全保护令和离婚诉讼的证据证明标准。司法实践中，离婚诉讼当事人的证据需要达到"高度可能性"，但《人身安全保护令司法解释》明确法院签发的人身安全保护令的证明标准是"较大可能性"，不需要达到"高度可能性"，从而减轻了当事人的举证负担，有助于充分发挥人身安全保护令的作用，给家暴受害人撑起法律的"保护伞"。

第三节　离婚纠纷实务案例评析

案例1：法院判决不准离婚后，又分居满1年，应准予离婚[①]

基本案情

原告（女）和被告（男）在民政局办理结婚登记手续。双方婚后生育两

① 案号：（2022）豫1628民初2177号。

个子女，女儿现已成年，儿子现年 11 岁。因原、被告婚前相互缺乏了解，草率结合。婚后经常生气，被告不尽家庭义务，有酗酒恶习，无缘故殴打原告。原告已给过被告多次改过的机会，被告继续我行我素至今没有改过的诚意，被告的所作所为已伤透了原告的心。2021 年 2 月 5 日，原告曾起诉与被告离婚，法院判决不准离婚后双方没有和好，至今分居 1 年以上，夫妻感情已彻底破裂，无法继续共同生活。

2022 年 3 月 17 日，原告以离婚纠纷案由再次起诉至河南省周口市鹿邑县人民法院（以下简称鹿邑县法院），请求判决原告与被告离婚；婚生女儿由原告抚养，儿子由被告抚养，互不支付子女抚养费。

鹿邑县法院经审理认为，2021 年 2 月 5 日，原告起诉与被告离婚。2021 年 3 月 2 日，法院判决不准原、被告离婚后，双方未和好，且被告当庭陈述与原告分居多年，说明原、被告夫妻感情确已破裂，故原告要求与被告离婚的诉讼请求予以支持。关于子女抚养，庭审中双方陈述原、被告儿子现跟随被告及被告母亲生活，且被告要求抚养。不改变孩子本来的生活环境更有利于孩子的健康成长，因此婚生子由被告抚养为宜，原告每年应向被告支付子女抚养费 4383.25 元，直至婚生子年满 18 周岁时止。

案例点评

我国采用协议离婚和诉讼离婚双轨制的离婚模式，协议离婚的正当性基于当事人意思自治，诉讼离婚则体现了国家公权力机关对于私人生活领域的干预。因此在过去的司法实践中，要证明具备法定离婚理由，对原告方来说并不容易，初次起诉的离婚案件，法官本着维护婚姻家庭稳定的原则，一般判决不准离婚。《民法典》第 1079 条新增了第 5 款规定："经人民法院判决不准离婚后，双方又分居满一年，一方再次提起离婚诉讼的，应当准予离婚。"这是对离婚案件司法实践经验的总结，是一个以分居时间量化夫妻感情是否破裂的新标准，更好地保障了当事人的婚姻自由。当事人在初次离婚诉讼请求被法院驳回后，夫妻双方又持续分居满一年，互不履行夫妻义务，亦致使夫妻感情无挽回的机会，表明夫妻感情在前次诉讼之后并无改善，且夫妻一方再次提起离婚诉讼，表明当事人要求解除婚姻关系的意志坚决，应认定为夫妻感情破裂，准予离婚。本案中，2021 年 2 月 5 日，原告起诉至法院要求与被告离婚。2021 年 3 月 2 日，法院判决不准原、被告离婚后，双方未和好继续分居，2022 年 3 月 17 日，原告再次起诉至法院，夫妻双方持续分居已满一年，法院认定原、被告夫妻感情确已破裂，于是法院判决准予原、被告离婚。

案例 2：离婚时女方就家务劳动有权要求补偿①

基本案情

原告（男）与被告（女）于 1997 年相识后建立恋爱关系，在民政局办理了结婚证。双方婚后生育两子陈某豪和陈某杰，均在江西省南昌市读书。2011 年至 2015 年期间，原、被告及原告父母在乡下新建房屋一幢，不动产权证书登记权利人为原告。婚后双方为家庭琐事经常发生纠纷，原告 2016 年 11 月 15 日、2021 年 3 月 1 日曾两次起诉要求离婚，均被法院判决驳回。

2021 年 12 月 2 日，原告第三次以离婚纠纷案由向江西省萍乡市莲花县人民法院（以下简称莲花县法院）起诉，请求判决原、被告离婚；婚生子陈某豪和陈某杰由原告抚养，被告每月支付抚养费 1000 元。庭审中，被告同意离婚，但提出原告一次性补偿被告生活费 15 万元等要求。

莲花县法院经审理认为，综合考虑被告婚后在抚育子女、照顾家庭等方面的付出，酌情由原告一次性补偿 5 万元较为适宜。

案例点评

《民法典》第 1088 条规定，夫妻一方因抚养子女、照顾老人、协助对方工作等承担较多义务的，离婚时有权请求对方补偿，对方应予以补偿。结婚之后，原则上推定夫妻双方对家庭的贡献相等，付出相等。因此离婚时平均分割财产，看似对双方都进行了平等的补偿，但为家务付出较多的一方，还有放弃能力提高、学历增长等无形中的牺牲，因此《民法典》对家务劳动付出较多一

① 案号：（2021）赣 0321 民初 974 号。

方，作出了更加清晰的保护。本案中，法院判决原告支付被告 5 万元家务补偿，这是司法保障妇女权益、促进社会公平的正义之举。无论“家务劳动”能否带来金钱上的收入，都是劳动的一种，这种观念有助于家庭妇女提升对自己的劳动价值的认识，并且更好地维护自己的权益。

自《民法典》实施以来，离婚案件中要求家务补偿的主张不断增多。从已有判例来看，不同法院判决的补偿金额之间差异较大。最主要是因为个案具体情况不一样，当事人举证能力有差异，当然，当事人对家庭贡献客观上存在差异，使得法院在个案裁判中表现出了不同的裁量权。

2022 年 10 月 30 日新修订的《妇女权益保障法》第 68 条规定：“夫妻双方应当共同负担家庭义务，共同照顾家庭生活。女方因抚育子女、照料老人、协助男方工作等负担较多义务的，有权在离婚时要求男方予以补偿。补偿办法由双方协议确定；协议不成的，可以向人民法院提起诉讼。”体现出妇女权益保障法保障妇女权益的基本定位，为女性从事家庭事务的价值提供了法治保障。

现行法律并没有对补偿标准作出明确的规定，法院自由裁量空间较大。笔者建议，为了最大限度实现同案同判，可以通过制定相关司法解释等方式，对家务劳动产生的价值列举出一些具有普遍意义的衡量标准，细化家务劳动补偿制度。

在司法实践中往往举证较难，因为家务劳动多为家庭生活内部事务，很难直接提供证据予以证明。笔者建议，当事人可尝试通过以下几种方式进行举证：1. 通过共同生活的家庭成员的证人证言、邻居的证人证言以及村委会或居委会等基层组织出具的证人证言来证明。2. 通过提交相关门诊、住院病历等材料对照料老人、抚育子女义务负担较多的证明；提交与孩子老师、培训机构等微信聊天记录等证据证明抚育子女义务负担较多等。

第四章　离婚后财产纠纷

第一节　案由适用要点

一、案由释义

离婚后财产纠纷主要包括以下四种情形：一是当事人双方离婚时，未对婚姻关系存续期间的夫妻财产进行分割，离婚后对于财产的分配问题产生的纠纷；二是当事人协议离婚时达成了财产分配协议，离婚后因履行上述财产分割协议而发生的纠纷；三是男女双方协议离婚后 3 年内就财产分割问题反悔而引发的纠纷；四是婚姻关系结束后，一方发现对方在婚姻关系存续期间存在的在离婚时未分割的其他财产而引发的纠纷。

二、管辖法院

因离婚后财产纠纷提起的诉讼，根据《民事诉讼法》第 22 条第 1 款的规定，应当由被告住所地人民法院管辖，被告住所地与经常居住地不一致的，由经常居住地人民法院管辖。

三、要点提示

实践中，离婚后出现财产纠纷的情形多为一方在离婚时隐瞒了在婚姻关系存续期间取得的财产或其他收益，离婚后，另一方发现了这些财产，从而主张再次分割夫妻共同财产。此类案件的诉讼时效为 3 年。

需要注意的，《民法典婚姻家庭编司法解释一》第 70 条规定，夫妻双方协议离婚后就财产分割问题反悔，请求撤销财产分割协议的，人民法院应当受理。人民法院审理后，未发现订立财产分割协议时存在欺诈、胁迫等情形的，应当依法驳回当事人的诉讼请求。“存在欺诈、胁迫等情形”中使用了“等”字，说明欺诈、胁迫情形不是人民法院支持当事人诉讼请求的唯一条件，人民法院在审理中发现协议内容存在《民法典》第151条规定的乘人之危、显失公平的情况下，仍然可以根据当事人请求撤销该协议。

此外，当事人离婚协议中关于财产分割的条款或当事人因离婚就财产分割达成的协议，具有法律拘束力。但一方事后不履行的，该协议本身并无强制执行力，另一方还应向人民法院提起诉讼，由人民法院对其效力作出认定，方才具有强制执行效力。

四、法律指引

《民法典》

第一千零七十六条 夫妻双方自愿离婚的，应当签订书面离婚协议，并亲自到婚姻登记机关申请离婚登记。

离婚协议应当载明双方自愿离婚的意思表示和对子女抚养、财产以及债务处理等事项协商一致的意见。

第一千零九十二条 夫妻一方隐藏、转移、变卖、毁损、挥霍夫妻共同财产，或者伪造夫妻共同债务企图侵占另一方财产的，在离婚分割夫妻共同财产时，对该方可以少分或者不分。离婚后，另一方发现有上述行为的，可以向人民法院提起诉讼，请求再次分割夫妻共同财产。

《民法典婚姻家庭编司法解释一》

第六十九条 当事人达成的以协议离婚或者到人民法院调解离婚为条件的财产以及债务处理协议，如果双方离婚未成，一方在离婚诉讼中反悔的，人民法院应当认定该财产以及债务处理协议没有生效，并根据实际情况依照民法典第一千零八十七条和第一千零八十九条的规定判决。

当事人依照民法典第一千零七十六条签订的离婚协议中关于财产以及债务处理的条款，对男女双方具有法律约束力。登记离婚后当事人因履行上述协议发生纠纷提起诉讼的，人民法院应当受理。

第七十条 夫妻双方协议离婚后就财产分割问题反悔，请求撤销财产分割协议的，人民法院应当受理。

人民法院审理后，未发现订立财产分割协议时存在欺诈、胁迫等情形的，应当依法驳回当事人的诉讼请求。

第八十三条　离婚后，一方以尚有夫妻共同财产未处理为由向人民法院起诉请求分割的，经审查该财产确属离婚时未涉及的夫妻共同财产，人民法院应当依法予以分割。

第八十四条　当事人依据民法典第一千零九十二条的规定向人民法院提起诉讼，请求再次分割夫妻共同财产的诉讼时效期间为三年，从当事人发现之日起计算。

第二节　离婚后财产分割常见问题释解

一、夫妻共同财产的少分或者不分和离婚后的再次分割

夫妻共同财产是重要的家庭资产组成部分，夫妻双方是否能够本着诚信的原则进行处理，既事关对彼此财产权利的尊重，也事关家庭关系的和谐稳定。根据《民法典》第1092条的规定，夫妻一方隐藏、转移、变卖、毁损、挥霍夫妻共同财产，或者伪造夫妻共同债务企图侵占另一方财产的，在离婚分割夫妻共同财产时，对该财产可以少分或者不分。这一规定旨在制裁恶意侵害夫妻另一方财产权的行为，保障离婚时夫妻共同财产的公平分割。该条采取列举式的规定，在原《婚姻法》第47条的基础上，增加了“挥霍”夫妻共同财产这一情形。

夫妻共同财产的少分或者不分，针对的违法行为有两类：

（一）夫妻一方隐瞒、转移、变卖、毁损、挥霍夫妻共同财产

隐瞒，是指夫妻一方将夫妻共同财产藏匿起来，不让另一方发现，使另一方无法获知财产的所在，从而无法了解夫妻共同财产的情况、无法控制夫妻共同财产。此外，隐瞒登记在个人名下但属于夫妻共同财产的银行存款、股票、基金、证券等，也构成隐藏。

转移，是指夫妻一方擅自将财产移往他处，或将资金移往其他账户，脱离另一方的掌握、不让另一方知道财产下落。

变卖，是指夫妻一方将财产折价卖给他人，通常出售所得款项没有用于夫妻共同生活。

损毁，是指夫妻一方采取破坏性手段使属于夫妻共同财产的物品毁坏、灭失，导致使用价值和价值减损或者丧失。这里的“损毁”应指故意的情形，不包括过失造成的损坏。

挥霍，是指夫妻一方对夫妻共有的财产不必要、不符合常理的任意浪费致使其不存在或者价值减损，比如不合理的高消费、赌博等。

夫妻一方实施上述行为的，主观上应当具有故意。

（二）伪造夫妻共同债务企图侵占另一方财产

伪造夫妻共同债务，是指夫妻一方制造内容虚假的债务凭证，包括合同、欠条等，负担本来不存在的夫妻共同债务或者夸大所负担夫妻共同债务的金额，让配偶共同承担清偿夫妻共同债务的义务。在夫妻双方协商夫妻共同债务的内部分担时，通过伪造夫妻共同债务，夫妻一方可能会在订立离婚财产分割协议时以多承担虚构的夫妻共同债务为由，要求多分夫妻共同财产。夫妻一方也可能与第三人恶意串通，通过伪造夫妻共同债务，迫使另一方在离婚后以个人财产清偿虚构的夫妻共同债务，从而达到侵占另一方财产的目的。

对夫妻一方的不分或者少分，不以上述违法行为发生在离婚时为前提。无论夫妻一方的上述行为发生在夫妻双方离婚时或离婚诉讼过程中，还是发生在离婚诉讼之前，另一方均可在离婚诉讼中请求法院对夫妻一方少分或者不分。

实践中，应注意以下几点：

1. 对少分的具体份额或比例以及在何种情况下不分，由法院根据违法行为的情节和案件的具体情况决定。也就是说，法院根据个案的具体情况，可以而非应当决定少分或者不分夫妻共同财产。

2. 少分或者不分的夫妻共同财产，主要是指被隐藏、转移、变卖、毁损、挥霍的夫妻共同财产，或者通过伪造夫妻共同债务侵占的那一部分财产，而不是全部夫妻共同财产。

3. 请求再次分割夫妻共同财产，不仅适用于诉讼离婚，也适用于协议离婚。

4. 向法院起诉请求再次分割夫妻共同财产的诉讼时效期间为3年，从当事人发现之日起计算。

二、涉及不动产的婚姻家庭纠纷案件与不动产专属管辖

根据《民事诉讼法》第34条第1项的规定，因不动产纠纷提起的诉讼，由不动产所在地人民法院管辖。有的婚姻家庭纠纷会涉及不动产，比如离婚后财产纠纷、夫妻财产约定纠纷、分家析产纠纷等时常涉及房屋或土地的权属认定、分割等，上述纠纷是否适用该条规定，实践中有不同观点。

笔者认为，上述纠纷应当按照一般地域管辖原则确定管辖法院，不可适用不动产专属管辖。理由主要是：第一，根据《民事案件案由规定》，上述纠纷的案由属于第二部分“婚姻家庭、继承纠纷”，而非第三部分“物权纠纷”，而《民事诉讼法解释》第28条第1款规定“民事诉讼法第三十四条第一项规定的不动产纠纷是指因不动产的权利确认、分割、相邻关系等引起的物权纠纷”。第二，婚姻家庭纠纷通常为复合型，不仅涉及财产关系，还涉及人身关系；不仅涉及不动产，还可能涉及其他财产。比如一宗离婚案件中，可能同时涉及婚姻关系的解除、财产分割和子女抚养；请求分割的夫妻共同财产中，可能同时包括房屋、汽车、存款、股权收益和知识产权收益；房屋也有可能包括位于不同地区的几套房屋。如果适用不动产专属管辖，则可能需要到不同法院提起几个诉讼，无法在同一个案件中处理所有纠纷，也无法实现家事纠纷的“一揽子”解决。

第三节　离婚后财产纠纷实务案例评析

案例1：一方不履行离婚协议，另一方可向法院起诉[1]

基本案情

原告（女）与被告（男）原系夫妻关系。2019年7月17日，双方因感情

① 案号：(2022) 黔0302民初438号。

破裂在民政局办理离婚登记。双方签订的《离婚协议书》第3条约定："离婚生效后男方支付女方10万元，于2021年12月31日前付清。"但离婚协议生效后，经原告多次催要无果，被告均以各种理由拒付。

2022年1月10日，原告以离婚后财产纠纷案由向贵州省遵义市红花岗区人民法院（以下简称红花岗区法院）起诉，请求判令被告立即支付补偿费10万元，并承担案件诉讼费、保全费和保险费用。

红花岗区法院经审理认为，原告与被告于2019年7月17日在婚姻登记机关签订《离婚协议书》系双方真实意思表示，内容合法，且已经过婚姻登记机关确认，依法具有法律效力，被告应当按照约定及法律规定给付原告补偿款10万元。被告未按期支付原告10万元，《民法典》第1076条规定："夫妻双方自愿离婚的，应当签订书面离婚协议，并亲自到婚姻登记机关申请离婚登记。离婚协议应当载明双方自愿离婚的意思表示和对子女抚养、财产以及债务处理等事项协商一致的意见。"《民法典婚姻家庭编司法解释一》第69条第2款规定："当事人依照民法典第一千零七十六条签订的离婚协议中关于财产以及债务处理的条款，对男女双方具有法律约束力。登记离婚后当事人因履行上述协议发生纠纷提起诉讼的，人民法院应当受理。"据此对原告要求依法判决被告支付原告补偿费10万元的主张，予以支持。原告在诉讼过程中向法院申请财产保全，为此向保险公司支付1000元诉讼保全担保服务费，原告要求被告承担该项费用。由于该费用不是必然产生，对原告的该项诉请，法院不予支持。2022年3月2日，红花岗区法院判决被告支付原告人民币10万元，并承担案件受理费减半收取计1150元和诉讼保全费1020元，共计2170元。

案例点评

生活中，许多离婚案件当事人选择到民政局办理协议离婚的方式解除婚姻关系。在离婚协议中，双方就离婚、财产及债权债务分割和子女抚养问题进行了约定。协议离婚后，一方若不履行或不正当履行约定的财产分割义务，另一方可以以离婚协议为依据向法院提起民事诉讼。有人认为，既然离婚协议对双方具有法律约束力，在一方不按约定履行义务时，另一方可以直接向法院申请执行，没必要再起诉。笔者认为，离婚协议对当事人存在法律约束力并不代表其具备强制执行力，除法院的判决、裁定、调解，仲裁机关的裁决，经公证的债权文书等中的财产部分可以强制执行外，其他文书不能直接申请执行。

本案提示我们，签订离婚协议一定要慎之又慎，不能因为急切想要离婚而草率签订离婚协议；签订离婚协议后，要严格履行协议约定义务，以防承担违约责任。

案例 2：协助房产过户是协议离婚中的附随义务[①]

基本案情

原告（女）与被告（男）原系夫妻关系。原、被告婚内共同支付首付款购买一套房屋，并登记在原、被告名下。2018 年 9 月 20 日，原、被告因感情不和等原因，签订了《离婚协议书》，办理了离婚手续。《离婚协议书》第 3 条约定："婚后按揭购买的位于定远县的房屋所有权归女方所有。"现原告多次要求被告履行离婚协议义务，协助原告办理房产过户登记，被告却拒不配合，原告以离婚后财产纠纷案由诉至安徽省滁州市定远县人民法院（以下简称定远县法院），请求判决被告协助原告办理产权过户登记手续，并承担本案的全部诉讼费用。庭审中，被告辩称，虽然我与原告在离婚协议书中约定房产归原告所有，但当时双方口头承诺该房屋给婚生子。

定远县法院经审理认为，依法成立的合同，受法律保护。当事人应当按照约定全面履行自己的义务。本案中，原、被告在《离婚协议书》中对诉争房产的约定合法有效，被告未履行过户及协助办理相关手续义务违反了离婚协议，应承担继续履行的法律后果。判决被告协助原告将房屋过户至原告名下，并协助办理产权过户登记手续。案件受理费减半收取计 40 元，由原告负担。

案例点评

对于诉讼离婚而言，只要拿到了法院的判决书或者调解书，如果对方不配

---

① 案号：（2022）皖 1125 民初 642 号。

合办理房产过户，则可以直接申请法院强制执行，房产交易中心会协助办理房产过户。但是对于协议离婚而言，一旦对方不配合，房屋过户就比较麻烦，因为仅凭离婚证书和离婚协议书，尚不足以证明对方房产过户的真实意思，房屋管理部门无法审查协议的真实性。因此，遇到这种情况，可以以不履行离婚协议为由向法院起诉，如果法院判决后对方仍不履行，就可以申请强制执行，由法院向房管部门送达协助执行通知书，这样就可以办理过户了。此外，在协议离婚时，可以将离婚协议进行公证，这样房屋管理部门就能确认离婚协议的真实性，给予办理过户手续。

夫妻双方签订离婚协议，自愿协商房屋归属，且不违反法律法规的规定，符合自愿合法原则，离婚协议属有效协议，双方应依约履行。一方协助另一方办理过户手续是合同履行当中的附随义务，不履行协助义务则构成违约。

本案中，原告和被告双方根据离婚协议书办理了离婚手续，双方约定房屋一套归女方所有，但是被告一直拒绝配合原告办理房屋过户手续，妨害原告行使对房屋的所有权，被告拒绝履行协助义务的行为构成违约。此种情况下原告向法院提起民事诉讼，要求被告履行协助义务。法院最后判决支持了原告要求被告协助办理房屋过户手续的诉讼请求。

第五章　离婚后损害责任纠纷

第一节　案由适用要点

一、案由释义

根据《民法典》第 1091 条和《民法典婚姻家庭编司法解释一》第 86 条至第 90 条的规定，离婚纠纷中无过错的一方在婚姻登记机关办理离婚登记手续后或者人民法院判决离婚、调解离婚（明确放弃损害赔偿请求的除外）后的特定期限内，有权向人民法院起诉要求其配偶承担损害责任，由此引发的纠纷称为“离婚后损害责任纠纷”。

二、管辖法院

离婚后损害责任纠纷属于侵权责任纠纷，应当按照《民事诉讼法》相关规定，由侵权行为地或被告住所地人民法院管辖。

三、要点提示

《民法典》第 1091 条赋予离婚纠纷中的无过错当事人损害赔偿请求权，该权利可以在提起离婚诉讼时主张，也可以在人民法院判决、调解离婚后的特定期限内提出，或者在婚姻登记机关办理离婚登记手续后的特定期限内提出。根据《民法典》第 188 条的规定，该请求权的诉讼时效期间为 3 年，以无过错方知道或者应当知道权利受到损害之日起计算。如果婚姻存续期间就知道对方存在过错，从离婚之日起计算诉讼时效；如果离婚后才知道过错的存在，以知道过错之日起计算诉讼时效。最长时效是 20 年。

“离婚纠纷”案由本身包括析产、损害赔偿等相关诉讼请求，因此，在起诉离婚的同时主张损害赔偿的，可以适用“离婚纠纷”案由。但是，在登记离婚后或判决离婚、调解离婚后当事人才提出损害赔偿之诉，则无法适用“离婚纠纷”这一案由。基于以上考虑，《民事案件案由规定》在“离婚纠纷”案由之外将“离婚后损害责任纠纷”确立为独立的第三级案由。

四、法律指引

《民法典》

第一千零九十一条 有下列情形之一，导致离婚的，无过错方有权请求损害赔偿：

（一）重婚；

（二）与他人同居；

（三）实施家庭暴力；

（四）虐待、遗弃家庭成员；

（五）有其他重大过错。

《民法典婚姻家庭编司法解释一》

第八十六条 民法典第一千零九十一条规定的“损害赔偿”，包括物质损害赔偿和精神损害赔偿。涉及精神损害赔偿的，适用《最高人民法院关于确定民事侵权精神损害赔偿责任若干问题的解释》的有关规定。

第八十七条 承担民法典第一千零九十一条规定的损害赔偿责任的主体，为离婚诉讼当事人中无过错方的配偶。

人民法院判决不准离婚的案件，对于当事人基于民法典第一千零九十一条提出的损害赔偿请求，不予支持。

在婚姻关系存续期间，当事人不起诉离婚而单独依据民法典第一千零九十一条提起损害赔偿请求的，人民法院不予受理。

第八十八条 人民法院受理离婚案件时，应当将民法典第一千零九十一条等规定中当事人的有关权利义务，书面告知当事人。在适用民法典第一千零九十一条时，应当区分以下不同情况：

（一）符合民法典第一千零九十一条规定的无过错方作为原告基于该条规

定向人民法院提起损害赔偿请求的，必须在离婚诉讼的同时提出。

（二）符合民法典第一千零九十一条规定的无过错方作为被告的离婚诉讼案件，如果被告不同意离婚也不基于该条规定提起损害赔偿请求的，可以就此单独提起诉讼。

（三）无过错方作为被告的离婚诉讼案件，一审时被告未基于民法典第一千零九十一条规定提出损害赔偿请求，二审期间提出的，人民法院应当进行调解；调解不成的，告知当事人另行起诉。双方当事人同意由第二审人民法院一并审理的，第二审人民法院可以一并裁判。

第八十九条 当事人在婚姻登记机关办理离婚登记手续后，以民法典第一千零九十一条规定为由向人民法院提出损害赔偿请求的，人民法院应当受理。但当事人在协议离婚时已经明确表示放弃该项请求的，人民法院不予支持。

第九十条 夫妻双方均有民法典第一千零九十一条规定的过错情形，一方或者双方向对方提出离婚损害赔偿请求的，人民法院不予支持。

第二节 离婚后损害赔偿常见问题释解

离婚损害赔偿请求权，是指因夫妻一方重大过错导致离婚的，无过错的另一方享有的请求过错方承担损害赔偿的权利。

一、离婚损害赔偿请求权的成立条件

（一）夫妻一方具有法定的重大过错

《民法典》第1091条列举了能够成立离婚损害赔偿的重大过错，包括：1. 重婚；2. 与他人同居；3. 实施家庭暴力；4. 虐待、遗弃家庭成员；5. 其他重大过错。

就重婚而言，重婚一方同时存在前婚和后婚两个婚姻。重婚一方与前婚的配偶因重婚而离婚的，前婚的配偶可以主张离婚损害赔偿；后婚因重婚无效，后婚中无过错的配偶可以就婚姻无效请求重婚一方承担损害赔偿。

“其他重大过错”属于兜底性规定，便于人民法院在审判实践中根据个案

具体情况认定离婚损害赔偿。不过，“其他重大过错”必须与前述4类法定的重大过错具有相当性。比如，女方严重违反忠实义务生育他人子女。

近年来，“欺诈性抚养”纠纷逐渐成为易发的家事纠纷之一。“欺诈性抚养”一般是指夫妻婚姻关系存续期间，女方在明知或应知子女非与男方亲生的情况下，故意隐瞒实情，致使男方误将子女视为亲生子女进行抚养的行为。家庭是社会的基本细胞，违反夫妻忠实义务的行为，必然会给配偶的情感和精神造成非常严重的伤害，同时也是对婚姻家庭伦理的亵渎。因此，女方隐瞒子女与男方无亲子关系的事实，使男方实际履行了抚养义务，构成了欺诈性抚养的，属于其他重大过错，男方也可以请求离婚损害赔偿。

夫妻一方具有上述重大过错的，一般具有主观上故意，但不一定具有破坏婚姻关系的故意。

需要注意的是，夫以妻擅自终止妊娠侵犯其生育权为由请求损害赔偿的，人民法院不予支持。夫妻双方因是否生育发生纠纷，致使感情确已破裂，一方请求离婚的，人民法院经调解无效，依法准予离婚。

（二）因一方的重大过错导致离婚

离婚损害赔偿以夫妻双方离婚为前提，且离婚与夫妻一方的重大过错具有因果关系。

在婚姻关系存续期间，即使夫妻一方存在上述重大过错，另一方也无法获得离婚损害赔偿。因此，夫妻一方不起诉离婚而单独依据《民法典》第1091条提起损害赔偿请求的，人民法院不予受理。此外，人民法院判决不准离婚的，对夫妻一方依据《民法典》第1091条提出的损害赔偿请求也不予支持。

不仅如此，夫妻双方离婚必须与夫妻一方的重大过错具有因果关系。如果夫妻双方因其他原因离婚，无过错的夫妻一方就不能主张离婚损害赔偿。

（三）夫妻一方因离婚遭受损害

夫妻一方遭受的损害既包括财产损害，也包括精神损害，因此可以请求物质损害赔偿和精神损害赔偿。

无过错方因遭受人格权侵害而支出的医疗费、康复费用等，是典型的物质损害。

精神损害赔偿则以夫妻一方遭受严重精神损害为前提。具体数额则按照

《民法典》侵权责任编、《最高人民法院关于确定民事侵权精神损害赔偿责任若干问题的解释》等规定予以确定。

二、离婚损害赔偿请求权的主体

离婚损害赔偿请求的主体，为无过错的夫妻一方，即没有上述重大过错的一方。

承担离婚损害赔偿责任的主体，为离婚诉讼当事人中无过错方的配偶，即有上述重大过错的一方。

如果夫妻双方均存在《民法典》第1091条规定的重大过错，一方或双方向对方提出离婚损害赔偿请求的，人民法院不予支持。

三、离婚损害赔偿请求权的行使

离婚损害赔偿请求权适用于诉讼离婚和协议离婚。

在诉讼离婚中，人民法院受理离婚案件时，应当将《民法典》第1091条等规定的当事人的有关权利义务书面告知当事人。无过错方是否行使离婚损害赔偿请求权，由其自行决定。人民法院不能依职权判决离婚损害赔偿。

1. 无过错方作为原告向人民法院提起离婚损害赔偿请求的，必须在离婚诉讼的同时提出。

2. 在无过错方作为被告的离婚诉讼案件中，无过错方行使离婚损害赔偿请求权，应区分以下不同情况：

（1）如果无过错方不同意离婚也没有提出离婚损害赔偿请求，其可以就此单独提起诉讼。

（2）一审时无过错方未提出损害赔偿请求，二审期间提出的，人民法院应当进行调解；调解不成的，告知当事人另行起诉。双方当事人同意由第二审人民法院一并审理的，第二审人民法院可以一并裁判。

3. 人民法院判决不准离婚的案件，对于当事人基于《民法典》第1091条提出的损害赔偿请求，不予支持。在婚姻关系存续期间，当事人不起诉离婚而单独依据《民法典》第1091条提起损害赔偿请求的，人民法院不予受理。

双方当事人协议离婚的，在婚姻登记机关办理离婚登记手续后，无过错方可以依照《民法典》第 1091 条的规定向人民法院提起诉讼请求损害赔偿。需要注意的是，无过错方在协议离婚时已经明确表示放弃该项请求的，人民法院不予支持。

第三节　离婚后损害责任纠纷实务案例评析

案例 1：男方婚内出轨并生育一女，应向女方承担损害赔偿责任①

基本案情

1987 年 6 月 20 日，原告（女）与被告（男）在当地民政局登记结婚，婚后生育一子一女。后原告发现被告与婚外异性肖某在江西省妇幼保健院生育一女孩。2021 年 4 月 16 日，原告和被告经法院判决解除婚姻关系。2021 年 6 月 1 日，原告以离婚后损害责任纠纷案由诉至江西省南昌市红谷滩区人民法院（以下简称红谷滩区法院），请求判决被告和肖某共同赔偿原告精神损失费 5 万元，并承担本案诉讼费。庭审中，被告辩称，原告诉请的事实和理由与客观事实不相符合，双方离婚系因生活琐事产生矛盾后未能妥善处理，导致夫妻关系无法得到改善，最终婚姻关系破裂，经法院判决，解除婚姻关系，并非其他的原因。肖某辩称，本案案由是离婚后损害责任纠纷，在这个法律关系当中，原告和被告是婚姻当事人，而其并非婚姻一方当事人，不是本案适格的诉讼主体。原告和被告之间婚姻关系破裂并非因其行为所致，原告主张其承担赔偿责任没有事实和法律依据，依法应当驳回。

本案在审理过程中，根据原告申请，法院依法调取肖某在江西省妇幼保健院的《出生医学证明》，证明所载新生儿的父亲确实为被告。

红谷滩区法院经审理认为，夫妻应当互相忠实，互相尊重。婚姻关系的存续应当以夫妻感情为基础，在婚姻关系存续期间，被告与婚外异性肖某存在不

① 案号：（2021）赣 0113 民初 9878 号。

正当关系，并生育一女，违背夫妻之间忠实义务，导致夫妻感情破裂，存在重大过错，原告作为无过错方请求精神损害赔偿，于法有据，予以支持。肖某与被告不存在夫妻关系，原告将其列为离婚后损害责任纠纷案件的被告一方，并要求其承担民事责任，于法无据，不予支持。判决被告支付原告精神损害赔偿金 5 万元，并承担案件受理费 1050 元。

案例点评

本案中，被告婚内出轨行为虽未达到重婚、与他人同居的严重程度，但违背夫妻之间忠实义务，导致夫妻感情破裂，存在重大过错。法院判决认定被告与婚外异性肖某存在不正当关系并生育一女属于适用离婚损害赔偿制度的行为，应当赔偿精神损害赔偿金。离婚损害赔偿制度由来已久，但此前在实践中因存在适用类型过于局限、赔偿标准不明晰等问题，未能充分发挥作用。《民法典》中增设了“其他重大过错”这一兜底条款，采用“列举+概括”的模式有效扩大了离婚损害赔偿制度的适用范围，让这一制度能够更好地适应社会经济的发展，与时俱进地保护无过错方的合法权益。

《民法典婚姻家庭编司法解释一》第 86 条规定，损害赔偿，包括物质损害赔偿和精神损害赔偿。涉及精神损害赔偿的，适用《最高人民法院关于确定民事侵权精神损害赔偿责任若干问题的解释》的有关规定。至于精神损害赔偿金的具体数额，法院一般会综合过错程度、家庭收入以及惩戒效果等因素酌情确定。本案原告诉请 5 万元精神损害赔偿金，法院综合考虑过错程度、家庭收入等因素，判决全部支持。

《民法典婚姻家庭编司法解释一》第 87 条第 1 款规定，承担《民法典》第 1091 条规定的损害赔偿责任的主体，为离婚诉讼当事人中无过错方的配偶。本案中，肖某与原告不存在夫妻关系，原告将其列为离婚后损害责任纠纷案件的被告一方，并要求其承担民事责任，于法无据，故该项诉请未得到法院支持。

案例2：法院受理离婚案件时应书面告知原告主张损害赔偿[①]

基本案情

原告（男）与被告（女）系夫妻关系，经法院调解离婚。原告认为被告在婚内存在家庭暴力及遗弃家庭成员的过错行为，以离婚后损害责任纠纷案由诉至江西省宜春市樟树市法院（以下简称樟树市法院），请求判决被告赔偿原告精神损失费100元。

樟树市法院认为，我国相关法律虽然规定，无过错方有权请求损害赔偿，但相关司法解释明确规定，作为原告向人民法院提起损害赔偿请求的，必须在离婚诉讼的同时提出，但原告在与被告的离婚诉讼中并未提出损害赔偿请求，在离婚后另行提起损害赔偿诉讼不符合法律规定，不予支持，故裁定驳回原告的起诉。

原告不服上诉至江西省宜春市中级人民法院（以下简称宜春中院）。宜春中院认为，本案因樟树市法院受理离婚诉讼案件时，未履行书面告知义务，致使当事人未在离婚诉讼中一并提起损害赔偿请求，故樟树市法院以原告在与被告的离婚诉讼中并未提出损害赔偿请求，而是在离婚后另行提起损害赔偿诉讼不符合法律规定为由裁定驳回起诉，属于适用法律不当，应予纠正。原告的起诉符合起诉条件，应予以审理，裁定撤销樟树市法院民事裁定，指令樟树市法院审理。

案例点评

《民法典婚姻家庭编司法解释一》第88条规定，人民法院受理离婚案件时，应当将《民法典》第1091条等规定中当事人的有关权利义务，书面告知当事人。本案中，因一审法院受理离婚诉讼案件时，未履行书面告知义务，致使无过错方的原告未在离婚诉讼中一并提起损害赔偿请求。原告在离婚后另行

---

① 案号：（2020）赣0982民初2159号、（2020）赣09民终1946号。

提起损害赔偿诉讼符合法律规定，一审法院应受理原告的离婚后损害责任纠纷案件。

案例3：离婚损害赔偿应在3年诉讼时效内主张[①]

基本案情

原告（女）与被告（男）原系夫妻关系，因为感情破裂，于2005年9月15日到民政局协议离婚，并签订了一份《离婚协议书》，其中第三条约定由被告在两年内支付原告精神损失费等费用共计5万元。协议生效后，原告于2005年、2006年多次向被告催讨未果。从2007年起双方断了联系。

2022年1月5日，原告以离婚后损害责任纠纷案由诉至福建省漳州市华安县人民法院（以下简称华安县法院），请求判令被告支付所欠原告离婚协议精神损失费等费用5万元，并承担本案诉讼费用。

庭审中，被告辩称，根据相关法律规定，原告的诉讼请求已经过了诉讼时效，请求法庭驳回原告的诉讼请求。

华安县法院经审理认为，原告和被告于2005年9月15日签订的《离婚协议书》第三条约定，被告在协议生效之日起两年内支付原告精神损失费等费用5万元。上述约定系双方当事人的真实意思表示，未违反相关法律及行政法规强制性规定，自双方在协议书上签字或盖章之日起对双方均具有同等法律约束力，被告应于协议生效之日起两年内即2007年9月15日前支付原告5万元。期限届满后，被告未支付，而原告怠于行使权利，在长达10年以上的时间里并未向法院提起诉讼。根据《民法典》第188条“向人民法院请求保护民事权利的诉讼时效期间为3年。法律另有规定的，依照其规定。诉讼时效期间自权利人知道或者应当知道权利受到损害以及义务人之日起计算……”的规定，原告诉讼已超过诉讼时效。原告诉称从离婚协议签订之后一直都有向被告追讨，但未提供证据证明存在诉讼时效中止或中断的情形，应自行承担举证不能的不

① 案号：(2022)闽0629民初22号。

利后果。判决驳回原告的诉讼请求。案件受理费减半收取计 617 元，由原告负担。

案例点评

本案争议焦点：原告的诉讼请求是否超过诉讼时效。

《民法典婚姻家庭编司法解释一》删除了对离婚损害赔偿请求权诉讼时效为“一年期间”的规定，但并不意味着该权利的行使不受任何限制。《民法典》第 194 条规定，在诉讼时效期间的最后 6 个月内，因下列障碍，不能行使请求权的，诉讼时效中止：1. 不可抗力；2. 无民事行为能力人或者限制民事行为能力人没有法定代理人，或者法定代理人死亡、丧失民事行为能力、丧失代理权；3. 继承开始后未确定继承人或者遗产管理人；4. 权利人被义务人或者其他人控制；5. 其他导致权利人不能行使请求权的障碍。自中止时效的原因消除之日起满 6 个月，诉讼时效期间届满。《民法典》第 195 条规定，有下列情形之一的，诉讼时效中断，从中断、有关程序终结时起，诉讼时效期间重新计算：1. 权利人向义务人提出履行请求；2. 义务人同意履行义务；3. 权利人提起诉讼或者申请仲裁；4. 与提起诉讼或者申请仲裁具有同等效力的其他情形。

本案中，2005 年 9 月 15 日，原、被告签订《离婚协议书》约定，被告应于 2007 年 9 月 15 日前支付原告精神损失费等费用 5 万元。期限届满后，被告未支付，原告直到 2022 年 1 月 5 日才提起诉讼，已超过 3 年诉讼时效，亦未提供证据证明存在诉讼时效中止或中断的情形，应承担举证不能的不利后果。

第六章　婚姻无效纠纷

第一节　案由适用要点

一、案由释义

婚姻无效纠纷，是指具有婚姻关系的一方当事人，以其婚姻关系缺乏法律规定有效要件为由主张婚姻关系无效引发的纠纷。

二、管辖法院

因婚姻无效纠纷提起的诉讼，根据《民事诉讼法》第22条第1款的规定，应当由被告住所地人民法院管辖，被告住所地与经常居住地不一致的，由经常居住地人民法院管辖。

三、要点提示

《民法典》第1051条规定："有下列情形之一的，婚姻无效：（一）重婚；（二）有禁止结婚的亲属关系；（三）未到法定婚龄。"实践中，婚姻是否无效，必须经过人民法院依诉讼程序确认。当事人以结婚登记程序存在瑕疵为由提起民事诉讼，主张撤销结婚登记的，告知其可以依法申请行政复议或者提起行政诉讼。

婚姻无效的法定事由包括：

1. 当事人一方或双方重婚。

2. 当事人属于直系血亲或者三代以内旁系血亲。

3. 当事人一方或双方未到法定婚龄。需要注意的是，当事人以"结婚时一方未达婚龄”为由请求确认婚姻无效，请求时该方已达婚龄，其婚姻无效的请求不予支持。

根据《民法典婚姻家庭编司法解释一》第17条第1款的规定，除了上述3种情形，当事人以其他理由请求人民法院确认婚姻无效的，人民法院应当判决驳回当事人的诉讼请求。

四、法律指引

《民法典》

第一千零五十一条 有下列情形之一的，婚姻无效：

（一）重婚；

（二）有禁止结婚的亲属关系；

（三）未到法定婚龄。

第一千零五十四条 无效的或者被撤销的婚姻自始没有法律约束力，当事人不具有夫妻的权利和义务。同居期间所得的财产，由当事人协议处理；协议不成的，由人民法院根据照顾无过错方的原则判决。对重婚导致的无效婚姻的财产处理，不得侵害合法婚姻当事人的财产权益。当事人所生的子女，适用本法关于父母子女的规定。

婚姻无效或者被撤销的，无过错方有权请求损害赔偿。

《民法典婚姻家庭编司法解释一》

第九条 有权依据民法典第一千零五十一条规定向人民法院就已办理结婚登记的婚姻请求确认婚姻无效的主体，包括婚姻当事人及利害关系人。其中，利害关系人包括：

（一）以重婚为由的，为当事人的近亲属及基层组织；

（二）以未到法定婚龄为由的，为未到法定婚龄者的近亲属；

（三）以有禁止结婚的亲属关系为由的，为当事人的近亲属。

第十条 当事人依据民法典第一千零五十一条规定向人民法院请求确认婚姻无效，法定的无效婚姻情形在提起诉讼时已经消失的，人民法院不予支持。

第十一条 人民法院受理请求确认婚姻无效案件后，原告申请撤诉的，不予准许。

对婚姻效力的审理不适用调解，应当依法作出判决。

涉及财产分割和子女抚养的，可以调解。调解达成协议的，另行制作调解书；未达成调解协议的，应当一并作出判决。

第十二条　人民法院受理离婚案件后，经审理确属无效婚姻的，应当将婚姻无效的情形告知当事人，并依法作出确认婚姻无效的判决。

第十三条　人民法院就同一婚姻关系分别受理了离婚和请求确认婚姻无效案件的，对于离婚案件的审理，应当待请求确认婚姻无效案件作出判决后进行。

第十四条　夫妻一方或者双方死亡后，生存一方或者利害关系人依据民法典第一千零五十一条的规定请求确认婚姻无效的，人民法院应当受理。

第十五条　利害关系人依据民法典第一千零五十一条的规定，请求人民法院确认婚姻无效的，利害关系人为原告，婚姻关系当事人双方为被告。

夫妻一方死亡的，生存一方为被告。

第十六条　人民法院审理重婚导致的无效婚姻案件时，涉及财产处理的，应当准许合法婚姻当事人作为有独立请求权的第三人参加诉讼。

第十七条　当事人以民法典第一千零五十一条规定的三种无效婚姻以外的情形请求确认婚姻无效的，人民法院应当判决驳回当事人的诉讼请求。

当事人以结婚登记程序存在瑕疵为由提起民事诉讼，主张撤销结婚登记的，告知其可以依法申请行政复议或者提起行政诉讼。

第二十条　民法典第一千零五十四条所规定的“自始没有法律约束力”，是指无效婚姻或者可撤销婚姻在依法被确认无效或者被撤销时，才确定该婚姻自始不受法律保护。

第二十一条　人民法院根据当事人的请求，依法确认婚姻无效或者撤销婚姻的，应当收缴双方的结婚证书并将生效的判决书寄送当地婚姻登记管理机关。

第二十二条　被确认无效或者被撤销的婚姻，当事人同居期间所得的财产，除有证据证明为当事人一方所有的以外，按共同共有处理。

第二节　无效婚姻常见问题释解

一、无效婚姻与婚姻不成立的区别

首先，无效婚姻是婚姻关系已经成立，但经过人民法院判决无效不产生夫妻之间的权利义务关系的婚姻。如当事人存在重婚、未到法定婚龄、存在禁止结婚的亲属关系情形；婚姻不成立则是结婚行为欠缺成立要件，婚姻关系尚不存在，如男女双方尚未申请结婚登记。

其次，婚姻无效包括可补正的无效事由和不可补正的无效事由，比如，夫妻一方办理结婚登记时未到法定婚龄，但事后达到法定婚龄的，无效婚姻即被补正，转化为有效婚姻。不成立的婚姻不可能转化为有效婚姻。

最后，无效婚姻须经人民法院判决，当事人之间虽然不产生夫妻之间的权利义务关系，但会发生其他方面的权利义务关系，如同居期间所得财产的分割和损害赔偿。在婚姻被判决无效之前，当事人不得与他人结婚；婚姻不成立无须人民法院判决，当事人有权与他人结婚。

二、请求确认无效婚姻的主体

有权向人民法院就已办理结婚登记的婚姻请求确认婚姻无效的主体，包括婚姻当事人及利害关系人。

利害关系人包括：

1. 以重婚为由的，为当事人的近亲属及基层组织。

具体来说，这里的近亲属，包括重婚方前婚的配偶（合法婚姻当事人）与重婚当事人的父母、子女、兄弟姐妹、祖父母、外祖父母、孙子女、外孙子女。这里的基层组织，包括当事人所在单位、住所地居民委员会、村民委员会、派出所、民政部门及妇联、工会等有关组织机构。

2. 以未到法定婚龄为由的，为未到法定婚龄者的近亲属。

3. 以有禁止结婚的亲属关系为由的，为当事人的近亲属。

第 2 种和第 3 种情形的近亲属，包括婚姻当事人的父母、子女、兄弟姐妹、祖父母、外祖父母、孙子女、外孙子女。

婚姻无效之诉的当事人：

1. 利害关系人向人民法院申请确认婚姻无效的，利害关系人为原告，婚姻关系当事人双方为被告。夫妻一方死亡的，生存一方为被告。

2. 人民法院审理重婚导致的无效婚姻案件时，涉及财产处理的，应当准许合法婚姻当事人作为有独立请求权的第三人参加诉讼。

夫妻一方或者双方死亡后，生存一方或者利害关系人可以请求人民法院确认婚姻无效。

三、无效婚姻的确认

婚姻是否无效，必须经过人民法院依诉讼程序确认。在我国，有权确认婚姻无效的机关只有人民法院。

在人民法院判决婚姻无效之前，即使存在婚姻无效事由，登记结婚的男女之间仍然具有夫妻关系，任何一方不得与他人结婚。

人民法院依法判决确认婚姻无效后，婚姻自始不受法律保护，从而男女双方自始不享有夫妻间的权利，负担夫妻间的义务。

由于婚姻关系不仅涉及当事人双方的利益，还涉及子女及其亲属的利益和社会共同利益，因此，人民法院受理请求确认婚姻无效案件后，原告申请撤诉的，不予准许。对婚姻效力的审理不适用调解，人民法院应当依法作出判决。也就是说，《民法典》关于婚姻无效的规定是强制性规定，婚姻无效还是有效，不能由当事人通过协商、调解来确定，只能由人民法院审理后依法判决。

经过人民法院审理，不存在原告主张的婚姻无效事由的，人民法院应当判决驳回原告的诉讼请求；存在婚姻无效事由的，人民法院应当判决婚姻无效。

人民法院受理离婚案件后，经审理属于无效婚姻的，应当将婚姻无效的情形告知当事人，并依法作出确认婚姻无效的判决。也就是说，人民法院在审理离婚案件的过程中，发现所涉婚姻存在无效事由的，可以主动否定婚姻的效力，判决婚姻无效。

人民法院就同一婚姻关系分别受理了离婚和请求确认婚姻无效案件的，对于离婚案件的审理，应当待请求确认婚姻无效案件作出判决后进行。这是因为离婚以存在合法有效的婚姻关系为前提，无效婚姻自始没有法律拘束力，不存在离婚的问题。

人民法院判决确认婚姻无效的，涉及财产分割和子女抚养的，可以调解。当事人经调解达成协议的，人民法院另行制作调解书；当事人未达成调解协议的，人民法院应当一并作出判决。也就是说，人民法院审理无效婚姻案件，涉及财产分割和子女抚养的，无须对婚姻效力的认定和财产分割、子女抚养的处理分别制作裁判文书。对判决不服的，当事人可以上诉。

四、无效婚姻的法律后果

（一）人身关系方面

婚姻一旦被确认无效，婚姻当事人不再互为配偶，不适用《民法典》有关夫妻人身关系的规定。

（二）财产关系方面

1. 婚姻一旦被确认无效，婚姻当事人之间自始不互负扶养义务，互不享有继承权。但是，双方当事人之间可能存在扶养事实，从而一方当事人死亡的，另一方当事人作为继承人以外的依靠被继承人扶养的人，或者继承人以外的对被继承人扶养较多的人，依据《民法典》第 1131 条可以请求分得适当的遗产。

2. 婚姻一旦被确认无效，婚姻当事人之间的财产关系自始不适用《民法典》有关法定夫妻财产制的规定，同居期间所得的财产并非夫妻共同财产。当事人依据《民法典》第 1065 条所作的夫妻财产制约定，因婚姻被确认无效而无效。

3. 根据《民法典》第 1054 条第 1 款的规定，当事人在同居期间取得的财产，由当事人协议处理。也就是说，当事人在婚姻被确认无效后，可以就同居期间所得财产的处理订立协议。这一协议旨在对双方当事人同居期间所得财产进行清算，须符合民事法律行为的成立要件和生效要件。如果双方当事人无法就处理同居期间所得财产达成协议，则按共同共有处理，并由人民法院根据照顾无过错方的原则判决，即对于无效婚姻没有过错的一方当事人，可以多分财产。当事人主张特定财产属于一方个人财产的，对此负举证责任。

4. 依据《民法典》第 1054 条第 1 款规定，婚姻因一方或双方当事人重婚而被确认无效的，无效婚姻的财产处理，不得侵害合法婚姻当事人的财产权益。这是因为，在婚姻因一方当事人重婚而被确认无效的情形下，如果重婚一方与前婚配偶没有就夫妻财产制作特别约定，重婚一方在重婚期间所得的财产，可能属于重婚一方和前婚配偶的夫妻共同财产，如重婚一方在同居期间取得的工资、奖金、劳务报酬和生产、经营、投资的收益。因此，重婚一方和重婚配偶就重婚期间所得财产的处理，不得侵害前婚配偶对夫妻共同财产的权益。在这种情况下，依据司法解释的规定，人民法院审理重婚导致的无效婚姻案件时，涉及财产处理的，应当准许重婚一方的前婚配偶（合法婚姻当事人）作为有独立请求权的第三人参加诉讼。

5. 依据《民法典》第 1054 条第 1 款规定，婚姻当事人与所生子女之间的权利义务关系不会因婚姻被确认无效而受到影响，仍适用《民法典》关于父母子女关系的规定。子女直接抚养人的确定、抚养费的负担及给付期限和方式，探望权等问题，依照《民法典》婚姻家庭编的规定处理。因此，婚姻被确认无效后，当事人对于未成年子女仍有抚养、教育、保护的权利和义务。不直接抚养子女的一方当事人，有探望子女的权利，另一方有协助的义务。

6. 人民法院根据当事人的请求，依法确认婚姻无效的，应当收缴双方的结婚证书并将生效的判决书寄送当地婚姻登记管理机关。

第三节 婚姻无效纠纷实务案例评析

案例 1：父母撮合表兄妹结婚，被法院判决无效①

基本案情

原告父亲是被告的亲舅舅，被告母亲是原告的亲姑姑，原告吴女士与被告何先生系表兄妹关系，属于三代内旁系血亲。2014 年，原、被告经双方父母撮

① 案号：(2022) 湘 3123 民初 195 号。

合开始同居并于2016年按照农村习俗举办了婚礼，婚后生育一女。原、被告隐瞒双方系表兄妹的事实，在民政局补办了结婚登记手续。

2022年2月15日，原告认为原、被告双方系三代以内旁系血亲，属《民法典》禁止结婚情形之一，以婚姻无效纠纷案由诉至湖南省湘西土家族苗族自治州凤凰县人民法院（以下简称凤凰县法院），请求判令原、被告婚姻无效，女儿归原告抚养。

庭审中，被告辩称：同意原、被告双方婚姻无效。女儿从出生两个月后就一直由被告及其父母抚养，不同意女儿由原告抚养，并要求原告返还彩礼。

凤凰县法院经审理认为，本案争议焦点有三：

1. 原、被告婚姻是否无效。结婚应符合法定结婚条件，直系血亲和三代以内旁系血亲禁止结婚，有禁止结婚的亲属关系并结婚的，婚姻无效。本案中原告与被告系亲表兄妹关系，双方属于三代以内旁系血亲，属于法律规定的禁止结婚的亲属关系。原、被告二人登记结婚，违反了法律的禁止性规定，原、被告之间婚姻无效。无效婚姻自始无效，当事人不具有夫妻的权利和义务，故对原告要求确认婚姻无效的诉讼请求，本院依法予以支持。

2. 子女抚养权归属及抚养费问题。原、被告的婚姻关系无效，子女的抚养要本着有利于子女健康成长的原则。本案的原、被告双方共同生育的女儿一直随被告的母亲生活，且被告也请求抚养权，故原、被告共同生育的女儿跟随被告生活更有利于其成长。鉴于原告属于务工人员，无固定收入来源，为保障原告后续正常的生活、医疗等需要，参照2021年湖南省城镇居民人均可支配收入44866元标准，酌定原告每月给付子女抚养费800元。

3. 彩礼是否应返还问题。根据《民法典婚姻家庭编司法解释一》第5条的规定，原、被告双方已登记结婚并共同生育子女且被告没有提交给付彩礼导致其生活困难的证明，故对被告要求返还彩礼的辩称理由不予支持。

判决：原告与被告的婚姻无效；原告与被告共同生育的女儿由被告抚养并随被告共同生活，原告从2022年3月起每月28日前支付女儿抚养费800元，直至其年满18周岁为止；案件受理费减半收取计100元，由原告负担。

案例点评

依据《婚姻登记条例》第5条的规定，办理结婚登记的居民应当出具下列证件和证明材料：1. 本人的户口簿、身份证；2. 本人无配偶以及与对方当事人没有直系血亲和三代以内旁系血亲关系的签字声明。因婚姻登记处的系统无法直接显示登记双方是否有三代以内旁系血亲关系，因而更多的是事先告知和形式审查。

本案中，原告与被告系亲表兄妹关系，双方是三代以内旁系血亲，属于法律规定的禁止结婚的亲属关系。《民法典》第1048条规定，直系血亲或者三代以内的旁系血亲禁止结婚。第1051条规定，有禁止结婚的亲属关系情形的，婚姻无效。第1054条第1款规定，无效的婚姻自始没有法律约束力，当事人不具有夫妻的权利和义务。原、被告婚姻登记行为虽发生于《民法典》施行前，但可适用相关规定。

原、被告的婚姻被宣布无效后，仍有抚养子女、承担子女抚养费的义务，一方抚养子女的，另一方享有探望权。在处理子女抚养权归属问题时，遵循最有利于子女健康成长原则进行判决。

案例2：无效婚姻情形在提起诉讼请求确认婚姻无效时未消失，仍可判决宣告婚姻无效①

基本案情

2015年8月，原告（男）经朋友介绍与被告（女）相识，恋爱几个月后到民政局办理了结婚手续。恋爱期间原告知道被告结过婚，被告说已经离婚了，原告从没看见过被告的离婚证，当两人到民政局办理结婚手续时，工作人员在网上查询到被告的离婚证，说明被告已经解除了前段婚姻关系。2021年8月13日，原告得知被告还有一段婚姻关系没有解除。原、被告领证结婚后，

① 案号：(2021）湘1227民初1150号。

被告长期在外面打工或居住在娘家，过着牛郎织女式的生活，夫妻关系名存实亡，双方同居期间未生育小孩。

2021年9月6日，原告以婚姻无效纠纷案由诉至湖南省怀化市新晃侗族自治县人民法院（以下简称新晃县法院），请求判令原告与被告的婚姻关系无效。被告经传票传唤无正当理由拒不到庭参加诉讼，也未作答辩。法院依职权调取的证据查明：2021年8月10日，郑某向该院起诉，请求与被告离婚。2021年9月7日，该院判决准许郑某与被告离婚。

新晃县法院认为，原告提起诉讼时，被告与郑某尚未解除婚姻关系，原、被告登记结婚，被告系重婚，两人的结婚登记行为违反了法律禁止结婚的规定，其婚姻自始无效，当事人不具有夫妻的权利和义务。判决：宣告原告与被告的婚姻无效。案件受理费100元，由原告负担。

案例点评

《民法典》第1051条规定，有重婚情形的，婚姻无效。第1054条第1款规定，无效的婚姻自始没有法律约束力，当事人不具有夫妻的权利和义务。《民法典婚姻家庭编司法解释一》第10条规定，当事人依据《民法典》第1051条规定向人民法院请求确认婚姻无效，法定的无效婚姻情形在提起诉讼时已经消失的，人民法院不予支持。第12条规定，人民法院受理离婚案件后，经审理确属无效婚姻的，应当将婚姻无效的情形告知当事人，并依法作出确认婚姻无效的判决。第20条规定，“自始没有法律约束力”，是指无效婚姻在依法被确认无效时，才确定该婚姻自始不受法律保护。

本案中，2021年9月6日，原告诉至法院，请求判令原、被告的婚姻关系无效。2021年9月7日，法院判决准许被告与郑某离婚。也就是说，依照《民法典婚姻家庭编司法解释一》第10条规定，原告提起诉讼时，被告与郑某尚未解除婚姻关系，法定的无效婚姻情形在提起诉讼时未消失，原、被告的结婚登记行为违反了法律禁止结婚的规定，被告仍然构成重婚。

第七章　撤销婚姻纠纷

第一节　案由适用要点

一、案由释义

撤销婚姻纠纷，是指一方当事人因对方当事人的胁迫而与其办理了婚姻登记，该婚姻关系成立后，当事人以受胁迫为由请求人民法院撤销其婚姻关系而引发的纠纷。

二、管辖法院

因撤销婚姻纠纷提起的诉讼，根据《民事诉讼法》第22条第1款的规定，应当由被告住所地人民法院管辖，被告住所地与经常居住地不一致的，由经常居住地人民法院管辖。

三、要点提示

按照《民法典》第1052条和第1053条的规定，可撤销婚姻包括因胁迫而结婚和因对方婚前未如实告知重大疾病而结婚两类。因此撤销事由包括胁迫、婚前未如实告知重大疾病两种。

享有撤销权的当事人，是受胁迫而结婚的一方（即受胁迫方）、因对方不如实告知身患重大疾病而结婚的一方（即被隐瞒方），不包括胁迫一方和利害关系人。

根据《民法典婚姻家庭编司法解释一》第18条的规定，胁迫，是指行为人以给另一方当事人或者其近亲属的生命、身体、健康、名誉、财产等方面造成损害为要挟，迫使另一方当事人违背真实意愿结婚的情况。

《民法典》婚姻家庭编不再将“婚前患有医学上认为不应当结婚的疾病，婚后尚未治愈”作为无效婚姻的事由，而是在第 1053 条将隐瞒重大疾病规定为可撤销婚姻的事由。哪些疾病属于可以撤销婚姻的重大疾病，需要人民法院认定。

为督促撤销权人尽快行使权利，避免婚姻关系长期处于不稳定的状态，《民法典》规定可以行使撤销权的时间为 1 年，但起算时点根据撤销事由的不同而有所区别。

1. 依据《民法典》第 1052 条第 2 款和第 3 款的规定，因受胁迫而请求撤销婚姻的，受胁迫的一方应当自胁迫行为终止之日起 1 年内行使撤销权。受胁迫的一方被非法限制人身自由的，应当自恢复人身自由之日起 1 年内行使撤销权。根据司法解释的规定，受胁迫或非法限制人身自由的一方当事人请求撤销婚姻的，不适用《民法典》第 152 条第 2 款“法律行为发生之日起五年内没有行使撤销权的，撤销权消灭”的一般性规定。因此，只要胁迫行为、非法限制人身自由的行为没有终止，无论当事人结婚多少年，也无论胁迫行为、非法限制人身自由的行为持续多久，受胁迫或者非法限制人身自由的夫妻一方都可以在胁迫行为终止之日或恢复人身自由之日起 1 年内行使撤销权。

2. 依据《民法典》第 1053 条第 2 款的规定，因对方不告知重大疾病而请求撤销婚姻的，应当自知道或者应当知道撤销事由之日起 1 年内向人民法院提出。该除斥期间为不变期间，不适用诉讼时效中止、中断或延长的规定。如果撤销权人在规定的时间内不行使撤销权，则撤销权归于消灭，从而婚姻终局地有效。

两种可撤销婚姻的比较

事由	撤销权人	撤销机关	撤销时间	结婚登记后 5 年未行使撤销权的后果
胁迫	被胁迫方	法院	胁迫终止之日或恢复人身自由之日起 1 年	撤销权不消灭
隐瞒重大疾病	被隐瞒方	法院	知道或者应当知道被隐瞒事实之日起 1 年	撤销权消灭

四、法律指引

《民法典》

第一百五十二条 有下列情形之一的，撤销权消灭：

（一）当事人自知道或者应当知道撤销事由之日起一年内、重大误解的当事人自知道或者应当知道撤销事由之日起九十日内没有行使撤销权；

（二）当事人受胁迫，自胁迫行为终止之日起一年内没有行使撤销权；

（三）当事人知道撤销事由后明确表示或者以自己的行为表明放弃撤销权。

当事人自民事法律行为发生之日起五年内没有行使撤销权的，撤销权消灭。

第一千零五十二条 因胁迫结婚的，受胁迫的一方可以向人民法院请求撤销婚姻。

请求撤销婚姻的，应当自胁迫行为终止之日起一年内提出。

被非法限制人身自由的当事人请求撤销婚姻的，应当自恢复人身自由之日起一年内提出。

第一千零五十三条 一方患有重大疾病的，应当在结婚登记前如实告知另一方；不如实告知的，另一方可以向人民法院请求撤销婚姻。

请求撤销婚姻的，应当自知道或者应当知道撤销事由之日起一年内提出。

第一千零五十四条 无效的或者被撤销的婚姻自始没有法律约束力，当事人不具有夫妻的权利和义务。同居期间所得的财产，由当事人协议处理；协议不成的，由人民法院根据照顾无过错方的原则判决。对重婚导致的无效婚姻的财产处理，不得侵害合法婚姻当事人的财产权益。当事人所生的子女，适用本法关于父母子女的规定。

婚姻无效或者被撤销的，无过错方有权请求损害赔偿。

《民法典婚姻家庭编司法解释一》

第十八条 行为人以给另一方当事人或者其近亲属的生命、身体、健康、名誉、财产等方面造成损害为要挟，迫使另一方当事人违背真实意愿结婚的，可以认定为民法典第一千零五十二条所称的“胁迫”。

因受胁迫而请求撤销婚姻的，只能是受胁迫一方的婚姻关系当事人本人。

第十九条 民法典第一千零五十二条规定的“一年”，不适用诉讼时效中止、中断或者延长的规定。

受胁迫或者被非法限制人身自由的当事人请求撤销婚姻的，不适用民法典第一百五十二条第二款的规定。

第二十条 民法典第一千零五十四条所规定的“自始没有法律约束力”，是指无效婚姻或者可撤销婚姻在依法被确认无效或者被撤销时，才确定该婚姻自始不受法律保护。

第二十一条 人民法院根据当事人的请求，依法确认婚姻无效或者撤销婚姻的，应当收缴双方的结婚证书并将生效的判决书寄送当地婚姻登记管理机关。

第二十二条 被确认无效或者被撤销的婚姻，当事人同居期间所得的财产，除有证据证明为当事人一方所有的以外，按共同共有处理。

第二节 撤销婚姻纠纷常见问题释解

一、可撤销婚姻撤销权的行使

可撤销的婚姻必须由享有撤销权的一方当事人行使撤销权，才会自始失去法律拘束力。

在当事人行使撤销权之前，婚姻关系有效，双方当事人之间产生夫妻在人身和财产方面的权利和义务，一经撤销，自始没有法律拘束力。

因受胁迫而请求撤销婚姻的，只能是婚姻关系中受胁迫的一方当事人本人。因对方不告知重大疾病而请求撤销婚姻的，只能是受欺诈一方的婚姻当事人本人。

只有人民法院能够依诉讼程序撤销婚姻，婚姻登记机关没有撤销婚姻的权限，从而不再受理因胁迫结婚的撤销婚姻申请。因此，享有撤销权的一方当事人必须向人民法院请求撤销婚姻。

二、可撤销婚姻被撤销后的法律后果

首先，可撤销婚姻一旦被人民法院依法撤销，当事人即自始不具有夫妻在人身及财产方面的权利和义务。当事人同居期间所得的财产，由当事人协议处理；协议不成的，除有证据证明为当事人一方所有的以外，按共同共有处理，由人民法院根据照顾无过错方的原则判决。

其次，婚姻被撤销的，无过错方有权请求损害赔偿。

最后，婚姻当事人与所生子女之间的权利义务关系，不因婚姻被撤销而受到影响，仍适用《民法典》关于父母子女关系的规定。

三、可撤销婚姻与无效婚姻的比较

（一）共同之处

首先，可撤销婚姻与无效婚姻都是已经成立但欠缺生效要件的婚姻。

其次，可撤销婚姻与无效婚姻都有转化为有效婚姻的可能。就可撤销婚姻而言，撤销权因除斥期间经过而消灭，可撤销婚姻终局地成为有效婚姻。就无效婚姻而言，在当事人提起诉讼请求人民法院确认婚姻无效时，法定的无效婚姻情形已经消失的，无效婚姻转化为有效婚姻。

最后，有权撤销婚姻、判决确认婚姻无效的机关都是人民法院。

（二）区别

首先，事由不同。婚姻无效事由一般涉及公序良俗，如一方或双方当事人重婚、当事人具有禁止结婚的亲属关系。婚姻可撤销事由则涉及当事人意思表示的不自由。

其次，启动主体不同。向人民法院请求确认婚姻无效的主体为婚姻当事人和利害关系人，而向人民法院请求撤销婚姻的主体只能是婚姻当事人，且为意思表示存在瑕疵的夫妻一方。

再次，期限不同。在无效婚姻中，夫妻一方或双方死亡后，生存一方或利害关系人仍然可以请求人民法院确认婚姻无效。在可撤销婚姻中，享有撤销权的一方当事人应当在法律规定的期间内行使撤销权。

最后，人民法院主动性不同。人民法院受理离婚案件后，经审查确属无效婚姻的，应当将婚姻无效的情形告知当事人，并依法作出确认婚姻无效的判决，即人民法院可以依职权主动确认婚姻无效。就可撤销婚姻而言，享有撤销权的一方当事人没有向人民法院起诉请求撤销婚姻的，人民法院不得依职权主动撤销婚姻。

第三节　撤销婚姻纠纷实务案例评析

案例1：以公开隐私照片胁迫结婚可撤销①

基本案情

2018年10月，原告（女）与被告（男）经人介绍相识并开始交往，经过短时间的接触后，被告提出要与原告登记结婚，原告拒绝后，被告开始纠缠原告并以公开原告的隐私照片等方式威胁。2019年2月2日，原告与被告在民政局办理结婚登记手续，后并未共同居住生活。

2019年11月1日，原告以撤销婚姻纠纷案由诉至山西省运城市临猗县人民法院（以下简称临猗县法院），请求撤销原、被告之间的婚姻关系，诉讼费由被告承担。原告为证实其主张，提供了结婚证和道歉书等证据予以证实。

临猗县法院经审理认为，婚姻自由是法律赋予公民的权利，婚姻关系的建立应以感情为基础；因胁迫结婚的，受胁迫的一方可以向婚姻登记机关或人民法院请求撤销该婚姻。本案中，被告在双方认识时间较短、尚未充分了解的情况下，以公布原告私密照片的方式相威胁，要求与原告办理结婚登记，而原告出于对自身隐私被泄露的担忧，违背真实意愿与被告办理了结婚登记手续，属于法律规定中被“胁迫”的情形。现原告诉请撤销双方之间的婚姻关系，符合法律法规的有关规定，予以支持。判决：撤销原告与被告的婚姻。案件受理费150元，由被告负担。

① 案号：（2019）晋0821民初3115号。

案例点评

本案是典型的胁迫婚姻，虽然发生于《民法典》施行前，但是《民法典》的相关规定沿袭了原《婚姻法》及其司法解释的相关规定，对读者仍然有参考价值。被告以公开隐私照片的方式威胁原告与其结婚，符合《民法典》第1052条规定的可撤销婚姻情形。因此，原告应当自胁迫行为终止之日起1年内向法院申请撤销婚姻。根据《民法典婚姻家庭编司法解释一》的相关规定，只要胁迫行为一直没有终止，无论当事人结婚多少年，也无论胁迫行为、非法限制人身自由的行为持续多久，受胁迫的夫妻一方都可以在胁迫行为终止之日起1年内行使撤销权。

案例2：婚前患精神分裂症，结婚时未如实告知的婚姻可撤销

基本案情

2021年1月16日，原告（男）与被告（女）经媒人介绍相识，原告分三次通过媒人给被告送去彩礼8万元。2021年2月27日，原、被告按农村习俗举行结婚仪式，并于当日给被告彩礼1.1万元。被告有空调、冰箱等陪嫁物品。后双方在民政局办理结婚登记手续，领取了结婚证。婚后原告觉得被告的行为举止有些异常，后发现邓州市残疾人联合会于2018年5月18日给被告颁发了残疾人证，显示为二级精神残疾。原告才得知被告患有精神分裂症，并多次到精神医院治疗，大部分时间生活不能自理且需长期服药。2021年10月24日，被告因精神分裂症到邓州市第三人民医院住院治疗。

2021年10月21日，原告认为被告隐瞒婚前患有精神疾病，以撤销婚姻纠纷案由诉至河南省南阳市邓州市人民法院（以下简称邓州市法院），请求判令撤销原、被告婚姻；被告返还原告彩礼9.1万元，并承担诉讼费用。

庭审中，被告辩称精神分裂症属于可治愈疾病，原告要求撤销，没有法律依据。被告现在处于精神分裂的发病期，原告在此时提出离婚，对于被告的治疗极为不利，夫妻之间有相互扶助的义务，请求驳回原告的诉讼请求。

邓州市法院经审理认为，被告在婚前明知自己患有精神分裂症，但在结婚登记时，没有将患病情况如实告知原告，致原告于婚后才知晓被告患病情况，侵害了原告的知情权，影响了原告结婚的真实意思，被告婚后疾病复发影响了夫妻双方正常的家庭生活。被告患有的精神分裂症，属于《母婴保健法》中规定的医学上认为影响结婚和生育的一类疾病，医治难度大，家族遗传可能性较大，且在较长时间内严重影响患者正常生活，为重大疾病。原告在知晓撤销事由的1年内向法院提出撤销婚姻的诉讼，具有事实和法律依据，对其诉讼请求，予以支持。

案例点评

根据《民法典》第1053条规定，一方患有重大疾病的，应当在结婚登记前如实告知另一方；不如实告知的，另一方可以向人民法院请求撤销婚姻。请求撤销婚姻的，应当自知道或者应当知道撤销事由之日起1年内提出。

虽然《民法典》对于重大疾病的具体范围未作明确的规定，司法实践中一般参照《母婴保健法》第8条和第38条规定，将严重遗传性疾病、指定传染病以及有关精神病认定为可撤销婚姻的重大疾病。有关精神病，是指精神分裂症、躁狂抑郁型精神病以及其他重型精神病。

缔结婚姻关系应建立在双方彼此相互了解信任的基础上。本案中，被告患有精神分裂症，未在婚姻登记前如实告知，且婚后亦未治愈。原告在法定期间内主张撤销婚姻，事实清楚，于法有据，故法院判决撤销原告和被告的婚姻。

第八章　夫妻财产约定纠纷

第一节　案由适用要点

一、案由释义

夫妻双方在婚姻关系成立之前和成立之后均可以对双方的个人财产及共有财产进行约定。在履行该约定时产生的纠纷，称为夫妻财产约定纠纷。

二、管辖法院

因夫妻财产约定纠纷提起的诉讼，根据《民事诉讼法》第22条第1款的规定，应当由被告住所地人民法院管辖，被告住所地与经常居住地不一致的，由经常居住地人民法院管辖。

三、要点提示

“夫妻财产约定纠纷”案由与“离婚纠纷”案由存在交叉之处，如果在离婚诉讼中双方当事人对夫妻财产约定的效力发生争议，只需将此案由确定为“离婚纠纷”即可。实践中，在夫妻关系存续期间、办理离婚登记时或离婚后，均可能因夫妻财产约定的履行或者效力发生争议，案由均可确定为“夫妻财产约定纠纷”。

四、法律指引

《民法典》

第一千零六十二条　夫妻在婚姻关系存续期间所得的下列财产，为夫妻的共同财产，归夫妻共同所有：

（一）工资、奖金、劳务报酬；

（二）生产、经营、投资的收益；

（三）知识产权的收益；

（四）继承或者受赠的财产，但是本法第一千零六十三条第三项规定的除外；

（五）其他应当归共同所有的财产。

夫妻对共同财产，有平等的处理权。

第一千零六十三条 下列财产为夫妻一方的个人财产：

（一）一方的婚前财产；

（二）一方因受到人身损害获得的赔偿或者补偿；

（三）遗嘱或者赠与合同中确定只归一方的财产；

（四）一方专用的生活用品；

（五）其他应当归一方的财产。

第一千零六十五条 男女双方可以约定婚姻关系存续期间所得的财产以及婚前财产归各自所有、共同所有或者部分各自所有、部分共同所有。约定应当采用书面形式。没有约定或者约定不明确的，适用本法第一千零六十二条、第一千零六十三条的规定。

夫妻对婚姻关系存续期间所得的财产以及婚前财产的约定，对双方具有法律约束力。

夫妻对婚姻关系存续期间所得的财产约定归各自所有，夫或者妻一方对外所负的债务，相对人知道该约定的，以夫或者妻一方的个人财产清偿。

《民法典婚姻家庭编司法解释一》

第三十一条 民法典第一千零六十三条规定为夫妻一方的个人财产，不因婚姻关系的延续而转化为夫妻共同财产。但当事人另有约定的除外。

第二节 夫妻财产约定常见问题释解

约定夫妻财产制，是指由婚姻当事人以约定的形式，决定夫妻财产制形式的法律制度。作为意思自治原则的体现，约定夫妻财产制优先于法定财产制，只有在夫妻双方没有选择约定夫妻财产制或约定无效时，才适用法定夫妻财产制。我国《民法典》对夫妻财产制采取的是法定夫妻财产制与约定夫妻财产制相结合的模式。

一、夫妻财产约定的要件

根据《民法典》第 1065 条第 1 款的规定，男女双方可以约定婚姻关系存续期间所得的财产以及婚前财产归各自所有、共同所有或者部分各自所有、部分共同所有。约定应当采用书面形式。

夫妻财产制约定，属于双方法律行为、要式法律行为，应满足民事法律行为的成立要件和生效要件。

1. 成立要件：书面形式。夫妻双方以口头形式约定财产归谁所有且双方无争议的，按照《民法典》第 490 条第 2 款的精神，夫妻财产约定仍然成立，夫妻双方离婚时应按约定处理。

2. 生效要件：①双方当事人具有完全民事行为能力；②双方当事人意思表示真实；③约定的内容不违反法律、行政法规的强制性规定，不违背公序良俗。

二、夫妻财产约定的内容和范围

1. 夫妻财产约定的内容

我国的约定夫妻财产制包括分别财产制、一般共同制、部分共同制 3 种类型。分别财产制，是指夫妻双方婚前财产和婚姻关系存续期间取得的财产归各自所有；一般共同制，是指夫妻双方婚前财产和婚姻关系存续期间取得的财产，全部归双方共同所有；部分共同制，是指夫妻双方婚前财产和婚姻关系存续期间取得的财产，部分归各自所有，部分归双方共同所有。

2. 夫妻财产约定的范围

包括夫妻双方各自的婚前财产，也包括夫妻双方在婚姻关系存续期间取得的财产。

三、夫妻财产约定的效力

约定夫妻财产制具有对内的效力和对外的效力。对内效力，是指夫妻双方对婚姻关系存续期间所得的财产以及婚前财产的约定，对双方具有法律约束力。对外效力，是指夫妻财产制约定对夫妻之外的第三人的效力。夫妻双方约定采分别财产制的，如果在相对人与夫妻一方实施民事法律行为、产生债权债务关系时，相对人知道夫妻双方采分别财产制的约定的，债权人只能就夫妻一方的个人财产受偿，配偶无须以个人财产对债权人负责。需要注意的是，夫妻一方应当举证证明在债权债务关系发生时相对人知道该约定。也就是说，相对人知道的时间，是在债务产生之前或者债务产生时。善意相对人不知道夫妻采分别财产制的，夫妻之间关于夫妻财产制的约定不得对抗善意相对人。

第三节　夫妻财产约定纠纷实务案例评析

案例1：公证后的夫妻财产约定协议有效且不可撤销[①]

基本案情

2001年7月5日，原告（女）与周某（男）在民政局登记结婚。周某与前妻共生育六名子女。前妻去世后，经北京市海淀区人民法院调解，登记在周某名下的北京市海淀区学院路房屋由周某与六名子女共有，周某享有该房屋8/14的份额，六名子女各享有该房屋1/14的份额，2015年9月24日，周某与六

① 案号：（2019）京0108民初50213号、（2021）京民终1105号、（2021）京民申3049号。

名子女办理了房屋产权变更登记。

2015 年 10 月 19 日，周某委托北京海诚公证处做《夫妻财产约定协议书》公证，该协议明确约定：坐落在北京市海淀区学院路房屋的 8/14 共有份额归原告个人所有，不作为夫妻共同财产。2017 年 6 月 17 日，周某去世。原告要求根据公证书将周某享有该房屋 8/14 的份额变更到自己名下，遭到周某的六名子女反对。于是，原告以夫妻财产约定纠纷案由，将六名子女作为被告诉至北京市海淀区人民法院（以下简称海淀区法院），请求判令六被告配合办理房屋的过户手续。

庭审中，六被告辩称：8/14 房屋份额的所有权是周某婚前的个人财产，与原告无关联。原告提交的《夫妻财产约定协议书》项下的法律关系为夫妻间的赠与，不是夫妻财产约定。周某生前将 8/14 的份额赠与原告，应当适用合同法的规定；该份额赠与后未办理过户登记，仍登记在周某名下，故应当属于遗产。根据《夫妻财产约定协议书》约定的内容，这是一份原告纯获利益的协议，周某生前对原告不负债务，而办理过户这一义务已经自周某死亡时消灭，继承人无义务继承。故请求法院驳回原告的诉讼请求。

诉讼中，原告就其主张提供的证据是经北京市海诚公证处公证的《夫妻财产约定协议书》，六被告均表示不清楚公证情况，并对周某做公证时的民事行为能力提出异议，认为公证有瑕疵，不能作为本案证据使用。六被告对此提供病历复印件证明周某公证时民事行为能力欠缺，并申请法院委托首都医科大学附属北京安定医院精神疾病司法鉴定科对周某于 2014 年 9 月 15 日至 2015 年 10 月 19 日期间是否具有民事行为能力进行鉴定，由于鉴定材料不完整、不充分，该机构决定不受理。

海淀区法院经审理认为，夫妻可以约定婚姻关系存续期间所得的财产以及婚前财产归各自所有、共同所有或部分各自所有、部分共同所有。夫妻对婚姻关系存续期间所得的财产以及婚前财产的约定，对双方具有约束力。本案中，周某与原告于 2015 年 10 月 19 日签订了《夫妻财产约定协议书》，周某同意其房屋中的 8/14 份额归原告所有，该协议系双方当事人真实意思表示，不违反相关法律、行政法规强制性规定，故合法有效，对双方均有约束力。六被告质疑周某签订协议时无民事行为能力，但未提供充分证据证明，故法院不予采信。因《夫妻财产约定协议书》已办理公证属不可撤销，故现原告起诉要求六被告配合办理过户手续，将周某房屋中的8/14份额过户至其名下，有事实与法律依据，法院支持。综上，判决：判决生效后7日内，六被告配合原告办理周某位于北京市海淀区学院路房屋8/14份额的过户手续，过户至原告名下。

六被告不服，上诉至北京市第一中级人民法院。2021年2月24日，北京市第一中级人民法院判决：驳回上诉，维持原判。二审案件受理费8800元，由六被告负担。

六被告仍不服，向北京市高级人民法院申请再审。2021年5月31日，北京市高级人民法院裁定：驳回再审申请。

案例点评

本案争议焦点是周某与原告签订的经过公证的《夫妻财产约定协议书》，约定其房屋8/14份额归原告个人所有，是否合法有效。

《民法典》第1065条规定，男女双方可以约定婚姻关系存续期间所得的财产以及婚前财产归各自所有、共同所有或者部分各自所有、部分共同所有。约定应当采用书面形式。夫妻对婚姻关系存续期间所得的财产以及婚前财产的约定，对双方具有法律约束力。

《公证法》第36条规定，经公证的民事法律行为、有法律意义的事实和文书，应当作为认定事实的根据，但有相反证据足以推翻该项公证的除外。

本案中，2015年10月19日，周某与原告签订《夫妻财产约定协议书》，周某同意其房屋的8/14份额归原告个人所有，该协议系周某与原告的真实意思表示，不违反相关法律、行政法规强制性规定，故该协议合法有效，对双方均有约束力。且该协议已办理公证，属不可撤销的协议，六被告又未能提供相反证据推翻该项公证，故法院未支持其主张。

案例 2：签订《协议书》约定夫妻共同债务由一方承担，无法定情形不可撤销①

基本案情

原告（男）与被告（女）系夫妻关系，自 2020 年 5 月起双方协商离婚。2020 年 8 月 18 日，原告与被告签订了一份《协议书》，载明：1. 原、被告婚姻关系存续期间，原告作为借款人，被告作为担保人与中国建设银行股份有限公司广州番禺支行于 2019 年 4 月 12 日签署的《小微企业抵押快贷借款合同》项下的债务是夫妻共同债务，双方确认，银行债务尚有 1000 万元本金及约 100 万元利息未偿还，自签订协议之日起，原告同意银行债务由其承担，被告对此不承担还款责任。2. 除上述债务外，双方婚姻关系存续期间无其他夫妻共同债务，双方在此期间产生的其他债务均为个人债务，由各方自行承担，若一方因另一方的债务被第三人追偿的，欠款方需负责解决，因此造成另一方损失的，欠款方应予以赔偿。《协议书》落款处男方签名栏由原告签名，女方签名栏由被告签名，日期为 2020 年 8 月 18 日。

原告和被告又签订了一份《离婚协议书》，该协议第 1 条约定双方自愿离婚。第 2 条第 1 款约定原告于 2019 年 7 月 12 日购买的位于番禺区南村镇房屋是夫妻共同财产，被告同意房屋所有权归原告所有，剩余房款由原告自行支付。第 4 条第 1 款约定双方婚姻关系存续期间，原告作为借款人与中国建设银行股份有限公司广州番禺支行于 2019 年 4 月 12 日签署的《小微企业抵押快贷借款合同》项下的债务是夫妻共同债务，双方确认，银行债务尚有 1000 万元本金及约 100 万元利息未偿还，作为原告获得第 2 条第 1 款房屋的对价，原告同意银行债务由其承担，被告对此不承担还款责任；第 2 款约定除上述债务外，婚姻关系存续期间无其他夫妻共同债务，双方在此期间产生的其他债务均为个人债务，由各方自行承担，若一方因另一方的债务被第三人追偿的，欠款

---

① 案号：（2020）粤 0113 民初 20048 号、（2021）粤民终 24629 号。

方需负责解决，因此造成另一方损失的，欠款方应予以赔偿。《离婚协议书》男方落款处由原告签名，女方落款处由被告签名，但无签署日期。

被告与原告签订《离婚协议书》后的次日（即2020年8月22日），被告未与原告前往民政局办理离婚登记手续，而是直接拿着《协议书》前往法院起诉，请求判令双方离婚等。

2020年9月30日，原告认为双方签订的《离婚协议书》合法有效，《协议书》无效，以夫妻财产约定纠纷案由向广东省广州市番禺区人民法院（以下简称番禺区法院）起诉，请求判令撤销原告和被告于2020年8月18日签订的《协议书》，被告承担诉讼费用。

番禺区法院经审理认为，综合双方签订《离婚协议书》和《协议书》的过程与内容等方面来分析，原告请求撤销《协议书》有理，应予以支持，理由如下：

首先，《协议书》与日常生活中的夫妻财产协议和约定不同，原、被告签订的《协议书》是发生在双方协商离婚的过程中，系以准备离婚为目的。从双方的聊天记录内容来看，因涉及的债务金额巨大，双方对此争议也较大，故应审慎考虑双方的真实意思表示。其次，双方的聊天记录多次提到上述《离婚协议书》及《协议书》，足见该两份协议无论在签署时间上还是在内容上都紧密相关，因此综合起来予以认定更符合双方的真实意愿与实际情况。再次，被告称涉案银行债务属于原告个人债务，但《离婚协议书》和《协议书》均约定涉案1100万元的银行债务属于夫妻共同债务。《离婚协议书》明确约定作为原告获得涉案房屋所有权的对价，原告同意上述债务由其自行承担，被告不承担责任；而《协议书》则在载明上述债务为双方夫妻共同债务时，删除了对涉案房屋所有权的处理内容，直接表述为全部债务由原告承担。在双方对巨额债务争议很大，也没有对其他共同财产与债务的处理作出倾向和有利于原告安排的情况下，原告放弃对案涉房屋的所有权而直接承担巨额债务与常理不符。最后，从被告提起离婚诉讼的时间与相关诉讼请求来看，双方签订《离婚协议书》及《协议书》后，并未持相关协议到婚姻登记机关办理离婚，也未向人民法院提出调解离婚，被告于签订《离婚协议书》之次日径行向人民法院提起离婚诉讼，主观上存在以《协议书》阻却《离婚协议书》生效的可能性。同时，被告提起离婚诉讼，不仅要求分割涉案房屋，还要求分割上述银行债务所涉公司的股权价值。因此，如不否定《协议书》的内容对原告而言显失公允。故综上分析，原告主张误签《协议书》，且《协议书》显失公平的主张有事实依据，予以采纳，其要求撤销双方签订的《协议书》的请求，予以支持。判决：撤销原告与被告于2020年8月18日签订的《协议书》。

被告不服，上诉至广东省广州市中级人民法院（以下简称广州中院），请求判令撤销番禺区法院一审民事判决；改判驳回原告的全部诉讼请求；一审和二审的诉讼费用均由原告承担。

被告主要上诉理由：第一，一审法院认定事实不清，错将《协议书》《离婚协议书》认定为同时签署并互相关联。《协议书》签署时间为2020年8月18日，《离婚协议书》实际签署时间为2020年8月21日，两份协议并非同时签署，各自为完整、独立的协议。第二，一审法院适用法律明显错误，适用民法总则关于重大误解、显失公平的规定，撤销《协议书》，应当适用婚姻法的相关规定来处理。1. 原告具备充足的社会阅历和专业知识，完全知晓签署离婚协议但未办理离婚手续所存在的法律风险，其对《协议书》的内容和签署程序不存在任何误解。首先，《协议书》作为一份完整、独立的婚内财产协议，无需以办理离婚手续作为其生效条件，双方签署后即发生法律效力。而《离婚协议书》生效的前提条件为双方前往民政局办理离婚手续并备案，就必然存在因对方反悔不愿配合办理离婚手续而导致离婚协议不生效的风险。其次，原告作为完全民事行为能力人，接受过高等教育，几十年间经营多家大型企业，有专业律师为其签署协议把控风险，且原告远比被告年长，人生阅历也远比被告丰富，还经历过两段婚姻，其完全有能力清楚了解两份协议分开签署所带来的法律风险，也应当对此有所预判。被告在婚姻关系存续期间一直是全职太太，没有任何收入来源，仅是希望原告在外所欠债务由其个人承担。2.《协议书》是夫妻之间签署的婚内财产协议，不应当以显失公平为由予以撤销。首先，原告具备足够的知识储备和专业能力，绝对不处于也没有理由处于危困、缺乏判断力的状态。其次，婚内财产协议天然会因夫妻之间存在感情、家庭、道德、伦理等诸多复杂的因素而不具有普通人所认为的公允性，因此不能简单、草率地以普通合同关系来处理家事纠纷。

在二审程序中原告辩称：第一，《离婚协议书》《协议书》皆为被告于2020年8月18日同时自愿签署的。被告主张《离婚协议书》是在2020年8月21日被原告胁迫签署，但并未提供任何证据予以证明，应当承担举证不力的后果。第二，被告主张《协议书》是独立的文书，并非为离婚做准备，与事实不符。被告代理律师在一审庭审中已明确自认《协议书》是为离婚做准备，根据禁止反言原则，应当认定《协议书》是为离婚做准备。《协议书》与《离婚协议书》高度相似，二者不可分割，足以让人产生误解。原告签署《协议书》时的真实意思表示应当结合《离婚协议书》的内容进行考量，其承担债务以获得婚后购买的房屋为前提。

广州中院经审理认为，本案是夫妻财产约定纠纷，根据双方的诉、辩意见，本案争议焦点为是否存在撤销《协议书》的法定情形，分析如下：1. 2020年8月18日，原、被告签订《协议书》，双方还签订了《离婚协议书》，因双方最后并未在民政局协议离婚，故《离婚协议书》不生效。2.《协议书》作为一份独立的协议，不存在可撤销的情形。首先，根据双方的短信聊天记录，原告明确表示："但我自己的债务从没想到要你来承担，这个你放心""我在离婚协议上写得很清楚，离婚所有的债务我承担"，可见原告是一直表示愿意承担银行债务1000万元本金及利息的。其次，《协议书》篇幅不长，仅有一页，内容也不复杂，原告作为完全民事行为能力人，完全有能力正确理解《协议书》的内容及签署《协议书》的法律后果，故《协议书》是原告的真实意思表示。且根据双方的聊天记录，双方仅就签署《离婚协议书》进行商议，并未就《协议书》的签署进行商议。原告称双方是同时签订《离婚协议书》及《协议书》，《协议书》与《离婚协议书》高度相似，造成其误认为签署两份协议书能导致债务由其承担的同时房屋亦归其所有的法律后果，缺乏事实依据，本院不予采信。最后，双方均确认《协议书》中约定的债务是原告与某公司作为借款人向银行的贷款，该贷款是用于公司经营，而被告并无参与公司经营，离婚后由原告承担该笔债务，符合常理，不存在显失公平之处。综上，《协议书》是原告和被告的真实意思表示，合法有效，不存在应予撤销的情形。一审法院判决撤销《协议书》，认定事实有误，本院予以纠正。原告和被告二审期间提交的证据缺乏足够的证明力和关联性，本院不予采纳。综上所述，一审判决部分事实认定不清，处理不当，本院予以纠正。被告的上诉请求有理，本院予以支持。判决：撤销番禺区法院一审民事判决；驳回原告的诉讼请求。一审和二审案件受理费各87800元，由原告负担。

案例点评

本案争议焦点：是否存在重大误解和显失公平等可撤销《协议书》的法定情形。

签订《协议书》行为是一种民事法律行为，符合法律规定的生效要件即产生法律效力，对当事人产生拘束力。当事人想要撤销已生效的民事法律行为，撤销事由必须符合法定情形。《民法典》第147条至第152条规定了重大误解、欺诈、胁迫和显失公平四种可撤销民事法律行为的类型。可撤销民事法律行为，是指当事人在从事民事法律行为时，因意思表示不真实，法律允许撤销权人通过行使撤销权而使该已经生效的民事法律行为归于无效。

本案中，原告以其与被告签订的有关婚内财产约定的《协议书》不是其真实意思表示，存在重大误解和显失公平为由，请求法院予以撤销。一审法院和二审法院均对《协议书》是否属于可撤销民事法律行为、是否存在法定撤销情形进行了司法审查，但得出了不同的结论。主要原因是原、被告双方于2020年8月18日签订《协议书》后，又签订了《离婚协议书》（没有注明签订时间），导致两份协议的签订时间产生争议，原、被告说法不一。原告称两份协议签订时间均为2020年8月18日，被告称《协议书》签订时间为2020年8月18日，《离婚协议书》签订时间为2020年8月21日。

对此，一审法院认为，双方的聊天记录多次提到《离婚协议书》和《协议书》，足见该两份协议无论在签署时间上还是在内容上都紧密相关，因此综合起来予以认定更符合双方的真实意愿与实际情况。二审法院则认为，2020年8月18日，原、被告签订《协议书》，还签订了《离婚协议书》，双方最后并未在民政局协议离婚，故《离婚协议书》不生效。《协议书》作为一份独立的协议，不存在法定可撤销的情形。二审法院在排除《离婚协议书》的法律效力后，侧重对《协议书》是否存在重大误解和显失公平的法定可撤销情形进行审查。

综上，一审法院在审查《协议书》的法律效力时，未排除《离婚协议书》的法律效力，而是将两份协议综合起来审查原、被告双方签订时的意思表示是否真实。二审法院在审查《协议书》的法律效力前，先审查《离婚协议书》的法律效力，排除其效力后，再审查《协议书》的法律效力，原、被告双方签订时的意思表示是否真实，是否存在法定可撤销情形，最后根据原、被告双方的证据材料和诉辩意见，得出不存在重大误解和显失公平的结论。

第九章 同居关系纠纷

第一节 案由适用要点

一、案由释义

同居关系纠纷，是指具有同居关系的男女当事人，解除同居关系时，涉及同居关系存续期间共有财产分割或者子女抚养问题时引发的纠纷，据此，可将同居关系纠纷案由细分为同居关系析产纠纷和同居关系子女抚养纠纷两种。

二、管辖法院

因同居关系纠纷提起的诉讼，根据《民事诉讼法》第 22 条第 1 款的规定，应当由被告住所地人民法院管辖，被告住所地与经常居住地不一致的，由经常居住地人民法院管辖。

三、要点提示

在实践中，同居关系虽缺少婚姻的形式要件，但由于双方长时间在一起生活，有了共同的财产积累，甚至有了孩子。因此，在双方解除同居关系时，就会产生分割同居期间的共有财产及子女的抚养问题。在审判实践中，当事人因同居期间财产分割或子女抚养纠纷提起诉讼，人民法院应当受理。当事人起诉单纯请求解除同居关系的，人民法院不予受理。

需要注意的是，原《最高人民法院关于适用〈中华人民共和国婚姻法〉若干问题的解释（二）》第 1 条“有配偶者与他人同居”可以解除同居关系的规定，《民法典婚姻家庭编司法解释一》予以删除，明确对所有请求解除同居关系的，一律不予受理。对有配偶者与他人同居的，司法的态度是鲜明的，就是坚决予以制止和打击，但在具体方式上可以通过对有配偶者判决离婚、照顾无过错方分割财产以及支持无过错方损害赔偿请求权的方式予以规制，这样更能从根源上达到维护一夫一妻制，弘扬社会主义核心价值观的立法目的。

四、法律指引

《民法典》

第一千零四十九条 要求结婚的男女双方应当亲自到婚姻登记机关申请结婚登记。符合本法规定的，予以登记，发给结婚证。完成结婚登记，即确立婚姻关系。未办理结婚登记的，应当补办登记。

第一千零五十四条 无效的或者被撤销的婚姻自始没有法律约束力，当事人不具有夫妻的权利和义务。同居期间所得的财产，由当事人协议处理；协议不成的，由人民法院根据照顾无过错方的原则判决。对重婚导致的无效婚姻的财产处理，不得侵害合法婚姻当事人的财产权益。当事人所生的子女，适用本法关于父母子女的规定。

婚姻无效或者被撤销的，无过错方有权请求损害赔偿。

第一千零七十一条 非婚生子女享有与婚生子女同等的权利，任何组织或者个人不得加以危害和歧视。

不直接抚养非婚生子女的生父或者生母，应当负担未成年子女或者不能独立生活的成年子女的抚养费。

《民法典婚姻家庭编司法解释一》

第三条 当事人提起诉讼仅请求解除同居关系的，人民法院不予受理；已经受理的，裁定驳回起诉。

当事人因同居期间财产分割或者子女抚养纠纷提起诉讼的，人民法院应当受理。

第七条 未依据民法典第一千零四十九条规定办理结婚登记而以夫妻名义共同生活的男女，提起诉讼要求离婚的，应当区别对待：

（一）1994 年 2 月 1 日民政部《婚姻登记管理条例》公布实施以前，男女双方已经符合结婚实质要件的，按事实婚姻处理。

（二）1994 年 2 月 1 日民政部《婚姻登记管理条例》公布实施以后，男女双方符合结婚实质要件的，人民法院应当告知其补办结婚登记。未补办结婚登记的，依据本解释第三条规定处理。

第八条 未依据民法典第一千零四十九条规定办理结婚登记而以夫妻名义共同生活的男女，一方死亡，另一方以配偶身份主张享有继承权的，依据本解释第七条的原则处理。

第二节 同居关系常见问题释解

同居关系，包括广义的同居关系和狭义的同居关系。广义的同居关系，是一种基于共同生活、居住而形成的关系。与自己共同居住的亲属、朋友、同学等都可称为广义的同居关系。狭义的同居关系，一般是指虽然不完全具备合法婚姻的构成要件，但在某些方面与婚姻关系有相似特征而形成的关系。本书所讲的同居关系纠纷主要是指狭义的同居关系。

一、同居关系的内涵

同居是一个非常复杂的社会现象，对同居关系的规范需要根据我国经济社会发展实际、文化传统等方面综合考虑，确定既与《民法典》基本原则不相背离，又符合公序良俗以及尊重个人自由的，平衡各方利益的妥当的规则。

《民法典》中采用“同居”表述的，涉及 4 个法条，其中，第 1042 条、第 1079 条、第 1091 条均是对“有配偶者与他人同居”的规范。此外，第 1054 条第 1 款规定，无效的或者被撤销的婚姻自始没有法律约束力，当事人不具有夫妻的权利和义务。同居期间所得的财产，由当事人协议处理；协议不成的，由人民法院根据照顾无过错方的原则判决。由此可见，仅在这为数不多的几处表述中，《民法典》就同居问题所指的具体内容也是不一样的。而且，《民法典》未对现实中存在较多的没有配偶的男女双方同居情形予以规范。

二、有配偶者与他人同居期间约定的财产补偿如何处理

有配偶者与他人同居，可以分为一方有配偶、另一方无配偶和双方均有配偶两种。现实生活中，这种同居关系在不断形成的同时也在不断解除。有些同居关系在解除时，一方会向另一方主张一定数额的补偿金。补偿金通常以借款、欠条、协议等形式表现出来。这种补偿金是否应受到法律的保护?

笔者认为，这种解除同居关系的补偿金属于不可强制执行的自然债务。根据民法理论，自然债务通常分为履行道德义务之给付、不法原因之给付、超过法定利率之给付、婚姻居间之报酬等类型。解除同居关系的补偿金应当属于不法原因之给付的自然债务，因为其违反了《民法典》婚姻家庭编的禁止性规定，同时也侵犯了配偶的财产权益。因此，有配偶者与他人同居，为解除同居关系，双方以借款或者其他形式确定补偿金，一方起诉要求支付该补偿金的，人民法院不予支持；一方履行后反悔，主张返还已经支付的补偿金的，人民法院不予支持。但是如果有配偶者是以夫妻共同财产给付，合法配偶以侵害夫妻共同财产权为由主张返还的除外。

三、女方怀孕，法院能否受理男方有关同居期间财产纠纷的起诉

基于同居关系与合法婚姻关系的不同性质，《民法典》第 1082 条的规定并不适用于同居关系纠纷。《民法典》第 1082 条规定：“女方在怀孕期间、分娩后一年内或者终止妊娠后六个月内，男方不得提出离婚；但是，女方提出离婚或者人民法院认为确有必要受理男方离婚请求的除外。”此系对合法婚姻状态中妇女的特殊保护条款。如果当事人选择了同居的状态而非登记结婚时，也就意味着放弃法律对婚姻的特殊保护。当事人不享有夫妻间的权利义务，因此，在女方怀孕时，法院仍然可受理男方有关同居期间财产纠纷的起诉。

四、当事人请求解除同居关系并处理财产问题，对解除同居关系这项诉讼请求在判决书主文中如何处理

只需要对财产处理作出判决，不应在判决主文中涉及解除同居关系的问题。否则，与《民法典婚姻家庭编司法解释一》第 3 条第 1 款“当事人提起诉

讼仅请求解除同居关系的，人民法院不予受理”的规定相矛盾。同时，也不需要就该项诉讼请求单独作出驳回起诉的裁定。只有在仅有解除同居关系一项诉讼请求，而人民法院已经受理的情况下，才需要作出驳回起诉的裁定。

第三节　同居关系纠纷实务案例评析

案例1：解除同居关系无须起诉，财产及子女纠纷可起诉①

基本案情

2007年，原告（女）与被告（男）经人介绍认识，2008年5月12日，双方举办传统婚礼，开始同居生活，之后未补办结婚登记手续，其间共生育两个儿子。由于原告与被告性格不合，经常吵架、打架，造成感情破裂。2022年2月9日，原告以同居关系纠纷案由诉至河南省商丘市柘城县人民法院（以下简称柘城县法院），请求判令解除原、被告同居关系；两个儿子由被告抚养；依法分割共同财产、依法承担共同债务；诉讼费由被告承担。

被告经传票传唤未到庭参加诉讼，亦未作答辩。法院查明，原、被告同居期间无共同财产、债权债务。

柘城县法院经审理认为，原、被告同居生活前缺乏了解，同居生活后因性格不合经常吵架、打架，造成感情破裂，原告要求两个儿子由被告抚养，被告同意抚养并自己承担抚养费，所以根据本案的实际情况，应由被告抚养较为适宜，原告不承担抚养费。原告庭审中自愿放弃嫁妆，是其处分自己财产的权利，依法予以准许。判决：非婚生儿子由被告抚养，原告不承担抚养费。案件受理费150元（已减半收取），由原告负担。

案例点评

在实践中，同居关系虽缺少婚姻的形式要件，但由于双方长时间在一起生

---

①　案号：（2022）豫1424民初708号。

活，有了共同的财产积累，甚至有了孩子。因此，在双方解除同居关系时，就会产生分割同居期间的共有财产及子女的抚养问题。在审判实践中，当事人因同居期间财产分割或子女抚养纠纷提起诉讼，人民法院应当受理。当事人起诉单纯请求解除同居关系的，人民法院依法不予受理。

案例 2：同居期间房屋拆迁款按一般共有处理[①]

基本案情

从 2004 年开始，原告（女）与被告（男）经人介绍相识并同居生活，其间共生育两个儿子。2016 年秋天，原、被告拆除了被告老家房子，在另一处新建一栋两层半楼房，该房屋所占宅基地，系被告用其承包田与本村村民调换，另补贴 1 万元。老家房子拆下的一些建筑材料，也用在了该楼房的附属建筑中。2018 年 5 月，原告因家庭矛盾外出打工一直未回家。

2020 年 10 月，此房被列入拆迁范围内，被告与镇政府签订了“房屋拆迁补偿安置协议书”。2020 年 10 月 26 日，被告领取了拆迁补偿款 50.5 万元。

2021 年 2 月 2 日，原告以同居关系纠纷案由向安徽省滁州市天长市人民法院（以下简称天长市法院）起诉，要求两小孩随其生活并分割该房屋的拆迁款，因考虑到该房屋可能是家庭共同财产，法院对两小孩的抚养权问题进行了判决，但对该房屋的拆迁款未予裁判。原告再次向天长市人民法院起诉，请求判令被告支付原告同居期间建房所得拆迁款 25.25 万元；被告承担诉讼费用。

另查明，被告父亲于 2008 年去世，其母亲一直随被告生活。被告叔叔是单身、无子女，在被告父亲去世前就随被告居住、生活，根据本村民小组组长陈述，被告叔叔的收入也补贴给了被告。

天长市法院经审理认为，原告与被告未领取结婚证而共同生活，是同居关系，双方在同居期间所取得的财产，按照一般共有处理，双方对同居期间的财产份额等也没有约定。2016 年秋天，原、被告新建的两层半楼房，应当属于家

---

① 案号：（2021）皖 1181 民初 4317 号。

庭共同财产，首先，被告的母亲一直与被告及原告共同劳作、生活，是重要的家庭成员；其次，被告的叔叔因单身无子女，常年与原、被告共同生活、居住，也属于家庭成员之一，原、被告所生两个儿子尚未成年，故因上述房屋拆迁产生的拆迁款，参与分配的应该为四人。关于原、被告二人之间的分配份额，应该考虑到双方的出资情况。虽然在金钱的出资中无法确定各自的份额，但是该房屋的宅基地是用家中的承包田与他人调换，宅基地是房屋的重要组成部分，而原告不是本村集体经济组织成员，不是家庭农田承包成员，故该房屋出资份额，被告和被告母亲高于原告和被告叔叔，被告与原告之间，被告也明显大于原告。综合考虑老房子所拆建材在该房屋的参与度、被告抚养次子的时间长于原告抚养长子的时间、原告离家多年、被告需要赡养两个老人等因素，酌定分割给原告拆迁款 8 万元为宜。判决：被告给付原告房屋拆迁款 8 万元。案件受理费 5088 元，由原告负担 3000 元，被告负担 2088 元。

案例点评

本案争议焦点是原、被告同居期间房屋拆迁款如何分割的问题。

根据《民法典婚姻家庭编司法解释一》第 7 条规定，在 1994 年 2 月 1 日以前，未办理结婚登记即以夫妻名义同居生活者，只要符合结婚实质要件的，即可认定为事实婚姻，双方当事人的关系适用婚姻法中有关夫妻权利义务的规定。在 1994 年 2 月 1 日之后，必须补办婚姻登记，否则视为同居关系，不享有夫妻之间权利义务。本案中，原、被告 2004 年未领取结婚证同居生活，属于同居关系。同居期间取得财产的处理不能比照夫妻共同财产制度进行分割，按照一般共有处理。如果查明属于按份共有，按照各自的出资额比例分享权利；如果查明属于共同共有，则对共有财产共同享有权利；如果无法查明是按份共有还是共同共有，视为按份共有。不能确定出资额比例的，视为等额享有。

2020 年，原、被告新建的两层半楼房因被征收被拆，获得拆迁补偿款 50.5 万元。原告起诉要求分割房屋拆迁款一半即 25.25 万元，应考虑的是是否有一起共同居住、生活的其他家庭成员，法院查明被告的母亲和叔叔也是家庭成员，将房屋认定为家庭共同财产，房屋拆迁款，参与分配的家庭成员为原告、被告、被告母亲和被告叔叔四人。

原告的具体财产份额，依照《民法典》第309条规定，同居期间的财产份额没有约定情况下，按照出资额确定；不能确定出资额的，视为等额享有。首先，考虑双方的出资情况。虽然在金钱的出资中无法确定各自的份额，但是该房屋的宅基地是用家中的承包田与他人调换，宅基地是房屋的重要组成部分，而原告不是本村集体经济组织成员，也不是家庭农田承包成员，故该房屋出资份额，被告与原告之间，被告明显大于原告。其次，考虑双方的家庭贡献。综合考虑原告对房屋拆旧建新的参与度、被告抚养两个小孩的时间、原告离家多年、被告需要赡养两个老人等因素，法院酌定分割给原告房屋拆迁款8万元。

第十章　亲子关系纠纷

第一节　案由适用要点

一、案由释义

亲子关系即父母子女关系，亲子关系诉讼属于身份关系诉讼。亲子关系纠纷案由，又细分为确认亲子关系纠纷和否认亲子关系纠纷两种。

二、管辖法院

因亲子关系纠纷提起的诉讼，根据《民事诉讼法》第22条第1款的规定，应当由被告住所地人民法院管辖，被告住所地与经常居住地不一致的，由经常居住地人民法院管辖。因亲子纠纷涉及身份关系纠纷，根据《民事诉讼法》第23条的规定，对不在中华人民共和国领域内居住的人提起的亲子关系纠纷诉讼，以及对下落不明或者宣告失踪的人提起的亲子关系纠纷诉讼，由原告住所地人民法院管辖；原告住所地与经常居住地不一致的，由原告经常居住地人民法院管辖。

三、要点提示

根据《民法典》第1073条规定，父母可以提起确认亲子关系和否认亲子关系之诉，成年子女只能提起确认亲子关系之诉。

父母与子女之间的亲子关系涉及抚养、赡养、继承等问题。此类案件中，父或母可能均知晓子女与其不存在血缘关系，但如果不经过法院确认或否认亲子关系，后续可能围绕抚养、赡养、继承等问题产生纠纷。

亲子关系纠纷案由是第三级案由，确认亲子关系纠纷和否认亲子关系抚养纠纷案由是第四级案由。

随着现代生物技术的发展，亲子鉴定技术被广泛用于证明子女和父母的血缘关系，鉴定结果往往作为可靠证据，在诉讼中起到重要作用。我国对于是否强制进行亲子鉴定持较为审慎的态度，从《民法典婚姻家庭编司法解释一》第39条的规定可以看出，鉴定以当事人自愿为原则，对于当事人不愿意进行亲子鉴定的，按举证责任的要求，进行推定。

四、法律指引

《民法典》

第一千零七十三条 对亲子关系有异议且有正当理由的，父或者母可以向人民法院提起诉讼，请求确认或者否认亲子关系。

对亲子关系有异议且有正当理由的，成年子女可以向人民法院提起诉讼，请求确认亲子关系。

《民法典婚姻家庭编司法解释一》

第三十九条 父或者母向人民法院起诉请求否认亲子关系，并已提供必要证据予以证明，另一方没有相反证据又拒绝做亲子鉴定的，人民法院可以认定否认亲子关系一方的主张成立。

父或者母以及成年子女起诉请求确认亲子关系，并提供必要证据予以证明，另一方没有相反证据又拒绝做亲子鉴定的，人民法院可以认定确认亲子关系一方的主张成立。

第二节　亲子关系常见问题释解

一、亲子关系的概念

亲子关系，即父母子女关系，是指父母子女间在法律上的权利义务关系。

二、亲子关系的分类

根据血亲形成的原因，亲子关系可分为自然血亲的父母子女关系和拟制血亲的父母子女关系。自然血亲的父母子女关系是基于子女出生的事实而发生的，包括婚生的父母子女关系、非婚生的父母子女关系。拟制血亲的父母子女关系是基于法律的拟制而形成的，包括有抚养教育关系的继父母子女关系、收养形成的养父母子女关系。

三、亲子关系的确认和否认

根据《民法典》第 1073 条的规定，对亲子关系有异议且有正当理由的，父或者母可以向人民法院提起诉讼，请求确认或者否认亲子关系。对亲子关系有异议且有正当理由的，成年子女可以向人民法院提起诉讼，请求确认亲子关系。这确立了亲子关系的确认与否认制度。有权确认亲子关系的主体是夫妻双方和成年子女，有权否认亲子关系的主体只能是夫妻双方。也就是说，亲子关系的否认之诉，只能是父或母提起。成年子女只能请求确认亲子关系，不能否认亲子关系，因此，不能借助否认亲子关系之诉规避对父母应尽的赡养义务。

一般来说，由于母亲基于分娩事实而当然与子女形成亲子关系，亲子关系的确认或否认主要适用于父亲身份的确认或否认。

亲子关系的确认和否认，对于子女来说，是身份关系的重大改变，直接影响家庭的稳定。因此，请求确认或否认亲子关系的当事人，须有正当理由，例如，运用亲子鉴定技术得出的亲子鉴定结论、丈夫提供的医院出具其无生殖能力的证明。

女方隐瞒子女与男方无亲子关系的事实，使男方受欺骗而抚养了非亲生子女的，男方在离婚时或离婚后可以请求返还已给付的抚养费。

第三节 亲子关系纠纷实务案例评析

案例1：成年子女不可作为原告提起亲子关系否认之诉①

基本案情

原告母亲与被告系夫妻关系。原告（女，1984年8月10日出生）和被告系父女关系。原告母亲曾告知原告，被告并非原告亲生父亲。原告长相与原告母亲和被告生育的女儿差异非常大，完全不像亲姊妹。被告对原告未尽到父亲的责任，也无亲人的那种关心，甚至污蔑原告，给原告造成极大的精神伤害。

2020年6月5日，被告殴打原告，要强行将原告拖到精神病医院，报警后，原告告知民警，被告并非其亲生父亲，要求做亲子鉴定，被告当场扯下自己的头发给原告。后原告到贵州核子基因科技有限公司做了亲子鉴定，该公司出具的《核子基因科技遗传咨询意见书》显示：排除被告是原告的生物学父亲。2020年11月13日，原告以亲子关系纠纷案由诉至贵州省贵阳市息烽县人民法院（以下简称息烽县法院），请求判令确认原、被告之间不存在亲子关系；被告承担诉讼费用。

息烽县法院认为，根据《民法典》第1073条“对亲子关系有异议且有正当理由的，父或者母可以向人民法院提起诉讼，请求确认或者否认亲子关系。对亲子关系有异议且有正当理由的，成年子女可以向人民法院提起诉讼，请求确认亲子关系”的规定可知，可以提起亲子关系否认之诉的主体范围限定为父亲和母亲，而成年子女是排除在外的，故成年子女不可作为原告提起亲子关系否认之诉。裁定：驳回原告的起诉。案件受理费减半收取计30元，退还原告。

原告不服，上诉至贵州省贵阳市中级人民法院（以下简称贵阳中院），请求裁定撤销息烽县法院一审民事裁定书；指令息烽县法院进行实体审理。主要

---

① 案号：（2020）黔0122民初2008号、（2021）黔01民终2145号。

上诉理由为：一审法院认定事实及适用法律错误。首先，本案不适用《民法典》之规定。根据《民法典时间效力规定》第1条和第3条的规定，《民法典》施行前的法律事实引起的民事纠纷案件，适用当时的法律、司法解释的规定，但是法律、司法解释另有规定的除外。《民法典》施行前的法律事实引起的民事纠纷案件，当时的法律、司法解释没有规定而《民法典》有规定的，可以适用《民法典》的规定，但是明显减损当事人合法权益、增加当事人法定义务或者背离当事人合理预期的除外。原告和被告存在亲子关系与否的法律事实发生在原告出生之时，应当适用当时的法律或司法解释。根据以往的判例，成年子女有权提起否认亲子关系的诉讼。即使认为当时的法律或司法解释没有相关的规定，因为被告利用"父亲"身份，侵害原告的人身权、名誉权，适用《民法典》显然会"明显减损当事人合法权益"，使得原告的人身和财产安全受到极大的威胁，所以本案不应适用《民法典》的相关规定。其次，《民法典》第1073条并未明确规定"成年子女无权提起否认亲子关系之诉"，且原告提起否认亲子关系之诉是为了维护人身安全，避免被告以"父亲"之名侵害原告人身安全，并非逃避赡养义务。当其他权利与人身安全相冲突时，法律理应首先保障人身安全之权利。根据民事关系中"法无禁止即自由"的原则，原告亦有权提起否认亲子关系之诉。最后，无论原告与被告是否存在亲子关系，原告均与本案有直接利害关系，一审法院以《民事诉讼法》第119条之规定驳回起诉，显然认定事实及适用法律错误。

贵阳中院认为，依照《民法典》第1073条"对亲子关系有异议且有正当理由的，父或者母可以向人民法院提起诉讼，请求确认或者否认亲子关系。对亲子关系有异议且有正当理由的，成年子女可以向人民法院提起诉讼，请求确认亲子关系"之规定，成年子女只能作为原告请求确认但不能请求否认亲子关系，原告请求确认与被告不存在亲子关系并不符合上述法律规定，故原裁定驳回原告的起诉并无不当。裁定：驳回上诉，维持原裁定。一审案件受理费减半收取计30元，退还原告。二审案件受理费60元，退还原告。

案例点评

亲子关系不仅是一种事实状态，还涉及法律权利和义务，因此需要法律手段的保护和监督。本案中原告作为成年子女，根据《民法典》第 1073 条的规定，不具有提起否认亲子关系之诉的诉讼主体资格。

法律如此规定是为了保护老年人利益，避免成年子女借机逃避赡养义务。就本案而言，原告与被告即使不存在生物学上的亲子关系，在被告抚养原告成年后，原告应当负有赡养义务。

在本案审理过程中，《民法典》施行并对可提起该类诉讼的主体进行了规定，根据《民法典时间效力规定》，本案可以适用《民法典》，故依法驳回了原告的起诉。

案例 2：提起否认亲子关系之诉主体为父或母任何一方①

基本案情

原告（男）与被告（女）的母亲于 1993 年经民政局登记结婚，于 2007 年 2 月 9 日离婚。1994 年 7 月 29 日，被告的母亲生育被告，2021 年 4 月 19 日，原告认为被告与其不是亲生父女关系，自行提供原、被告血样，委托安康（上海）生物科技有限公司进行鉴定，该公司于 2021 年 4 月 28 日出具 DNA 检测意见书，结论为：依据 DNA 分析结果，排除原告与被告的亲子关系。被告对该检测意见不予认可。原告以亲子关系纠纷案由诉至辽宁省大连市庄河市人民法院（以下简称庄河市法院），请求确认原、被告之间不存在亲生父女关系。法院向被告释明是否申请对原、被告系亲子关系进行鉴定，被告未在限定的期限内提交鉴定申请。

庄河市法院认为，原告否认与被告亲子关系，并提供了安康（上海）生物科技有限公司的 DNA 检测意见书，该意见书排除了原告与被告的亲子关系，虽被告不予认可，但没有相反证据证明，且在法院释明后，拒绝做亲子鉴定，故应认定原告否认与被告的亲子关系主张成立。判决：原告与被告不存在亲子关系。案件受理费 50 元，由原告负担。

---

① 案号：(2021) 辽 0283 民初 2418 号、(2021) 辽 02 民终 6024 号。

被告不服，上诉至辽宁省大连市中级人民法院（以下简称大连中院），请求撤销一审判决，改判驳回原告的诉讼请求或者裁定发回重审。主要上诉理由是：一审法院采信原告自行委托的鉴定机构，提供的鉴定样本未经过原告质证和认可，鉴定机构出具的鉴定意见不具有合法性，一审法院根据该意见书排除了原、被告的亲子关系，事实不清。原告自行提供原、被告的血样进行鉴定。该血样来源不清，被上诉人不能提供证明两份血样其中一份样本是采集上诉人的血样，而且被告从未向原告提供自己的血液样本。所以，该鉴定意见对原、被告之间不存在亲子关系没有证明力。一审法院仅凭一份血液样本来源不清的鉴定意见判决双方不存在亲子关系，做出否认原、被告不存在亲子关系的判决没有事实和法律依据。

二审期间，经被告申请，原、被告双方于2021年8月16日共同到大连市血液中心司法鉴定所提供血液样本进行亲缘关系鉴定。该鉴定所出具《大连市血液中心司法鉴定所法医物证鉴定意见书》，鉴定意见：依据现有资料和DNA分析结果，排除原告是被告的生物学父亲。

大连中院经审理认为，安康（上海）生物科技有限公司的DNA检测意见书和大连市血液中心司法鉴定所的法医物证鉴定意见书，均排除了原告与被告的亲子关系，据此，一审判决认定原、被告不存在亲子关系，具有事实和法律依据。判决：驳回上诉，维持原判。二审案件受理费100元，鉴定费3000元，均由被告负担。

案例点评

本案争议焦点是原、被告之间是否存在生物学上的亲子关系。认定亲子关系应当以真实血缘关系为基础并兼顾亲子关系的安定性。《民法典》第1073条对有权提起亲子关系之诉的主体严格限制，是对身份权的基本保护，有利于家庭安宁。

《民法典婚姻家庭编司法解释一》第39条第1款规定："父或者母向人民法院起诉请求否认亲子关系，并已提供必要证据予以证明，另一方没有相反证据又拒绝做亲子鉴定的，人民法院可以认定否认亲子关系一方的主张成立。"必要的证据是指提起亲子关系否认之诉应有正当理由，请求否认亲子关系，一般应当提供证据证明有下列情形之一：（1）夫妻在妻受胎期间没有同居的事实；（2）夫有生理缺陷或者没有生育能力，包括时间不能、空间不能、生理不能等；（3）子女和其他人存在血缘关系。①

本案中，原告在起诉时提供的亲子关系鉴定报告虽然是其单方委托，但被告却既不能提供相反证据也不同意配合鉴定程序，经法官释明后仍明确拒绝。故根据相关法律规定，法院依法认定原告请求确认亲子关系不存在的主张成立。

---

① 最高人民法院民法典贯彻实施工作领导小组主编：《中华人民共和国民法典婚姻家庭编继承编理解与适用》，人民法院出版社2020年版，第224页。

第十一章 抚养纠纷

第一节 案由适用要点

一、案由释义

抚养纠纷案由，又细分为抚养费纠纷和变更抚养关系纠纷两种。

抚养费纠纷，指父母或其他对未成年人负有抚养义务的人，不能充分履行或不履行抚养义务而引发的纠纷。被抚养是未成年子女和不能独立生活子女的权利，当父母不履行抚养义务时，子女有权要求父母给付抚养费。此类问题发生纠纷，可以直接向人民法院起诉。

变更抚养关系纠纷，指有抚养权的一方，抚养能力丧失或者出现了不利于子女健康成长的情形，另一方要求变更子女的抚养关系而产生的纠纷。

抚养纠纷案由，适用于未成年子女和不能独立生活的成年子女起诉要求给付抚养费纠纷，以及变更抚养关系的纠纷；对于离婚案件中涉及子女的抚养问题及给付抚养费问题，仍应在离婚案件中一并审理解决，案由为“离婚纠纷”。因履行变更子女抚养关系协议而发生的纠纷，适用“变更抚养关系纠纷”案由。

二、管辖法院

因抚养纠纷提起的诉讼，根据《民事诉讼法》第22条第1款的规定，应当由被告住所地人民法院管辖，被告住所地与经常居住地不一致的，由经常居住地人民法院管辖。根据《民事诉讼法解释》第9条规定，追索抚养费案件的几个被告住所地不在同一辖区的，可以由原告住所地人民法院管辖。

三、要点提示

“抚育费”和“抚养费”在法律、行政法规、司法解释中多次交叉出现，只是并未同时出现过，其含义相同。自2022年4月10日起施行的《民事诉讼法解释》第9条和第218条中将原来的“抚育费”统一修改为“抚养费”。“抚养费”，包括子女生活费、教育费、医疗费等费用。

四、法律指引

《民法典》

第一千零六十七条　父母不履行抚养义务的，未成年子女或者不能独立生活的成年子女，有要求父母给付抚养费的权利。

成年子女不履行赡养义务的，缺乏劳动能力或者生活困难的父母，有要求成年子女给付赡养费的权利。

第一千零七十一条　非婚生子女享有与婚生子女同等的权利，任何组织或者个人不得加以危害和歧视。

不直接抚养非婚生子女的生父或者生母，应当负担未成年子女或者不能独立生活的成年子女的抚养费。

第一千零七十二条　继父母与继子女间，不得虐待或者歧视。

继父或者继母和受其抚养教育的继子女间的权利义务关系，适用本法关于父母子女关系的规定。

第一千零七十四条　有负担能力的祖父母、外祖父母，对于父母已经死亡或者父母无力抚养的未成年孙子女、外孙子女，有抚养的义务。

有负担能力的孙子女、外孙子女，对于子女已经死亡或者子女无力赡养的祖父母、外祖父母，有赡养的义务。

第一千零八十四条　父母与子女间的关系，不因父母离婚而消除。离婚后，子女无论由父或者母直接抚养，仍是父母双方的子女。

离婚后，父母对于子女仍有抚养、教育、保护的权利和义务。

离婚后，不满两周岁的子女，以由母亲直接抚养为原则。已满两周岁的子女，父母双方对抚养问题协议不成的，由人民法院根据双方的具体情况，按照最有利于未成年子女的原则判决。子女已满八周岁的，应当尊重其真实意愿。

第一千零八十五条　离婚后，子女由一方直接抚养的，另一方应当负担部分或者全部抚养费。负担费用的多少和期限的长短，由双方协议；协议不成的，由人民法院判决。

前款规定的协议或者判决，不妨碍子女在必要时向父母任何一方提出超过协议或者判决原定数额的合理要求。

第一千一百一十一条　自收养关系成立之日起，养父母与养子女间的权利义务关系，适用本法关于父母子女关系的规定；养子女与养父母的近亲属间的权利义务关系，适用本法关于子女与父母的近亲属关系的规定。

养子女与生父母以及其他近亲属间的权利义务关系，因收养关系的成立而消除。

《民法典婚姻家庭编司法解释一》

第四十一条　尚在校接受高中及其以下学历教育，或者丧失、部分丧失劳动能力等非因主观原因而无法维持正常生活的成年子女，可以认定为民法典第一千零六十七条规定的“不能独立生活的成年子女”。

第四十二条　民法典第一千零六十七条所称“抚养费”，包括子女生活费、教育费、医疗费等费用。

第四十三条　婚姻关系存续期间，父母双方或者一方拒不履行抚养子女义务，未成年子女或者不能独立生活的成年子女请求支付抚养费的，人民法院应予支持。

第四十九条　抚养费的数额，可以根据子女的实际需要、父母双方的负担能力和当地的实际生活水平确定。

有固定收入的，抚养费一般可以按其月总收入的百分之二十至三十的比例给付。负担两个以上子女抚养费的，比例可以适当提高，但一般不得超过月总收入的百分之五十。

无固定收入的，抚养费的数额可以依据当年总收入或者同行业平均收入，参照上述比例确定。

有特殊情况的，可以适当提高或者降低上述比例。

第五十条 抚养费应当定期给付，有条件的可以一次性给付。

第五十一条 父母一方无经济收入或者下落不明的，可以用其财物折抵抚养费。

第五十三条 抚养费的给付期限，一般至子女十八周岁为止。

十六周岁以上不满十八周岁，以其劳动收入为主要生活来源，并能维持当地一般生活水平的，父母可以停止给付抚养费。

第五十四条 生父与继母离婚或者生母与继父离婚时，对曾受其抚养教育的继子女，继父或者继母不同意继续抚养的，仍应由生父或者生母抚养。

第五十五条 离婚后，父母一方要求变更子女抚养关系的，或者子女要求增加抚养费的，应当另行提起诉讼。

第五十六条 具有下列情形之一，父母一方要求变更子女抚养关系的，人民法院应予支持：

（一）与子女共同生活的一方因患严重疾病或者因伤残无力继续抚养子女；

（二）与子女共同生活的一方不尽抚养义务或有虐待子女行为，或者其与子女共同生活对子女身心健康确有不利影响；

（三）已满八周岁的子女，愿随另一方生活，该方又有抚养能力；

（四）有其他正当理由需要变更。

第五十七条 父母双方协议变更子女抚养关系的，人民法院应予支持。

第五十八条 具有下列情形之一，子女要求有负担能力的父或者母增加抚养费的，人民法院应予支持：

（一）原定抚养费数额不足以维持当地实际生活水平；

（二）因子女患病、上学，实际需要已超过原定数额；

（三）有其他正当理由应当增加。

第五十九条 父母不得因子女变更姓氏而拒付子女抚养费。父或者母擅自将子女姓氏改为继母或继父姓氏而引起纠纷的，应当责令恢复原姓氏。

第二节　抚养常见问题释解

一、抚养费的确定及变更

（一）抚养费的负担

根据《民法典》第1085条的规定，父母离婚后，子女由父母一方直接抚养的，另一方应当负担部分或者全部抚养费。抚养费包括子女生活费、教育费、医疗费等费用。负担费用的多少和期限的长短，由双方协议；协议不成的，由人民法院判决。关于子女抚养费的协议或判决，不妨碍子女在必要时向父母任何一方提出超过协议或判决原定数额的合理要求。父母双方关于子女抚养费的协议或人民法院的相关判决，只是确定了父母双方内部对抚养费的分担方式，约束的是父母双方。这一协议或判决不会导致父母抚养义务的免除或变更，也不会影响子女的抚养请求权。

不仅如此，随着社会经济条件和子女对教育、医疗等方面需求的变化及消费水平的增长，协议或判决确定的抚养费金额可能不足以满足子女的实际需求。因此，在必要时，子女作为抚养费请求权人当然可以请求父母任何一方或双方给付超过协议或判决原定数额的抚养费，但以合理为限。

（二）抚养费的数额

根据《民法典婚姻家庭编司法解释一》第49条的规定，子女抚养费的数额，可以根据子女的实际需要、父母双方的负担能力和当地的实际生活水平确定。

1. 不直接抚养子女的父母一方有固定收入的，抚养费一般可以按其月总收入的20%~30%的比例给付。负担两个以上子女抚养费的，比例可以适当提高，但一般不得超过不直接抚养子女的父母一方的月总收入的50%。

2. 不直接抚养子女的父母一方无固定收入的，抚养费的数额可以依据当年总收入或同行业平均收入，参照上述比例确定。有特殊情况的，可以适当提高或降低上述比例。

（三）抚养费给付的期限和方式

1. 根据《民法典婚姻家庭编司法解释一》第41条和第53条的规定，抚养费的给付期限一般至子女 18 周岁为止。16 周岁以上不满 18 周岁的子女，以其劳动收入为主要生活来源，并能维持当地一般生活水平的，被视为完全民事行为能力人，因此，父母可以停止给付抚养费。对于尚在校接受高中及其以下学历教育，或者丧失、部分丧失劳动能力等非主观原因而无法维持正常生活的成年子女，父母仍应负担必要的抚养费。

2. 抚养费的给付以定期给付为原则，比如按月、按季度或按年给付。这样可以避免一次性给付给不直接抚养子女的一方造成过重的负担，同时，也避免直接抚养子女的一方因管理不善或挥霍而损害子女利益。

抚养费的给付以一次性给付为例外，主要适用于不直接抚养子女的一方财产状况较好，有能力一次性给付的情况，以及出国、出境可能难以联系的情况。

父母一方无经济收入或者下落不明的，可以用其财物折抵抚养费。

（四）抚养费的变更

离婚时，子女抚养费数额，是根据子女的实际需要、父母双方的负担能力和当地的实际生活水平确定的。

随着社会经济的发展、物价水平的提高、子女个人情况和父母双方经济条件等变化，原抚养费数额、给付方式、给付期限等可能无法满足子女的实际需求。因此具有下列情形之一，子女要求有负担能力的父或母增加抚养费的，人民法院应予支持：

1. 原定抚养费数额不足以维持当地实际生活水平；

2. 因子女患病、上学，实际需要已超过原定数额；

3. 有其他正当理由应当增加。正当理由是否存在，须考虑子女的正当需求，依据最有利于未成年子女原则来认定。

根据司法实践的经验，父母一方具有下列情形之一的，可以要求适当减少抚养费：

1. 收入明显减少，虽经努力仍维持在较低的水平；

2. 长期患病或丧失劳动能力，又无经济来源，确定无力按原定数额给付，而直接抚养子女一方又有抚养能力；

3. 因违法犯罪被收监改造，失去经济能力无力给付的，但恢复人身自由后有经济来源的，则应按原协议或判决给付。

父母一方减少或中止给付抚养费后，一旦恢复其至原有的抚养能力，子女仍有权要求恢复至原定的抚养费数额，甚至要求增加抚养费。

直接抚养子女的父或母既有经济负担能力又愿意独自承担全部抚养费的，可以与不直接抚养子女的父或母协商，减免后者承担的抚养费。

二、变更子女抚养关系的条件

父母离婚后，父母的抚养条件、子女的需求可能发生变化，从而需要变更抚养关系。

根据《民法典婚姻家庭编司法解释一》第 55 条规定，离婚后，父母一方要求变更子女抚养关系的，应当另行提起诉讼。

父母双方可以通过协议变更子女抚养关系，无法达成协议的，根据《民法典婚姻家庭编司法解释一》第 56 条的规定，有下列情形之一的，父母一方可以请求人民法院变更子女抚养关系，人民法院应予支持：

1. 与子女共同生活的一方因患严重疾病或者因伤残无力继续抚养子女；
2. 与子女共同生活的一方不尽抚养义务或有虐待子女行为，或其与子女共同生活对子女身心健康确有不利影响；
3. 已满 8 周岁的子女，愿随另一方生活，该方又有抚养能力；
4. 有其他正当理由需要变更。

第三节　抚养纠纷实务案例评析

案例 1：协议离婚后拖欠的抚养费应一次性付清[①]

基本案情

原告（男）和被告（女）原系夫妻关系，婚后生育两子。2018 年 6 月 5 日，双方签订离婚协议，在民政局协议离婚。离婚协议约定两个儿子归男方抚

① 案号：(2021) 豫 1528 民初 1132 号。

养，女方于每月10日前支付每个孩子抚养费500元。离婚协议签订后，被告分文未付。

2022年3月1日，原告以抚养纠纷案由诉至河南省信阳市息县人民法院（以下简称息县法院），请求判令被告履行给付子女抚养费义务并承担诉讼费。

被告辩称：原告诉称与事实不符，签订离婚协议后，被告抚养小孩半年的子女抚养费应依法予以扣除；被告拒不支付子女抚养费的理由是，原告不让被告探视子女，请求依法保障被告的探视权，被告愿意从签订离婚协议后支付至今的抚养费。

庭审中，原告不认可被告抚养小孩半年的时间，不同意扣除抚养费，被告当庭也未提供曾经在离婚后抚养两小孩半年的相关证据。

息县法院经审理认为，父母应当履行对子女的抚养教育义务。2018年6月5日，原、被告双方因感情不和在息县民政局协议离婚，离婚协议约定“两个儿子均由男方抚养，女方于每月10日前支付每个孩子抚养费500元”。此系双方真实意思表示，不违反法律规定，属合法有效协议，双方应按约定履行各自的义务。原告主张要求被告每月支付每个子女抚养费500元的诉讼请求，予以支持。对于原告起诉前被告拖欠的抚养费宜一次性付清，自2018年6月5日至2022年3月5日期间计45个月的抚养费为500×2×45=45000元。对于起诉之后的子女抚养费宜每年给付一次，于当年的3月6日之前支付完毕，直至两子女均年满18周岁之日止。被告享有子女探望权，原告应当予以协助。判决：被告一次性支付原告起诉前的子女抚养费共计45000元；被告于每年的3月6日之前支付当年的两子女抚养费12000元给原告，直至两子女年满18周岁之日止。被告享有子女的探望权，原告应予以协助。案件受理费减半收取计50元，由被告负担。

案例点评

父母对子女具有抚养教育的义务，婚姻关系解除后，一方抚养子女，另一方应负担必要的抚养费。《民法典》第188条第1款规定，向人民法院请求保护民事权利的诉讼时效期间为3年。但《民法典》第196条规定，请求支付抚养费不适用诉讼时效的规定。

本案中，被告将近4年未支付两个子女的抚养费，法院要求其对拖欠的抚养费4.5万元一次性付清，对起诉之后的子女抚养费每年给付一次，于当年的3月6日之前支付完毕，直至两子女均年满18周岁。原告在被告拖欠抚养费将近4年才起诉，法院受理了原告的起诉，主要是因为追索抚养费不受3年诉讼时效限制。

案例2：最有利孩子健康成长是变更抚养的前提①

基本案情

原告（女）与被告（男）原系夫妻关系，婚后生育一女。2019年1月9日，双方经法院调解离婚，离婚时约定婚生女儿由被告抚养，原告每月支付抚养费700元直至女儿18周岁。

原告以抚养纠纷案由向辽宁省本溪市溪湖区人民法院（以下简称溪湖区法院）起诉，请求判令婚生女儿由原告抚养，被告每月支付抚养费1000元；被告承担诉讼费。

溪湖区法院认为：原、被告均有抚养孩子的意愿，予以肯定。应根据双方的具体情况，按照最有利于未成年子女的原则具体分析。虽征求了孩子的意见，孩子表示愿意跟随母亲（原告）生活，但原告目前无固定收入和住房，且远居海城，不利于孩子的生活和学习。且原告未提供充分证据证明被告有影响孩子身心健康、不宜与孩子生活的情形，故对原告的诉讼请求，不予支持。判决：驳回原告的诉讼请求。案件受理费50元，由原告负担。

原告不服，上诉至辽宁省本溪市中级人民法院（以下简称本溪中院），请求撤销一审法院判决，改判婚生女儿抚养权归原告，被告每月支付抚养费1000元；一审和二审案件受理费全部由被告承担。主要上诉理由为：被告在一审庭审过程中具已承认其没有时间照顾婚生女儿，女儿日常生活是由奶奶照顾，老人年龄已高，精力和体力已经不能更好地照顾孩子，考虑到女儿马上进入青春

---

① 案号：（2021）辽0503民初1944号、（2022）辽05民终514号。

期，由母亲照顾更有利于孩子心理与生理方面的成长。父母是孩子的法定监护人，在父母都没有放弃和遗弃婚生女的情况下，其奶奶不能作为抚养孩子的法律要件和依据。现女儿已经年满9周岁，根据《民法典》第1084条第3款规定：子女已满8周岁的，应当尊重其真实意愿。经法官询问，女儿已经强烈表达与母亲生活的意愿，应当判令女儿由母亲抚养，母亲无固定工作和住所不能成为不利于孩子健康成长的理由。综上，请求二审法院查明全部事实，撤销一审判决。

二审期间，当事人提交了新证据，争议的事实，法院认定如下：对一审查明的事实予以确认。另查明，女儿在一审调查时陈述：爸爸有时候打麻将，考试不好会打她，愿意跟妈妈在一起生活。再查明，原告在某服装厂工作，已购买一套商品房。

本溪中院认为，子女抚养问题，应从有利于子女身心健康，保障子女的合法权益角度出发，结合父母双方的抚养能力和抚养条件等具体情况妥善解决。子女已满8周岁的，应当尊重其真实意愿。本案中，原告与被告在离婚时已明确约定了子女归被告抚养，然而被告在抚养孩子期间有打麻将不良嗜好及孩子考试不好打孩子的不良行为，且孩子经常由其奶奶照料，不利于孩子的生活和学习，影响其身心健康。现原告已买房有固定住所及收入，征求孩子意见也愿意随母亲生活，孩子由母亲照顾更方便，故原告要求变更子女抚养关系符合法律规定，予以准许。根据法律规定，被告在原告抚养孩子期间应负担必要的生活费和教育费，综合被告的实际情况和本市的平均生活水平，酌定被告每月负担孩子抚养费700元。同时被告在抚养关系变更后，在不影响孩子正常学习生活的情况下，可随时探望女儿，原告对此应予协助。综上，原告的上诉请求成立，予以支持。判决：原、被告所生婚生女变更为原告抚养，被告每月支付抚养费700元直至婚生女年满18周岁止；被告在不影响孩子正常学习生活的情况下，可随时探望女儿，原告对此应予必要的协助。一、二审案件受理费合计150元，由原告负担。

案例点评

父母离婚后，父母的抚养条件、子女的需求可能发生变化，从而需要变更抚养关系。离婚后，父母一方要求变更子女抚养关系的，应当另行提起诉讼。

父母双方可以通过协议变更子女抚养关系；无法达成协议的，按照最有利于未成年子女的原则，根据相关司法解释规定，有下列情形之一的，父母一方可以请求法院变更子女抚养关系，法院应予支持：（1）与子女共同生活的一方因患严重疾病或者因伤残无力继续抚养子女；（2）与子女共同生活的一方不尽抚养义务或有虐待子女行为，或其与子女共同生活对子女身心健康确有不利影响；（3）已满 8 周岁的子女，愿随另一方生活，该方又有抚养能力；（4）有其他正当理由需要变更。

第十二章　监护权纠纷

第一节　案由适用要点

一、案由释义

监护权纠纷，是指因行使监护权而发生的民事争议，主要是监护权人认为其依法行使的监护权被他人侵害时所引发的纠纷。

二、管辖法院

因监护权纠纷提起的诉讼，根据《民事诉讼法》第 22 条第 1 款的规定，应当由被告住所地人民法院管辖，被告住所地与经常居住地不一致的，由经常居住地人民法院管辖。

三、要点提示

适用“监护权纠纷”案由时，应与监护权特别程序案件的“申请确定监护人”“申请指定监护人”“申请变更监护人”“申请撤销监护人资格”“申请恢复监护人资格”五个案由进行区分。首先，监护权纠纷包括监护权被侵害以及监护人怠于或不当行使监护权引发的纠纷，而上述五个案由则适用于对担任监护人有争议的，监护人变更以及撤销、恢复监护人资格等几种特定情形引发的纠纷；其次，监护权纠纷适用普通程序审理，而上述五种情形适用特别程序审理。

四、法律指引

《民法典》

第二十六条 父母对未成年子女负有抚养、教育和保护的义务。

成年子女对父母负有赡养、扶助和保护的义务。

第二十七条 父母是未成年子女的监护人。

未成年人的父母已经死亡或者没有监护能力的，由下列有监护能力的人按顺序担任监护人：

（一）祖父母、外祖父母；

（二）兄、姐；

（三）其他愿意担任监护人的个人或者组织，但是须经未成年人住所地的居民委员会、村民委员会或者民政部门同意。

第二十八条 无民事行为能力或者限制民事行为能力的成年人，由下列有监护能力的人按顺序担任监护人：

（一）配偶；

（二）父母、子女；

（三）其他近亲属；

（四）其他愿意担任监护人的个人或者组织，但是须经被监护人住所地的居民委员会、村民委员会或者民政部门同意。

第二十九条 被监护人的父母担任监护人的，可以通过遗嘱指定监护人。

第三十条 依法具有监护资格的人之间可以协议确定监护人。协议确定监护人应当尊重被监护人的真实意愿。

第三十一条 对监护人的确定有争议的，由被监护人住所地的居民委员会、村民委员会或者民政部门指定监护人，有关当事人对指定不服的，可以向人民法院申请指定监护人；有关当事人也可以直接向人民法院申请指定监护人。

居民委员会、村民委员会、民政部门或者人民法院应当尊重被监护人的真实意愿，按照最有利于被监护人的原则在依法具有监护资格的人中指定监护人。

依据本条第一款规定指定监护人前，被监护人的人身权利、财产权利以及其他合法权益处于无人保护状态的，由被监护人住所地的居民委员会、村民委员会、法律规定的有关组织或者民政部门担任临时监护人。

监护人被指定后，不得擅自变更；擅自变更的，不免除被指定的监护人的责任。

第三十二条　没有依法具有监护资格的人的，监护人由民政部门担任，也可以由具备履行监护职责条件的被监护人住所地的居民委员会、村民委员会担任。

第三十三条　具有完全民事行为能力的成年人，可以与其近亲属、其他愿意担任监护人的个人或者组织事先协商，以书面形式确定自己的监护人，在自己丧失或者部分丧失民事行为能力时，由该监护人履行监护职责。

第三十四条　监护人的职责是代理被监护人实施民事法律行为，保护被监护人的人身权利、财产权利以及其他合法权益等。

监护人依法履行监护职责产生的权利，受法律保护。

监护人不履行监护职责或者侵害被监护人合法权益的，应当承担法律责任。

因发生突发事件等紧急情况，监护人暂时无法履行监护职责，被监护人的生活处于无人照料状态的，被监护人住所地的居民委员会、村民委员会或者民政部门应当为被监护人安排必要的临时生活照料措施。

第三十五条　监护人应当按照最有利于被监护人的原则履行监护职责。监护人除为维护被监护人利益外，不得处分被监护人的财产。

未成年人的监护人履行监护职责，在作出与被监护人利益有关的决定时，应当根据被监护人的年龄和智力状况，尊重被监护人的真实意愿。

成年人的监护人履行监护职责，应当最大程度地尊重被监护人的真实意愿，保障并协助被监护人实施与其智力、精神健康状况相适应的民事法律行为。对被监护人有能力独立处理的事务，监护人不得干涉。

第三十六条　监护人有下列情形之一的，人民法院根据有关个人或者组织的申请，撤销其监护人资格，安排必要的临时监护措施，并按照最有利于被监护人的原则依法指定监护人：

（一）实施严重损害被监护人身心健康的行为；

（二）怠于履行监护职责，或者无法履行监护职责且拒绝将监护职责部分或者全部委托给他人，导致被监护人处于危困状态；

（三）实施严重侵害被监护人合法权益的其他行为。

本条规定的有关个人、组织包括：其他依法具有监护资格的人，居民委员会、村民委员会、学校、医疗机构、妇女联合会、残疾人联合会、未成年人保护组织、依法设立的老年人组织、民政部门等。

前款规定的个人和民政部门以外的组织未及时向人民法院申请撤销监护人资格的，民政部门应当向人民法院申请。

第三十七条　依法负担被监护人抚养费、赡养费、扶养费的父母、子女、配偶等，被人民法院撤销监护人资格后，应当继续履行负担的义务。

第三十八条　被监护人的父母或者子女被人民法院撤销监护人资格后，除对被监护人实施故意犯罪的外，确有悔改表现的，经其申请，人民法院可以在尊重被监护人真实意愿的前提下，视情况恢复其监护人资格，人民法院指定的监护人与被监护人的监护关系同时终止。

第三十九条　有下列情形之一的，监护关系终止：

（一）被监护人取得或者恢复完全民事行为能力；

（二）监护人丧失监护能力；

（三）被监护人或者监护人死亡；

（四）人民法院认定监护关系终止的其他情形。

监护关系终止后，被监护人仍然需要监护的，应当依法另行确定监护人。

第二节　监护权常见问题释解

一、监护的概念

监护，是指民法上所规定的对于无民事行为能力人和限制民事行为能力人的人身、财产及其合法权益进行监督、保护的一项制度。履行监督、保护义务的人，称为监护人；被监督、保护的人，称为被监护人。在我国《民法典》中，监护包括对未成年人的监护和对成年人的监护两个方面。

二、监护的设立

监护的设立，是依据法律的规定、当事人的约定或遗嘱等方式，设立监护、确定监护人。我国《民法典》主要规定了法定监护、意定监护、遗嘱监护和指定监护四种方式。

（一）法定监护

1. 法定监护的概念和特征

法定监护，是指监护人由法律直接规定。

法定监护具有如下特征：（1）监护人范围具有法定性，监护人的范围是法律直接规定。（2）监护人具有法定是顺序，只有在顺序在前的人无法担任监护人时，顺序在后的人才能担任监护人。（3）监护的对象具体特定性，限于未成年人、无民事行为能力人和限制民事行为能力人的成年人。

2. 法定监护的监护人范围

（1）《民法典》第 27 条对未成年人的法定监护人范围作出了规定："父母是未成年子女的监护人。未成年人的父母已经死亡或者没有监护能力的，由下列有监护能力的人按顺序担任监护人：（一）祖父母、外祖父母；（二）兄、姐；（三）其他愿意担任监护人的个人或者组织，但是须经未成年人住所地的居民委员会、村民委员会或者民政部门同意。"

（2）《民法典》第 28 条对成年人的法定监护人范围作出了规定："无民事行为能力或者限制民事行为能力的成年人，由下列有监护能力的人按顺序担任监护人：（一）配偶；（二）父母、子女；（三）其他近亲属；（四）其他愿意担任监护人的个人或者组织，但是须经被监护人住所地的居民委员会、村民委员会或者民政部门同意。"成年人的法定监护人与未成年人不同，位于第一顺序的是其配偶，而不是父母。其中的"其他近亲属"是指除被监护人的配偶、父母、子女以外的人。依据《民法典》第 1045 条第 2 款的规定，近亲属包括配偶、父母、子女、兄弟姐妹、祖父母、外祖父母、孙子女、外孙子女。

（二）意定监护

意定监护，是指具有完全民事行为能力的成年人与其近亲属、其他愿意担任监护人的个人或者组织事先协商，以书面形式确定自己的监护人，在其丧失或部分丧失民事行为能力时由该监护人履行监护职责。

从《民法典》第 33 条规定来看，意定监护具有如下特征：1. 仅适用于具有完全民事行为能力的成年人。2. 监护人的范围较为广泛，不限于法定监护人，也不受法定监护人顺序的限制。3. 必须采用书面形式确定。4. 只有在设定意定监护的成年人丧失或部分丧失民事行为能力时，监护人才开始履行职责。

（三）遗嘱监护

遗嘱监护，是指被监护人的父母在担任监护人期间，通过遗嘱的方式为被监护人指定监护人的监护制度。

《民法典》第 29 条对遗嘱监护制度作了规定：“被监护人的父母担任监护人的，可以通过遗嘱指定监护人。”

遗嘱监护具有如下特征：1. 设定遗嘱监护的主体是被监护人的父母。2. 遗嘱监护既适用于未成年人，也适用于成年人。3. 遗嘱指定的监护人不受《民法典》第 27 条、第 28 条关于监护人范围以及顺序的限制。4. 需要被指定的人同意担任监护人。5. 只有在设定遗嘱监护的人死亡后，遗嘱监护才能生效。

（四）指定监护

《民法典》第 31 条第 1 款对指定监护制度作了规定：“对监护人的确定有争议的，由被监护人住所地的居民委员会、村民委员会或者民政部门指定监护人，有关当事人对指定不服的，可以向人民法院申请指定监护人；有关当事人也可以直接向人民法院申请指定监护人。”依据这一规定，指定监护包括两种类型：

1. 由被监护人住所地的居民委员会、村民委员会或者民政部门指定监护人。《民法典》第 27 条、第 28 条虽然规定了监护人的顺序，但同一顺序的当事人可能会对监护人资格产生争议，或者相关当事人因不愿意担任监护人发生争议。

2. 由人民法院指定监护人。包括两种情形：（1）有关当事人对被监护人住所地的居民委员会、村民委员会或者民政部门指定的监护人不服，申请法院指定。（2）有关当事人直接向人民法院申请指定监护人。

关于监护人的指定，《民法典》第31条第2款规定："居民委员会、村民委员会、民政部门或者人民法院应当尊重被监护人的真实意愿，按照最有利于被监护人的原则在依法具有监护资格的人中指定监护人。"依据这一规定，居民委员会、村民委员会、民政部门或者人民法院指定监护人时，应当遵循如下规则：（1）按照被监护人利益最大化的原则和尊重其意愿的原则指定。（2）从《民法典》第27条、第28条规定的具有监护资格的人中指定。

三、监护的职责

监护人的监护职责包括：1. 代理被监护人实施民事法律行为。2. 保护被监护人的人身权利、财产权利以及其他合法权益。3. 教育和保护被监护人。4. 监督和管教被监护人。

监护人在紧急情况下因客观原因无法履行监护职责时，相关主体有对被监护人进行临时照料的义务。《民法典》第34条第4款规定："因发生突发事件等紧急情况，监护人暂时无法履行监护职责，被监护人的生活处于无人照料状态的，被监护人住所地的居民委员会、村民委员会或者民政部门应当为被监护人安排必要的临时生活照料措施。"例如，监护人因生病被隔离治疗和观察，被监护人可能年龄较小无法独立生活，居民委员会、村民委员会或者民政部门对其有临时照料的义务。

根据《民法典》第35条第2款和第3款的规定，监护人履行职责应坚持以下原则：（1）按照最有利于被监护人的原则履行监护职责。（2）除为维护被监护人利益外，不得擅自处分被监护人的财产。（3）尊重被监护人的意愿。

四、监护人资格的撤销和恢复

（一）监护人资格的撤销

1. 依据《民法典》第36条第1款的规定，撤销监护人资格的条件有如下三种：

（1）监护人实施严重损害被监护人身心健康的行为。“严重损害”指的是对被监护人的人身权益造成的损害，而不是财产权益，且侵害行为必须达到严重的程度。

（2）因监护人怠于履行监护职责，或者无法履行监护职责且拒绝将监护职责部分或者全部委托给他人，导致被监护人处于危困状态。

（3）实施严重侵害被监护人合法权益的其他行为。

2. 临时监护措施。监护人资格被撤销后，如果没有及时指定新的监护人，则被监护人就处于无人监护的状态，对其十分不利。因此，依据《民法典》第36条第1款的规定，人民法院根据有关个人或者组织的申请，撤销其监护人资格，应当安排必要的临时监护措施。

3. 申请撤销监护资格的主体是有关个人和组织。依据《民法典》第36条第2款的规定，有关个人、组织包括其他依法具有监护资格的人，居民委员会、村民委员会、学校、医疗机构、妇女联合会、残疾人联合会、未成年人保护组织、依法设立的老年人组织、民政部门等。该条款使用了“等”字，表明是不完全列举，并不局限于这些机构。这一规定作为兜底性条款，尽量扩大了有权申请撤销监护资格的主体范围。另外，《民法典》第36条第3款规定，个人和民政部门以外的组织未及时向人民法院申请撤销监护人资格的，民政部门应当向人民法院申请。

（二）监护人资格的恢复

监护人的资格被撤销后，并不意味着永远丧失了监护资格，在一定条件下也可以恢复。依据《民法典》第38条的规定，监护资格的恢复必须具备以下四个条件：1. 被撤销监护资格的人（仅指被监护人的父母或者子女）确有悔改表现。2. 由被撤销监护资格的人提出申请，由人民法院依据法定程序予以恢复。3. 被监护人愿意恢复。4. 不存在监护人故意犯罪的情形。

五、监护的终止

根据《民法典》第39条规定，有下列情形之一的，监护关系终止：

1. 被监护人取得或者恢复完全民事行为能力；

2. 监护人丧失监护能力；

3. 被监护人或者监护人死亡；

4. 人民法院认定监护关系终止的其他情形。

监护关系终止后，被监护人仍然需要监护的，应当依法另行确定监护人。

第三节　监护权纠纷实务案例评析

案例1：父母是未成年人的第一顺序监护人[①]

基本案情

2011年12月25日，原告与马某同居生活，2017年9月29日，两人在当地民政局补领了结婚证，其间生育一男孩（现年9岁）和一女孩（现年7岁），男孩现随马某的母亲一起生活；女孩现随原告一起生活。2020年1月2日，马某因心脏病发作去世。2020年8月，原告与马某的母亲和弟弟因生活琐事发生矛盾，带女孩回娘家居住。

2021年2月4日，原告以监护权纠纷案由将马某的母亲和弟弟作为共同被告，诉至甘肃省临夏回族自治州临夏县人民法院（以下简称临夏县法院），请求判令原告与亡夫马某所生男孩和女孩归原告抚养；二被告承担诉讼费用。

二被告辩称：男孩一直由二被告抚养，现男孩愿意与二被告一起生活，为了孩子的健康成长，请求将抚养权变更为二被告所有。

临夏县法院经审理认为，父母是未成年人的第一顺序监护人，唯有在父母均死亡或没有监护能力的情形下，未成年人的祖父母才享有监护权。本案中，两个孩子的父亲马某因病去世，故原告是其孩子唯一的法定监护人，享有对其孩子的监护权，具有抚养和教育孩子的权利和义务。二被告坚持抚养和教育男孩的心情可以理解，辛苦抚养男孩的善良风俗应当受到鼓励，但侵害了孩子母亲享有的权利。虽然二被告一直在抚养男孩，但其并不是第一顺序监护人，且

① 案号：（2021）甘2921民初309号。

并未举出相应的证据证明原告无监护能力，因此二被告应当将男孩交由原告进行抚养和教育。故原告请求成立，予以支持。二被告要求抚养男孩的理由不成立，不予采纳。判决：原告对男孩、女孩享有监护权；案件受理费70元由被告负担。

案例点评

《民法典》第27条规定，父母是未成年子女的监护人。未成年人的父母已经死亡或者没有监护能力的，由下列有监护能力的人按顺序担任监护人：1. 祖父母、外祖父母；2. 兄、姐；3. 其他愿意担任监护人的个人或者组织，但是须经未成年人住所地的居民委员会、村民委员会或者民政部门同意。由此可知，监护人具有法定顺序，只有顺序在前的人无法担任监护人，顺序在后的人才能担任监护人。

本案中，原告与其丈夫马某是两个未成年孩子的法定监护人，后来马某因病去世，原告作为母亲仍然是第一顺序监护人。马某的母亲作为祖父母，属于第二顺序监护人，只有在原告去世或者没有监护能力的情形下，才能成为两个孩子的监护人。

案例2：孤独老人解除意定监护协议后，应归还垫付费用①

基本案情

钟女士与亡夫张先生婚后未生育子女，但张先生与前妻有一养女张女士。刘女士系钟女士侄女，何先生系钟女士的外甥。

2019年10月23日，原告刘女士与被告钟女士签订一份意定监护协议，约定刘女士为意定监护人，第三人何先生为意定监护监督人，钟女士为意定被监护人。同日，原告、被告和第三人到北京市方圆公证处办理《意定监护协议》公证。现被告具有完全行为能力，该协议并未生效，且原告既无意愿也无能力

① 案号：(2021) 京0107民初2933号。

担任被告的意定监护人，原告的经济条件及精力均不能支撑其担任意定监护人。

2021 年 1 月 8 日，原告去北京市方圆公证处，公证撤回其对被告的意定监护承诺，随后以监护权纠纷案由诉至北京市石景山区人民法院（以下简称石景山区法院），请求判令解除原、被告的意定监护协议，取消原告的意定监护人身份，原告不承担任何监护人义务；判令被告返还原告垫付费用 93284 元等。

2021 年 5 月 12 日，经法院询问，被告同意与原告解除意定监护协议。法院也走访了当地居委会。居委会工作人员陈述，在原告不管被告之后，居委会给被告之养女张女士做工作，希望张女士照顾被告，还为被告联系了养老院。现养女承担了照顾被告的责任。被告在 2021 年 3 月 10 日立下遗嘱，该遗嘱载明：现居住的北京市石景山区一套住房系与养女共同财产，被告有 50% 产权，去世后，该 50% 产权归养女继承。

石景山区法院经审理认为，意定监护，即指被监护人处于拥有完全民事行为能力状态下，自主决定监护之设立与内容等与监护事务相关之监护形式。本案中，原告、被告和第三人签订的《意定监护协议》系当事人真实意思表示，内容不违反法律、法规的强制性规定，应为有效。根据《意定监护协议》约定，被告具有完全民事行为能力时，有权解除监护协议。在诉讼中，被告思维清楚、表达流畅。经询问，被告同意与原告解除意定监护协议。第三人也同意解除该协议。《意定监护协议》签订后，原告积极履行照顾被告的职责，为被告看病、生活、出行等实际支出 93284 元，被告还应当退还原告 93284 元。判决：原告、被告、第三人签订的《意定监护协议》于 2021 年 5 月 12 日解除；被告返还原告垫付的费用 93284 元等。

案例点评

《民法典》第 33 条规定，具有完全民事行为能力的成年人，可以与其近亲属、其他愿意担任监护人的个人或者组织事先协商，以书面形式确定自己的监护人，在自己丧失或者部分丧失民事行为能力时，由该监护人履行监护职责。本案中，原告根据《意定监护协议》约定，被告具有完全民事行为能力时，有权解除监护协议。在诉讼中，被告思维清楚、表达流畅。2021 年 5 月 12 日，经法院询问，被告同意与原告解除意定监护协议，第三人也同意解除该协议。法院结合询问和庭审时的状况以及走访调查，认定被告具有完全民事行为能力，原告作为监护人可以解除协议不履行职责，于是判决原告、被告、第三人签订的《意定监护协议》于 2021 年 5 月 12 日解除，对解除协议后，原告垫付的费用要求被告予以返还。

意定监护的法律依据最早出现在 2015 年修改后的《老年人权益保障法》第 26 条之中，但该条适用主体还只是老年人。2021 年，《民法典》第 33 条对其进行吸纳与修改，将意定监护适用主体从老年人扩大到所有成年人，使丧失或者部分丧失民事行为能力的人能够有所养、有所依。相较于法定监护而言，意定监护最大的特点就是意思自治，充分尊重被监护人的意愿，监护人的选任、监护事项的委托、监护生效的条件等均是依据被监护人自身意愿所确定，故而意定监护优先于法定监护。

《民法典》中没有规定意定监护必须进行公证，但实际操作中，笔者认为，进行监护公证更有利于保障被监护人的权益。

第十三章　探望权纠纷

第一节　案由适用要点

一、案由释义

探望权是指离婚后，不直接抚养子女的父亲或母亲有探视子女的权利，因行使探望权而发生民事争议称为探望权纠纷。

二、管辖法院

因探望权纠纷提起的诉讼，根据《民事诉讼法》第 22 条第 1 款的规定，应当由被告住所地人民法院管辖，被告住所地与经常居住地不一致的，由经常居住地人民法院管辖。

三、要点提示

父母与子女的关系不因离婚而解除。但由于离婚事实的存在，父母不能一起共同抚养子女，未成年子女或不能独立生活的子女只能由父母其中一方直接抚养。这只是父母对子女抚养形式的变化，并不影响父母对子女的权利和义务。不直接抚养子女的一方享有探望子女的权利，直接抚养子女的一方负有协助其探望子女的义务，如果不履行，不直接抚养一方有权向人民法院提起诉讼。人民法院依法作出有关探望子女的判决或裁定后，当事人拒不执行的，由人民法院依法强制执行。有关个人和单位应负协助执行的责任。对不履行协助另一方行使探望权的有关个人和单位，人民法院可以采取拘留、罚款等强制措施，但不能对子女的人身、探望行为进行强制执行。

根据有关规定，人民法院作出的生效的离婚判决中未涉及探望权，当事人就探望权问题单独提起诉讼的，人民法院应予受理。

当事人（未成年子女、直接抚养子女的父或母及其他对未成年子女负担抚养、教育、保护义务的法定监护人）在履行生效判决、裁定或调解书的过程中，请求中止行使探望权的，人民法院在征询双方当事人意见后，认为需要中止行使探望权的，依法作出裁定。中止探望的情形消失后，人民法院应当根据当事人的申请通知其恢复探望权的行使。

根据《民法典》第1074条的规定，在父母死亡或无力抚养未成年子女时，有负担能力的祖父母或外祖父母对孙子女或外孙子女具有抚养义务。根据权利义务一致原则，祖父母、外祖父母对孙子女、外孙子女的探望权亦应得到尊重。这一点在2016年《第八次全国法院民事商事审判工作会议（民事部分）纪要》中虽有涉及，但《民法典》尚未采纳。

审判实践中，涉及侵害探望权以及请求中止探望权的纠纷均可将其确定为“探望权纠纷”。需要注意的是，“探望权纠纷”不能表述为“探视权纠纷”。

四、法律指引

《民法典》

第一千零八十六条　离婚后，不直接抚养子女的父或者母，有探望子女的权利，另一方有协助的义务。

行使探望权利的方式、时间由当事人协议；协议不成的，由人民法院判决。

父或者母探望子女，不利于子女身心健康的，由人民法院依法中止探望；中止的事由消失后，应当恢复探望。

《民法典婚姻家庭编司法解释一》

第六十五条　人民法院作出的生效的离婚判决中未涉及探望权，当事人就探望权问题单独提起诉讼的，人民法院应予受理。

第六十六条　当事人在履行生效判决、裁定或者调解书的过程中，一方请求中止探望的，人民法院在征询双方当事人意见后，认为需要中止探望的，依法作出裁定；中止探望的情形消失后，人民法院应当根据当事人的请求书面通知其恢复探望。

第六十七条 未成年子女、直接抚养子女的父或者母以及其他对未成年子女负担抚养、教育、保护义务的法定监护人，有权向人民法院提出中止探望的请求。

第六十八条 对于拒不协助另一方行使探望权的有关个人或者组织，可以由人民法院依法采取拘留、罚款等强制措施，但是不能对子女的人身、探望行为进行强制执行。

《第八次全国法院民事商事审判工作会议（民事部分）纪要》

（一）关于未成年人保护问题

2. 离婚后，不直接抚养未成年子女的父母一方提出探望未成年子女诉讼请求的，应当向双方当事人释明探望权的适当行使对未成年子女健康成长、人格塑造的重要意义，并根据未成年子女的年龄、智力和认知水平，在有利于未成年子女成长和尊重其意愿的前提下，保障当事人依法行使探望权。

3. 祖父母、外祖父母对父母已经死亡或父母无力抚养的未成年孙子女、外孙子女尽了抚养义务，其定期探望孙子女、外孙子女的权利应当得到尊重，并有权通过诉讼方式获得司法保护。

《家庭教育促进法》

第二十条 未成年人的父母分居或者离异的，应当相互配合履行家庭教育责任，任何一方不得拒绝或者怠于履行；除法律另有规定外，不得阻碍另一方实施家庭教育。

第四十九条 公安机关、人民检察院、人民法院在办理案件过程中，发现未成年人存在严重不良行为或者实施犯罪行为，或者未成年人的父母或者其他监护人不正确实施家庭教育侵害未成年人合法权益的，根据情况对父母或者其他监护人予以训诫，并可以责令其接受家庭教育指导。

第二节　探望权常见问题释解

探望权，是指父母离婚后，不直接抚养子女的父母一方依法享有的、对未与其共同生活的子女进行探视、看望、交往的权利。

探望权的主体为离婚后不直接抚养子女不与子女共同生活的父母一方。

一、探望权的行使

行使探望权的方式，包括看望式和逗留式两种。前者是探望权人到直接抚养子女的父母一方家中或指定的地点进行探望；后者是在约定或法院判决的探望时间内，探望权人领走子女并按时送回的探望方式。

行使探望权的方式、时间、频率、地点由当事人协议；协议不成的，由人民法院根据未成年子女的年龄、智力和认知水平，以有利于未成年子女健康成长、尊重未成年子女意愿为原则依法判决。

人民法院作出的生效离婚判决中未涉及探望权的，当事人可以就探望权问题向人民法院单独提起诉讼。

根据司法实践的经验，人民法院在具体执行时，应遵循以下原则：

1. 有利于子女身心健康；

2. 依法执行；

3. 教育与强制相结合。将思想教育和法治宣传贯穿始终，切实做好疏导教育工作，促使当事人自觉履行协助义务，以最大限度减少对子女的不良影响，在教育无效的情况下，依法对被执行人采取强制措施。

二、探望权行使的中止与恢复

探望权行使的中止，是指因发生一定的法定事由，致使探望权人不宜行使探望权，由人民法院依法中止探望。

有权请求人民法院中止探望权行使的人，是未成年子女、直接抚养子女的父或母以及其他对未成年子女负担抚养、教育、保护义务的法定监护人。

《民法典》婚姻家庭编对探望权行使的中止事由作了概括规定，即不利于子女身心健康。

根据司法实践的经验，下列情形一般构成中止行使探望权的事由：

1. 探望权人患有严重精神病或尚未治愈的严重传染性疾病，可能危及子女健康的；

2. 探望权人在行使探望权时，对子女实施家庭暴力或虐待等违法行为的；

3. 探望权人与子女感情严重恶化，子女坚决拒绝探望的；

4. 探望权人教唆、胁迫、引诱子女实施不良行为或违法犯罪行为的；

5. 探望权人有酗酒、吸毒等恶习的。

此外，当事人在履行生效判决、裁定或调解书的过程中，请求中止行使探望权的，人民法院在征询双方当事人意见后，认为需要中止探望的，依法作出裁定。

探望权行使的中止，只是暂时停止探望权的行使，不是剥夺探望权。中止行使探望权的情形消失后，人民法院应当根据当事人的申请通知其恢复探望。

请求恢复探望权的主体，一般为不直接抚养子女的父母一方。探望权的恢复，以不利于子女身心健康的情形完全消失为前提。因此，请求恢复探望权的父母一方，应当举证证明不利于子女身心健康的情形完全消失。

第三节　探望权纠纷实务案例评析

案例1：抚养费支付与否不影响探望权的行使①

基本案情

原告（女）与被告（男）原系夫妻关系，婚后生育一子张某。2020年8月20日，双方在法院诉讼离婚，婚生子张某由被告抚养。原告曾于2021年8月2日向法院起诉，要求变更张某由原告抚养，因证据不足，法院判决驳回其诉讼请求。后张某一直随被告一起生活。现原告以探望权纠纷案由起诉至安徽省蚌埠市固镇县人民法院（以下简称固镇县法院），请求判决准予原告每周探望张某一次；准予原告寒、暑假与张某共同生活一段时间，原则上寒假不少于15天，暑假不少于30天，各从放假第一天开始；被告承担诉讼费用。

固镇县法院认为，离婚后不直接抚养子女的父或母，有探望子女的权利，另一方有协助的义务。本案中，原告主张探望婚生子张某的诉讼请求，应当予

① 案号：（2021）皖0323民初3541号、（2022）皖03民终801号。

以支持。行使探望权利的方式、时间由当事人协议；协议不成的，由人民法院判决。本案中，被告辩称之前张某与原告同住时，张某身体受到了伤害，不同意原告以带回同住的方式对张某进行探望，因被告未提供相关证据证明原告曾对张某有伤害行为或者其他不利于张某健康成长的行为的证据材料，故对被告不同意原告以将张某带回自己住处的方式行使探望权的辩解理由，不予采纳。原告与被告离婚后，张某长期与被告共同生活，适当增加原告与张某的接触和相处，让张某较为充分地感受到来自父母双方的关爱和温暖，有利于张某的身心健康和成长。但探望权的具体行使方式，应以有利于子女的身心健康、保障子女的合法权益为原则，避免对子女的生活、学习造成不利影响，合理确定探视的时间和方式。庭审中被告同意原告每周探望张某一次，原告要求在寒、暑假期间将张某接回家生活的时间较长，不利于张某生活的稳定性且张某年龄较小，频繁更换环境对孩子的成长不利，法院酌情认定，在不影响张某正常生活、学习的情况下，原告每周可以到张某居住地探望一次，每次时间不少于两个小时。每年的寒、暑假期间，原告可以将张某从其住处接回原告处共同生活一段时间，被告应予以协助。判决：自判决生效后次月起，在不影响张某正常生活、学习的情况下，原告每周可以到张某居住地探望一次，每次时间不少于两个小时。每年的寒假期间和暑假期间，原告可以将张某从其住处接回原告处共同生活时间分别为10天和15天，被告应予以协助；案件受理费减半收取计40元，由原告承担。

被告不服，上诉至安徽省蚌埠市中级人民法院（以下简称蚌埠中院），请求判令撤销一审判决，查明事实后依法改判或发回重审；上诉费用由原告承担。

蚌埠中院认为，探视权的设立，不仅能够满足不直接抚养子女一方的父或母对子女的关心、抚养、教育的情感的需要，保持和子女的往来，同时能及时而又充分了解子女的生活、学习情况，更好地对子女进行抚养和教育。本案中，原、被告离婚后，张某跟随被告共同生活，原告适当行使探望权，可以增加母子间的情感沟通和交流，最大限度地减轻张某的家庭破碎感，有利于张某的健康成长。

被告上诉称原告不履行照顾义务，存在严重伤害张某的情况。被告未提供充分证据证明原告存在故意伤害张某或者严重疏于照顾致使张某受伤的情形，不予支持。被告上诉称一审判决探望次数过于频繁以及寒暑假接回张某居住的方式影响张某正常生活和学习，不利于张某的健康成长。首先，被告未充分举证证明一审判决确定的原告探望张某的方式和时间有不利于张某的身心健康发展的情形。其次，一审法院酌情确定原告每周可以到张某居住地探望一次，每次时间不少于两个小时，这是儿童玩耍的正常时间，应该不会影响到其正常学习、生活。与此同时，未成年子女对母亲的感情无可替代，原告在每年的寒假、暑假期间将张某接回共同生活10天、15天，更有利于母子间的深入了解和情感交流。综合考虑本案实际情况，在不影响张某正常生活、学习的情况下，一审法院对原告探望权及探望权行使的时间和方式的判决并无不当，予以维持。被告上诉称因原告不按时支付抚养费，所以不同意其行使探望权。抚养费的支付与否不影响不直接抚养子女的父或母享有的探望子女的权利，同时鉴于原告已实际履行生效判决确定的给付抚养费义务，判决驳回上诉，维持原判。

案例点评

本案争议焦点是原告未支付抚养费，被告能否中止探望权行使。

生活中很多夫妻离婚后，一方如果不支付抚养费，另一方就会不让其看孩子。那么，这种“你不支付抚养费我就中止你探望”的做法合法吗？

《民法典》第1086条第1款和第3款规定了离异父母对未直接抚养子女的探望权：“离婚后，不直接抚养子女的父或者母，有探望子女的权利，另一方有协助的义务。”“父或者母探望子女，不利于子女身心健康的，由人民法院依法中止探望；中止的事由消失后，应当恢复探望。”探望权是法律规定不直接抚养子女的父母一方在离婚后享有的经常性探望子女的权利，其目的是使子女在父母离异后，也能同时享受到来自父母双方的关爱，保障孩子的身心健康。中止行使探望权的法定事由只有一个，即“父或者母探望子女，不利于子女身心健康”，与是否支付抚养费、抚养费数额多少并无直接关系。在司法实践中，很多人都和本案中的被告一样，将抚养费与探望权混为一谈，更有甚者将支付抚养费作为行使探望权的前提条件，这种做法是错误的，也是不合法的。

案例 2：约定可以探望但不能接走孩子，构成探望权限制[①]

基本案情

原告（女）与被告（男）原系夫妻关系，婚后生下一对双胞胎女儿，后两人因故离婚，离婚协议约定两个女儿由被告抚养，原告不支付抚养费用，并可以探望孩子，现原告认为被告阻止其探望，以探望权纠纷案由诉至河南省商丘市虞城县人民法院（以下简称虞城县法院），请求判令准予原告每周探望婚生女一次，具体时间为：每周五下午接，周日下午送回至被告处；原告如有特殊原因未能在该时间段探望女儿，则原、被告双方另行协商探望时间；国家法定节假日及寒暑假时间，原告享有与女儿共同相处一半时间的权利；被告承担诉讼费用。

虞城县法院认为，离婚后，不直接抚养子女的父或者母有探望子女的权利，另一方有协助的义务。本案中，原、被告两人所生的女儿，在双方离婚后，原告仍有抚养和教育的权利和义务，享有探望的权利。经审理查明，被告也同意让原告探望女儿，只是不同意原告的母亲前来探望或接送，且原告也没有向法庭提供证据证明自己在探望过程中遭到被告拒绝，或在探望过程中受到被告家人阻止，原告应当承担举证不能的法律后果。判决：驳回原告的诉讼请求。案件受理费 150 元，由原告负担。

原告不服，上诉至河南省商丘市中级人民法院（以下简称商丘中院），请求判决撤销一审法院判决；改判原告每周探望婚生女一次，国家法定节假日及寒暑假时间，原告与其女儿共同相处一半时间；上诉费由被告承担。

商丘中院认为，探望权的意义在于保证夫妻离婚后非直接抚养的一方能够定期与子女团聚，弥合离婚给父母子女造成的感情伤害，有利于未成年子女的健康成长，增强子女和非直接抚养方的沟通与交流，减轻子女的家庭破碎感。故探望权应包含看望、相处、沟通、交流等内容。根据原告二审提交的证据，

---

① 案号：（2021）豫 1425 民初 6541 号、（2022）豫 14 民终 1168 号。

被告拒绝原告将孩子接走探望，构成对探望权的限制。现原告有条件将孩子接回探望，被告阻碍其接回孩子逗留探望，不利于孩子的人格成长、满足孩子情感需求。原告可每月将孩子接走探望一次，于每月第一个周五晚接走孩子，周日晚送回。若因特殊情况不能按上述时间行使探望权，双方可另行协商确定该月探望时间。寒暑假按每月探望一次，在本判决确定探望时长的基础上也可适当延长，具体时长由双方协商确定。综上所述，因二审出现新证据，导致一审判决认定的事实发生变化，原告的上诉请求成立。判决：撤销一审法院判决；自判决生效之日起，原告每月探望婚生女一次，于每月第一个星期五晚上接走，周日晚6时前送回；一审案件受理费150元，二审案件受理费300元，由被告负担。

案例点评

探望权不仅可以满足父亲或者母亲对于子女的关心、抚养和教育的情感需要，在保持与子女的往来中能及时、充分地了解子女的生活、学习情况，更好地对子女进行抚养教育，而且可以增加子女和非直接抚养方的沟通和交流，减轻子女的家庭破碎感，有利于子女的健康成长。

抚养、教育、保护子女不是父或母一方的事情，需要原、被告双方共同努力。本案中，被告作为直接抚养女儿的一方，本应积极创造条件，促进原告与孩子的母女交流，促进孩子形成健全的人格和健康心理，却设置只可看望不可带走的苛刻条件，构成了对原告探望权的限制，既侵害了原告正当探望孩子的权利，也侵害了孩子正常接受母亲关爱的权利。

第十四章　法定继承纠纷

第一节　案由适用要点

一、案由释义

法定继承纠纷，分为转继承纠纷和代位继承纠纷。

1. 转继承纠纷，是指被继承人死亡后遗产分割前，继承人死亡的，因其应继承的份额归属引起的纠纷。

2. 代位继承纠纷，是指被继承人的子女先于被继承人死亡，死亡的子女的晚辈直系血亲代位继承被继承人遗产而引起的纠纷。

二、管辖法院

根据《民事诉讼法》第 34 条第 3 项的规定，因继承遗产纠纷提起的诉讼，由被继承人死亡时住所地或者主要遗产所在地人民法院管辖。根据《最高人民法院关于军事法院管辖民事案件若干问题的规定》第 2 条第 4 项的规定，被继承人死亡时住所地或者主要遗产所在地在营区内，且当事人一方为军人或者军队单位的案件，地方当事人向军事法院提起诉讼或者提出申请的，军事法院应当受理。该管辖原则适用于二级案由“继承纠纷”下的所有案件。

三、要点提示

在人民法院近年来受理的婚姻家庭、继承纠纷案件中，法定继承纠纷、遗嘱继承纠纷案件数量占较大的比重。《民事案件案由规定》将“法定继承纠纷”和“遗嘱继承纠纷”列为第三级案由，并在“法定继承纠纷”第三级案由下列出“转继承纠纷”和“代位继承纠纷”，作为第四级案由。

四、法律指引

《民法典》

第一千一百二十二条 遗产是自然人死亡时遗留的个人合法财产。

依照法律规定或者根据其性质不得继承的遗产，不得继承。

第一千一百二十三条 继承开始后，按照法定继承办理；有遗嘱的，按照遗嘱继承或者遗赠办理；有遗赠扶养协议的，按照协议办理。

第一千一百二十四条 继承开始后，继承人放弃继承的，应当在遗产处理前，以书面形式作出放弃继承的表示；没有表示的，视为接受继承。

受遗赠人应当在知道受遗赠后六十日内，作出接受或者放弃受遗赠的表示；到期没有表示的，视为放弃受遗赠。

第一千一百二十五条 继承人有下列行为之一的，丧失继承权：

（一）故意杀害被继承人；

（二）为争夺遗产而杀害其他继承人；

（三）遗弃被继承人，或者虐待被继承人情节严重；

（四）伪造、篡改、隐匿或者销毁遗嘱，情节严重；

（五）以欺诈、胁迫手段迫使或者妨碍被继承人设立、变更或者撤回遗嘱，情节严重。

继承人有前款第三项至第五项行为，确有悔改表现，被继承人表示宽恕或者事后在遗嘱中将其列为继承人的，该继承人不丧失继承权。

受遗赠人有本条第一款规定行为的，丧失受遗赠权。

第一千一百二十六条 继承权男女平等。

第一千一百二十七条 遗产按照下列顺序继承：

（一）第一顺序：配偶、子女、父母；

（二）第二顺序：兄弟姐妹、祖父母、外祖父母。

继承开始后，由第一顺序继承人继承，第二顺序继承人不继承；没有第一顺序继承人继承的，由第二顺序继承人继承。

本编所称子女，包括婚生子女、非婚生子女、养子女和有扶养关系的继子女。

本编所称父母，包括生父母、养父母和有扶养关系的继父母。

本编所称兄弟姐妹，包括同父母的兄弟姐妹、同父异母或者同母异父的兄弟姐妹、养兄弟姐妹、有扶养关系的继兄弟姐妹。

第一千一百二十八条　被继承人的子女先于被继承人死亡的，由被继承人的子女的直系晚辈血亲代位继承。

被继承人的兄弟姐妹先于被继承人死亡的，由被继承人的兄弟姐妹的子女代位继承。

代位继承人一般只能继承被代位继承人有权继承的遗产份额。

第一千一百二十九条　丧偶儿媳对公婆，丧偶女婿对岳父母，尽了主要赡养义务的，作为第一顺序继承人。

第一千一百三十条　同一顺序继承人继承遗产的份额，一般应当均等。

对生活有特殊困难又缺乏劳动能力的继承人，分配遗产时，应当予以照顾。

对被继承人尽了主要扶养义务或者与被继承人共同生活的继承人，分配遗产时，可以多分。

有扶养能力和有扶养条件的继承人，不尽扶养义务的，分配遗产时，应当不分或者少分。

继承人协商同意的，也可以不均等。

第一千一百三十一条　对继承人以外的依靠被继承人扶养的人，或者继承人以外的对被继承人扶养较多的人，可以分给适当的遗产。

第一千一百三十二条　继承人应当本着互谅互让、和睦团结的精神，协商处理继承问题。遗产分割的时间、办法和份额，由继承人协商确定；协商不成的，可以由人民调解委员会调解或者向人民法院提起诉讼。

《民法典继承编司法解释一》

第十条　被收养人对养父母尽了赡养义务，同时又对生父母扶养较多的，除可以依照民法典第一千一百二十七条的规定继承养父母的遗产外，还可以依照民法典第一千一百三十一条的规定分得生父母适当的遗产。

第十一条　继子女继承了继父母遗产的，不影响其继承生父母的遗产。

继父母继承了继子女遗产的，不影响其继承生子女的遗产。

第十二条 养子女与生子女之间、养子女与养子女之间，系养兄弟姐妹，可以互为第二顺序继承人。

被收养人与其亲兄弟姐妹之间的权利义务关系，因收养关系的成立而消除，不能互为第二顺序继承人。

第十三条 继兄弟姐妹之间的继承权，因继兄弟姐妹之间的扶养关系而发生。没有扶养关系的，不能互为第二顺序继承人。

继兄弟姐妹之间相互继承了遗产的，不影响其继承亲兄弟姐妹的遗产。

第十四条 被继承人的孙子女、外孙子女、曾孙子女、外曾孙子女都可以代位继承，代位继承人不受辈数的限制。

第十五条 被继承人的养子女、已形成扶养关系的继子女的生子女可以代位继承；被继承人亲生子女的养子女可以代位继承；被继承人养子女的养子女可以代位继承；与被继承人已形成扶养关系的继子女的养子女也可以代位继承。

第十六条 代位继承人缺乏劳动能力又没有生活来源，或者对被继承人尽过主要赡养义务的，分配遗产时，可以多分。

第十七条 继承人丧失继承权的，其晚辈直系血亲不得代位继承。如该代位继承人缺乏劳动能力又没有生活来源，或者对被继承人尽赡养义务较多的，可以适当分给遗产。

第十八条 丧偶儿媳对公婆、丧偶女婿对岳父母，无论其是否再婚，依照民法典第一千一百二十九条规定作为第一顺序继承人时，不影响其子女代位继承。

第十九条 对被继承人生活提供了主要经济来源，或者在劳务等方面给予了主要扶助的，应当认定其尽了主要赡养义务或主要扶养义务。

第二十条 依照民法典第一千一百三十一条规定可以分给适当遗产的人，分给他们遗产时，按具体情况可以多于或者少于继承人。

第二十一条 依照民法典第一千一百三十一条规定可以分给适当遗产的人，在其依法取得被继承人遗产的权利受到侵犯时，本人有权以独立的诉讼主体资格向人民法院提起诉讼。

第二十二条　继承人有扶养能力和扶养条件，愿意尽扶养义务，但被继承人因有固定收入和劳动能力，明确表示不要求其扶养的，分配遗产时，一般不应因此而影响其继承份额。

第二十三条　有扶养能力和扶养条件的继承人虽然与被继承人共同生活，但对需要扶养的被继承人不尽扶养义务，分配遗产时，可以少分或者不分。

第二节　法定继承常见问题释解

一、法定继承人的顺序

《民法典》第 1127 条第 1 款规定的法定继承顺序有二：第一顺序继承人先参加继承，没有第一顺序的继承人或第一顺序继承人放弃继承、丧失继承权的，第二顺序继承人才参加继承。

（一）第一顺序

被继承人的配偶、子女、父母为其第一顺序的法定继承人。

根据《民法典》的规定，这里所指“子女”包括婚生子女、非婚生子女、养子女和有扶养关系的继子女；“父母”则包括生父母、养父母和有扶养关系的继父母。

被继承人的子女先于被继承人死亡的，被继承人子女的直系晚辈血亲代其位取得被继承人的遗产，被继承人子女的直系晚辈血亲为代位继承人，在第一顺序参加继承。

对公婆、岳父母尽了主要赡养义务的丧偶儿媳、女婿，是独立的第一顺序的法定继承人，其参与继承不影响其子女代位继承。

（二）第二顺序

被继承人的兄弟姐妹、祖父母、外祖父母为其第二顺序的法定继承人。这里的“兄弟姐妹”包括同父母的兄弟姐妹、同父异母或同母异父的兄弟姐妹、养兄弟姐妹、有扶养关系的继兄弟姐妹。

被继承人的兄弟姐妹先于被继承人死亡的，被继承人兄弟姐妹的子女代其位取得被继承人的遗产，被继承人兄弟姐妹的子女为代位继承人，在第二顺序参加继承。

二、转继承适用的条件

根据《民法典》第 1152 条的规定，继承开始后，继承人于遗产分割前死亡，并没有放弃继承的，该继承人应当继承的遗产转给其继承人，但是遗嘱另有安排的除外。也就是说，转继承必须是继承人在继承开始以后，遗产分割前死亡，并且其没有丧失或放弃继承权时才发生。

享有转继承权的人不仅可以是被继承人的子女，也可以是配偶、父母、兄弟姐妹、祖父母、外祖父母等有继承权的人。转继承不仅存在于法定继承中，也存在于遗嘱继承中。

三、代位继承适用的条件

根据《民法典》第 1128 条规定，被继承人的子女先于被继承人死亡的，由被继承人的子女的直系晚辈血亲代位继承。被继承人的兄弟姐妹先于被继承人死亡的，由被继承人的兄弟姐妹的子女代位继承。

代位继承人按照被代位人的继承顺序和应继份参加继承，并直接继承被继承人的遗产。

需要注意的是，代位继承和转继承有明显区别：

（1）代位继承是一次继承，转继承是两次继承。

（2）代位继承发生的前提是被代位人先于被继承人死亡，但转继承的发生前提是被转继承人死于被继承人死亡后。

（3）代位继承人的范围比较狭窄，只限于被继承人子女的直系晚辈血亲和被继承人兄弟姐妹的子女，但转继承可以是被转继承人的所有应召继承人，不限于其直系晚辈血亲。

（4）代位继承只能发生在法定继承中，但转继承可以发生在法定继承和遗嘱继承中。

代位继承只有两种血亲继承适用。第一种是第一顺序的法定继承人继承时，被继承人的子女先于被继承人死亡的，被继承人子女的直系晚辈血亲可以代位继承。第二种是第二顺序的法定继承人继承时，被继承人的兄弟姐妹先于被继承人死亡的，被继承人的兄弟姐妹的子女可以代位继承。

根据《民法典》第 1128 条第 3 款规定，代位继承人一般只能继承被代位继承人有权继承的遗产份额。《民法典继承编司法解释一》第 17 条也表明，“继承人丧失继承权的，其晚辈直系血亲不得代位继承”。

四、法定继承中的遗产分配

（一）一般规则

《民法典》第 1130 条规定的遗产分配规则是，同一顺序继承人继承遗产的份额，一般应当均等。对生活有特殊困难又缺乏劳动能力的继承人，分配遗产时，应当予以照顾。对被继承人尽了主要扶养义务或者与被继承人共同生活的继承人，分配遗产时，可以多分。有扶养能力和有扶养条件的继承人，不尽扶养义务的，分配遗产时，应当不分或者少分。继承人协商同意的，也可以不均等。

（二）特殊规则

《民法典》第 1131 条规定了酌情分配遗产的情形：“对继承人以外的依靠被继承人扶养的人，或者继承人以外的对被继承人扶养较多的人，可以分给适当的遗产。”

《民法典继承编司法解释一》第 41 条规定，遗产因无人继承又无人受遗赠归国家或者集体所有制组织所有时，按照《民法典》第 1131 条规定可以分给适当遗产的人提出取得遗产的诉讼请求，人民法院应当视情况适当分给遗产。酌分遗产人依法取得被继承人遗产的权利受到侵犯时，本人有权以独立的诉讼主体的资格向人民法院提起诉讼，请求保护，但明知遗产分割而未提出请求，或不知遗产分割而未提出并超过诉讼时效期间的，不予保护。

第三节　法定继承纠纷实务案例评析

案例1：法定继承人可将其继承份额赠与其他继承人①

基本案情

原告王女士与蒋先生系夫妻关系，双方生有一子蒋某。2021年7月26日，蒋先生去世，遗有银行存款5.4万元及利息，死亡时未留有遗书，其父先于蒋先生过世，第一顺序继承人为王女士、蒋某和母亲刘女士三人。2022年2月21日，王女士和蒋某以法定继承纠纷案由将刘女士诉至山东省烟台市莱州市人民法院（以下简称莱州市法院），请求判决已故蒋先生遗留的5.4万元银行存款及利息归二原告所有。

被告未到庭，庭后法院对其进行了询问，被告表示其应继承部分都给其孙子即原告蒋某。

莱州市法院经审理认为，二原告要求依法分割被继承人蒋先生名下的银行存款，不违反法律规定，应予支持。蒋先生名下的银行存款54000元及利息产生于与原告王女士婚姻关系存续期间，属于夫妻共同财产，夫妻对共同财产，有平等权利，各享有50%的份额，故原告王女士对上述存款及利息先分得一半，剩余一半作为蒋先生的遗产予以分割。《民法典》第1127条第1款规定："遗产按照下列顺序继承：（一）第一顺序：配偶、子女、父母……"第1130条规定："同一顺序继承人继承遗产的份额，一般应当均等……继承人协商同意的，也可以不均等。"二原告与被告对蒋先生的遗产各有三分之一继承份额。原告述称被继承人蒋先生留有遗嘱，遗嘱中注明其遗产全部由二原告继承，但因其提交的书面材料中并无蒋先生的签字且真实性无法确认，故对原告的该述称不予确认。被告经法院合法传唤，未到庭应诉答辩，但明确表示将其应继承

① 案号：（2022）鲁0683民初1057号。

份额赠与原告蒋某，被告的意思表示真实且不违反法律强制性规定，对其意见应予尊重。判决：被继承人名下的银行存款45000元及至提取之日止的利息由二原告所有、继承。原应由被告继承的被继承人名下的银行存款9000元至提取之日止的利息由原告蒋某继承所有。案件受理费减半收取计575元，由原告负担。

案例点评

遗产是公民死亡时遗留的个人合法财产。夫妻在婚姻关系存续期间所得的共同所有的财产，除有约定的以外，如果分割遗产，应当先将共同所有的财产的一半分出为配偶所有，其余的为被继承人的遗产。继承开始后，没有遗嘱或遗赠扶养协议的，按照法定继承办理。本案中，被继承人蒋先生去世后，遗有银行存款5.4万元，该存款应属被继承人蒋先生和本案原告王女士的夫妻共同财产。其中一半所有权应归王女士所有，另一半所有权作为蒋先生的遗产予以处理。

《民法典》第1132条规定，遗产分割的时间、办法和份额，由继承人协商确定。也就是法定继承人之间可以协商解决继承份额，虽然没有关于“法定继承人可以将应继承的份额转让给其他继承人”的直接表述，但法定继承人将继承份额赠与其他继承人的行为并不违反法律规定。因此，被告将本应归属自己的遗产份额赠与孙子即原告蒋某继承，属于其对自身权利的处分。

案例2：同一顺序继承人继承份额，一般应当均等①

基本案情

原告肖某与被告黄某是同父异母的兄弟，与被告黄某某是继母子关系。2021年4月5日，原告之父肖某某突发疾病去世，留有近1000万元的存款和4000多平方米的不动产以及债权等及其他遗产，该遗产的单据及不动产产权证

① 案号：(2021) 湘0821民初2193号。

等均存放在两被告手中，原告要求与两被告一起分配遗产，两被告拒绝。2021年9月15日，原告以法定继承纠纷案由诉至湖南省张家界市慈利县人民法院（以下简称慈利县法院），请求判决确认肖某某的遗产范围：七处不动产及三宗土地、名下的存款、奥迪Q7车辆、养老保险费、抚恤金、丧葬费、公司股权等；确认某公司归原告所有并判令被告协助原告办理过户登记手续；原告继承上述遗产的三分之一份额。

慈利县法院经审理认为，遗产是公民死亡时遗留的个人合法财产。公民依法享有财产继承权。继承开始后，有遗嘱的，按照遗嘱办理，没有遗嘱按法定继承办理。同一顺序继承人继承遗产的份额，一般应当均等。夫妻共同所有的财产，除有约定的外，遗产分割时，应当先将共同所有的财产的一半分出为配偶所有，其余的为被继承人的遗产。本案中，原告肖某和被告黄某、黄某某均是肖某某遗产的第一顺位法定继承人，均享有分得肖某某遗产的权利。原、被告主张了多笔债权和债务，但债权人、债务人并未在本案中对债权、债务予以确认，因债权、债务均涉及案外人权益，以及夫妻共同债权和债务的不明确，不宜在本案中一并处理，原、被告可待肖某某生前债权、债务数额确定后自行协商处理或按本案确定的遗产分割比例处理，或另行主张权利。对于被告黄某某主张自己身患疾病、被告黄某主张自己对肖某某尽了主要的赡养义务，均应当在遗产分割时给予适当多分的意见，法院认为，《民法典》第1130条第2款规定“对生活有特殊困难又缺乏劳动能力的继承人，分配遗产时，应当予以照顾”，本案中虽然黄某某身患疾病，但从查明的肖某某与黄某某的夫妻共同财产来看，黄某某患病不足以导致其生活困难，不符合法律规定的应当予以照顾的情形，故对其主张，不予采纳。被告黄某主张尽了主要赡养义务，但未提交相关证据予以证实，亦不予采纳。继承人应当本着互谅互让、和睦团结的精神，协商处理继承问题。法院组织多次调解，各方当事人均无法达成一致的遗产分割意见。本案中，原、被告均有对肖某某遗产提前支取的行为，对于提前支取的遗产，应当在各自应得的遗产份额内予以扣除，若应得遗产份额不足以扣除的，应当将不足部分返还给其他继承人。

判决：肖某某名下的七处不动产及三宗土地，由肖某和黄某各享有1/6份额、黄某某享有2/3份额；肖某某名下的存款共计14425742.78元，由肖某和黄某各分得 2404290.46 元、黄某某分得 9617161.85 元；存款所产生的利息收益由黄某某分得 2/3，肖某和黄某各分得 1/6；肖某某名下的奥迪 Q7 车辆价值 112800 元，由原告肖某和被告黄某各分得 18800 元，黄某某分得 75200 元；肖某某的养老保险费、抚恤金、丧葬费共计 117372.32 元，由原告肖某和被告黄某各分得 29418.05 元，被告黄某某分得 58536.21 元；肖某某持有的某实业有限责任公司 70%股权，由肖某、黄某、黄某某各享有 23.33%股权。案件受理费 100822.68 元，由原告负担 69524.39 元，二被告共同负担 31298.29 元。

案例点评

《民法典》第 1130 条规定的遗产分配规则是，同一顺序继承人继承遗产的份额，一般应当均等。对生活有特殊困难又缺乏劳动能力的继承人，分配遗产时，应当予以照顾。对被继承人尽了主要扶养义务或者与被继承人共同生活的继承人，分配遗产时，可以多分。有扶养能力和有扶养条件的继承人，不尽扶养义务的，分配遗产时，应当不分或者少分。继承人协商同意的，也可以不均等。

本案中，被告黄某某主张其身患疾病，被告黄某主张其尽了主要的赡养义务，均应当在遗产分割时给予适当多分的意见，法院认为，虽然黄某某身患疾病，但从本案查明的肖某某与黄某某的夫妻共同财产，黄某某患病不足以导致其生活困难，不符合法律规定的应当予以照顾的情形，故对其主张，法院不予采纳。被告黄某主张尽了主要赡养义务，但未提交相关证据予以证实，法院亦不予采纳。最后，法院判决原告、被告对被继承人肖某某的遗产先将夫妻共同财产的一半分出，剩下的一半原、被告均等分割。

第十五章　遗嘱继承纠纷

第一节　案由适用要点

一、案由释义

遗嘱继承，是指按照立遗嘱人生前所留下的符合法律规定的合法遗嘱的内容要求，确定被继承人的继承人及各继承人应继承遗产的份额。由此引发的纠纷，即遗嘱继承纠纷。

二、管辖法院

因继承纠纷提起的诉讼，根据《民事诉讼法》第 34 条第 3 项的规定，因继承遗产纠纷提起的诉讼，由被继承人死亡时住所地或者主要遗产所在地人民法院管辖。根据《最高人民法院关于军事法院管辖民事案件若干问题的规定》第 2 条第 4 项规定，被继承人死亡时住所地或者主要遗产所在地在营区内，且当事人一方为军人或者军队单位的案件，地方当事人向军事法院提起诉讼或者提出申请的，军事法院应当受理。该管辖原则适用于二级案由“继承纠纷”下的所有案件。

三、要点提示

遗产继承分为法定继承和遗嘱继承两种形式。两者之间主要区别在于：（1）法定继承是按法律直接规定的范围、顺序来进行的；而遗嘱继承则是按财产所有人生前的意思来继承的。（2）法定继承人的继承份额是根据所有法定继承人的情况和赡养扶养情况来确定的；而遗嘱继承人的继承份额是被继承人在遗嘱中确定的。(3) 法定继承人不一定都是遗嘱继承人，而遗嘱继承人必须是属于法定继承范围内的人。根据《民法典》第1133条第2款规定，自然人可以立遗嘱将个人财产指定由法定继承人中的一人或者数人继承。(4) 遗嘱继承优先于法定继承。是否存在遗嘱继承情形，是人民法院在审理继承纠纷时首先需要查明的问题。

四、法律指引

《民法典》

第一千一百三十三条　自然人可以依照本法规定立遗嘱处分个人财产，并可以指定遗嘱执行人。

自然人可以立遗嘱将个人财产指定由法定继承人中的一人或者数人继承。

自然人可以立遗嘱将个人财产赠与国家、集体或者法定继承人以外的组织、个人。

自然人可以依法设立遗嘱信托。

第一千一百三十四条　自书遗嘱由遗嘱人亲笔书写，签名，注明年、月、日。

第一千一百三十五条　代书遗嘱应当有两个以上见证人在场见证，由其中一人代书，并由遗嘱人、代书人和其他见证人签名，注明年、月、日。

第一千一百三十六条　打印遗嘱应当有两个以上见证人在场见证。遗嘱人和见证人应当在遗嘱每一页签名，注明年、月、日。

第一千一百三十七条　以录音录像形式立的遗嘱，应当有两个以上见证人在场见证。遗嘱人和见证人应当在录音录像中记录其姓名或者肖像，以及年、月、日。

第一千一百三十八条　遗嘱人在危急情况下，可以立口头遗嘱。口头遗嘱应当有两个以上见证人在场见证。危急情况消除后，遗嘱人能够以书面或者录音录像形式立遗嘱的，所立的口头遗嘱无效。

第一千一百三十九条　公证遗嘱由遗嘱人经公证机构办理。

第一千一百四十条　下列人员不能作为遗嘱见证人：

（一）无民事行为能力人、限制民事行为能力人以及其他不具有见证能力的人；

（二）继承人、受遗赠人；

（三）与继承人、受遗赠人有利害关系的人。

第一千一百四十一条 遗嘱应当为缺乏劳动能力又没有生活来源的继承人保留必要的遗产份额。

第一千一百四十二条 遗嘱人可以撤回、变更自己所立的遗嘱。

立遗嘱后，遗嘱人实施与遗嘱内容相反的民事法律行为的，视为对遗嘱相关内容的撤回。

立有数份遗嘱，内容相抵触的，以最后的遗嘱为准。

第一千一百四十三条 无民事行为能力人或者限制民事行为能力人所立的遗嘱无效。

遗嘱必须表示遗嘱人的真实意思，受欺诈、胁迫所立的遗嘱无效。

伪造的遗嘱无效。

遗嘱被篡改的，篡改的内容无效。

第一千一百四十四条 遗嘱继承或者遗赠附有义务的，继承人或者受遗赠人应当履行义务。没有正当理由不履行义务的，经利害关系人或者有关组织请求，人民法院可以取消其接受附义务部分遗产的权利。

《民法典继承编司法解释一》

第二十四条 继承人、受遗赠人的债权人、债务人，共同经营的合伙人，也应当视为与继承人、受遗赠人有利害关系，不能作为遗嘱的见证人。

第二十五条 遗嘱人未保留缺乏劳动能力又没有生活来源的继承人的遗产份额，遗产处理时，应当为该继承人留下必要的遗产，所剩余的部分，才可参照遗嘱确定的分配原则处理。

继承人是否缺乏劳动能力又没有生活来源，应当按遗嘱生效时该继承人的具体情况确定。

第二十六条 遗嘱人以遗嘱处分了国家、集体或者他人财产的，应当认定该部分遗嘱无效。

第二十七条 自然人在遗书中涉及死后个人财产处分的内容，确为死者的真实意思表示，有本人签名并注明了年、月、日，又无相反证据的，可以按自书遗嘱对待。

第二十八条 遗嘱人立遗嘱时必须具有完全民事行为能力。无民事行为能力人或者限制民事行为能力人所立的遗嘱，即使其本人后来具有完全民事行为能力，仍属无效遗嘱。遗嘱人立遗嘱时具有完全民事行为能力，后来成为无民事行为能力人或者限制民事行为能力人的，不影响遗嘱的效力。

第二十九条 附义务的遗嘱继承或者遗赠，如义务能够履行，而继承人、受遗赠人无正当理由不履行，经受益人或者其他继承人请求，人民法院可以取消其接受附义务部分遗产的权利，由提出请求的继承人或者受益人负责按遗嘱人的意愿履行义务，接受遗产。

第二节 遗嘱继承常见问题释解

一、数份遗嘱内容的认定

继承开始后，发现数份遗嘱，在确定哪些遗嘱内容生效的问题上，注意如下两点：其一，被继承人立有数份遗嘱，内容并不相互抵触的，应当分别执行。例如，遗嘱人在第一份遗嘱中将动产处分给子女，第二份遗嘱将不动产处分给配偶，两份遗嘱虽订立时间不同，但内容不抵触，继承开始后均可执行。其二，数份内容相互抵触的遗嘱，最后订立的遗嘱视为对先前订立遗嘱内容的撤回，无论遗嘱的形式如何，合法有效的最后一份遗嘱内容在继承开始后生效并执行。

二、遗嘱无效与遗嘱不生效

遗嘱无效，是指遗嘱因欠缺有效要件而自始不具有法律约束力。遗嘱不生效，是指符合有效要件的遗嘱因某些客观原因不能发生执行效力。因遗嘱无效或遗嘱不生效而未能处置的遗产适用法定继承规则。

（一）遗嘱的无效

下列遗嘱因欠缺遗嘱的有效要件而自始无效：

1. 缺乏遗嘱能力的人所立遗嘱无效

《民法典》第 1143 条第 1 款规定，无民事行为能力人或者限制民事行为能力人所立的遗嘱无效。根据《民法典继承编司法解释一》第 28 条的规定，遗嘱人立遗嘱时必须具有完全民事行为能力。无民事行为能力人或者限制民事行为能力人所立的遗嘱，即使其本人后来具有完全民事行为能力，仍属无效遗嘱。遗嘱人立遗嘱时具有完全民事行为能力，后来成为无民事行为能力人或者限制民事行为能力人的，不影响遗嘱的效力。

2. 未表示遗嘱人真实意思的遗嘱无效

因欺诈、胁迫而实施的一般的民事法律行为，依据《民法典》第 148 条至第 150 条规定，受欺诈或胁迫方可以请求撤销该行为，但因遗嘱行为的特殊性，《民法典》第 1143 条第 2 款规定，受欺诈、胁迫所立的遗嘱无效。伪造遗嘱是指继承人以被继承人名义制作假遗嘱。篡改遗嘱是指对被继承人遗嘱进行修改增减以改变原遗嘱。《民法典》第 1143 条认为伪造的遗嘱，以及遗嘱中篡改的内容不是被继承人的真实意思而无效。篡改的遗嘱并非全部无效，而是篡改的内容无效，遗嘱人原有遗嘱内容仍然是有效的。

3. 遗嘱中处分了不属于自己个人合法财产的部分无效

《民法典继承编司法解释一》第 26 条规定，“遗嘱人以遗嘱处分了国家、集体或者他人财产的，应当认定该部分遗嘱无效”。司法实践中，常见的处分了不属于自己财产的遗嘱主要是处分了他人共有的财产，尤其是夫妻共有的财产。《民法典》第 156 条规定，“民事法律行为部分无效，不影响其他部分效力的，其他部分仍然有效”。因此，遗嘱如果处分了共有的财产，遗嘱人对自己有权处分部分的财产的遗嘱处分仍然有效。

4. 违背公序良俗的遗嘱无效

《民法典》第 153 条第 2 款规定：“违背公序良俗的民事法律行为无效。”遗嘱处分若有违背公序良俗的内容，该内容亦无效。

5. 口头遗嘱在危急情况消除后无效

《民法典》第 1138 条规定，“危急情况消除后，遗嘱人能够以书面或者录音录像形式立遗嘱的，所立的口头遗嘱无效”。也就是说，在危急情况解除后，遗嘱的意思表示可以通过其他五种形式订立时，口头遗嘱的形式不再适用，其遗嘱处分的意思表示无效。

（二）遗嘱的不生效

合法订立的遗嘱在遗嘱人死亡时生效，但有如下情况的，遗嘱相关部分不生效：

1. 遗嘱继承人放弃继承或受遗赠人放弃受遗赠的

遗嘱继承人放弃继承或受遗赠人放弃受遗赠，其效力溯及继承开始，继承人或受遗嘱人自继承开始时就是继承人或受遗赠人。遗嘱的这部分处分不能生效。

2. 遗嘱继承人丧失继承权或者受遗赠人丧失受遗赠权的

遗嘱指定的继承人或受遗赠人因法定违法行为丧失继承权或受遗赠权的，不再享有取得被继承人遗产的权利，遗嘱的这部分处分不能生效。

3. 遗嘱继承人、受遗赠人先于遗嘱人死亡或终止的

遗嘱继承中不适用代位继承，因此只有继承开始时生存的继承人和受遗赠人才能取得遗产。被继承人死亡之前遗嘱指定的继承人、受遗赠人已经死亡或法律上终止的，遗嘱的这部分处分不能生效。

三、遗嘱的变更和撤回

《民法典》第1142条第1款规定，“遗嘱人可以撤回、变更自己所立的遗嘱”。

（一）遗嘱的变更和撤回的概念

遗嘱的变更，是指遗嘱人对先前订立遗嘱内容进行部分修改。遗嘱的撤回，是指遗嘱人取消先前订立遗嘱的全部或部分内容。无论是变更还是撤回，均导致先前的遗嘱处分的意思表示被废止。需要注意的是，撤回与撤销不同，撤回的标的是未生效的法律行为，已经生效的遗嘱不能撤回。我国《民法典》未规定遗嘱的撤销，欠缺有效要件的遗嘱为无效的遗嘱。

（二）遗嘱的变更和撤回的有效要件

遗嘱为要式民事法律行为，对遗嘱的变更和撤回的要求与遗嘱的订立一致。变更和撤回遗嘱时，遗嘱人应具有完全民事行为能力并亲自进行，且为本人的真实意思表示，受到欺诈、胁迫而变更和撤回遗嘱的行为不具有法律效力。

（三）遗嘱的变更和撤回的方式

1. 订立新的遗嘱

遗嘱人可以订立新的遗嘱，明确表示变更或撤回先前的遗嘱；如在新遗嘱中没有明确表示变更或撤回先前遗嘱的意思，但新立遗嘱的内容与先前遗嘱相抵触，视为新立遗嘱对先前遗嘱相关部分的撤回。需要注意的是，只要是符合遗嘱要件的新遗嘱均可撤回、变更先前遗嘱，不拘遗嘱形式。

2. 销毁、涂改先前遗嘱

遗嘱人亲自销毁先前遗嘱，例如，故意撕毁、烧掉遗嘱载体的行为可撤回先前遗嘱的意思表示。遗嘱人在书面遗嘱上注明遗嘱作废或涂改遗嘱上的文字的行为，如果符合遗嘱的形式要件，例如遗嘱人亲自在遗嘱上添加、删除文字，并在每一涂改处签名并注明年、月、日的，也可以变更、撤回先前遗嘱。

3. 实施与遗嘱内容相反的法律行为

《民法典》第1142条第2款规定，“立遗嘱后，遗嘱人实施与遗嘱内容相反的民事法律行为的，视为对遗嘱相关内容的撤回”。所谓实施与遗嘱内容相反的法律行为，主要是指遗嘱人生前行为与遗嘱的意思相反，将遗嘱中处分的财产在其生前另行处分了，导致继承开始后遗嘱中处分的财产已灭失、全部或部分不归属于遗产，应视为对相关遗嘱处分的撤回。

四、附义务遗嘱

《民法典》第1144条规定了附义务遗嘱：“遗嘱继承或者遗赠附有义务的，继承人或者受遗赠人应当履行义务。没有正当理由不履行义务的，经利害关系人或者有关组织请求，人民法院可以取消其接受附义务部分遗产的权利。”

（一）附义务遗嘱的概念

附义务遗嘱是遗嘱人要求遗嘱继承人或受遗嘱人取得遗产应履行一定义务的遗嘱。例如，遗嘱指定受遗赠人取得10万元遗产，但需照顾被继承人生前所饲养的宠物。遗嘱所附义务一般应满足如下几点：

1. 只能由遗嘱继承人和受遗赠人承担；

2. 应有完成的可能性，无法实现的义务法律不予保护；

3. 不得违反法律和公序良俗；

4. 一般不超过遗嘱继承人或受遗赠人所取得的遗产收益。

（二）附义务遗嘱的效力

对于遗嘱中可以履行的义务，遗嘱继承人或受遗嘱人没有正当理由不履行的，经受益人或其他继承人请求，人民法院可以取消其接受该部分遗产的权利。根据《民法典继承编司法解释一》第 29 条的规定，人民法院可以决定由提出请求的继承人或者受益人负责按遗嘱人的意愿履行义务，接受遗产。

五、遗嘱自由及限制

1. 遗嘱自由，是指遗嘱人可以通过遗嘱处分个人生前合法财产的自由，其可以指定继承人及其遗产份额，也可以取消法定继承人的继承权，还可以将个人财产赠与法定继承人之外的自然人、其他组织或国家，设定遗嘱负担，也可以随时撤回、变更其遗嘱。

2. 遗嘱自由的限制。遗嘱作为民事法律行为不能违反法律规定和公序良俗，同时《民法典》第 1141 条还通过必留份制度限制了遗嘱人的遗嘱自由。必留份，是指遗嘱应当为缺乏劳动能力又没有生活来源的继承人（又称“双缺继承人”）保留的必要的遗产份额。如果遗嘱人在遗嘱中未保留“双缺继承人”的遗产份额，根据《民法典继承编司法解释一》第 25 条第 1 款，遗产处理时应当为该继承人留下必要的遗产，所剩余的部分才参照遗嘱确定的分配原则处理。

这里注意三点：其一，判断继承人是否缺乏劳动能力又没有生活来源时，应按遗嘱生效时该继承人的具体情况确定。其二，遗嘱中没有给缺乏劳动能力又没有生活来源的继承人保留必要的遗产份额并不会导致遗嘱无效，在遗嘱生效后，若有“双缺继承人”，则先为其保留必要遗产即可。其三，必留份的数额根据“双缺继承人”的需求保留，但一般不超过无遗嘱而法定继承时该继承人可以分到的遗产份额。

第三节　遗嘱继承纠纷实务案例评析

案例1：借父母名购房，依公证遗嘱由实际出资子女继承[①]

基本案情

被继承人张某民与被继承人刘某予办理了结婚登记手续，二人为重组家庭。张某民与刘某予结婚后，共有两子三女均与被继承人张某民、刘某予共同生活。2021年3月12日，被继承人张某民因肺恶性肿瘤死亡。2021年4月29日，刘某予因胰腺恶性肿瘤死亡。被继承人张某民、刘某予死亡时经常住所地均为江西省南昌市青云谱区。2018年1月3日，被继承人张某民、刘某予立下遗嘱，遗嘱为张某民、刘某予均自愿并一致同意位于江西省南昌市西湖区的房屋由原告一人继承，且该遗嘱已进行了公证。现被继承人张某民、刘某予均已死亡，上述公证遗嘱意见生效，根据《民法典》及有关法律规定，上述房屋所有权为原告享有。被继承人死亡后，因原、被告各方就遗产继承事宜无法达成一致，原告于2021年7月8日将四位兄妹作为被告，以遗嘱继承纠纷案由诉至江西省南昌市青云谱区人民法院（以下简称青云谱区法院），请求判决位于南昌市西湖区的房屋归原告所有；被告共同承担诉讼费由。

四被告经依法传唤，未到庭参加诉讼。被告一提交书面答辩状称：房屋实际上是原告出资购买的，当时各方一致同意原告出资并借用父母的名字买房，且认可房屋实际是原告所有。2018年父母已立遗嘱并做了公证，因此答辩人认为房屋应按公证遗嘱的内容由原告继承。

青云谱区法院经审理认为，继承开始后，按照法定继承办理；有遗嘱的，按照遗嘱继承办理。现被继承人张某民、刘某予死亡，生前留有合法有效的遗嘱，自愿并一致同意将位于南昌市西湖区的房屋由原告一人继承，且该遗嘱已

① 案号：（2021）赣0104民初1485号。

进行了公证。现原告要求按照公证遗嘱的内容执行，符合法律规定，本院依法予以支持。四被告经合法传唤无正当理由未到庭参加诉讼，亦未作书面答辩（除被告一外），其自行放弃举证权、质证权、答辩权所产生的法律后果，由其自行承担，不影响本案的审理。判决：坐落在江西省南昌市西湖区的房屋由原告继承所有。案件受理费 7347 元，由原告自行承担。

案例点评

借名买房，是当事人约定一方以他人名义购买房屋，并将房屋登记在他人名下，借名人实际享有房屋权益的合同关系。司法实践中，由于规避购房资格限制、逃避债务、特定购房优惠、隐藏真实财产、减免税收、获取贷款或基于身份关系（如夫妻或父母子女）等，借名买房情形较为普遍。在主体适格、意思表示真实且不违背国家法律、社会公共利益的情况下，借名买房合同有效，借名人享有房屋权益。

本案中，被继承人张某民、刘某予立下遗嘱，均自愿并一致同意位于江西省南昌市西湖区的房屋由原告一人继承，且该遗嘱已进行了公证。四被告也一致认可原告是房屋的实际出资人和权利人。从借名人和出借人的角度出发，该做法值得肯定，但借名买房依然存在很多法律风险。除了本案的情况外，常见风险有：登记人反悔，在出资人证据不足，不能证明双方之间系借名买房关系的情况下，要想取得房屋产权或收回买房款都很困难；房屋被征收，征收补偿款被登记人领取从而产生纠纷；房屋实际购买人意外死亡，导致实际继承人无法继承房产等。

案例 2：仅有捺印无签字的自书遗嘱亦有效[①]

基本案情

被继承人李某（2018 年 9 月 2 日死亡）、朱某（2015 年 2 月 5 日死亡）系

① 案号：（2021）沪 0105 民初 106563 号。

夫妻，生育三个子女即两原告和两被告之父（2008年11月24日死亡）。两原告和两被告系姑姑与侄女关系。上海市浦东新区金桥镇私房是李某、朱某的夫妻共同财产。2009年6月10日，李某和朱某立下《遗嘱书》，写明上述私房由两原告继承，每人份额为50%。上述私房2015年动迁，被拆迁房屋建筑面积26平方米，被安置人为李某，当时朱某已经去世。动迁安置得到302室、303室两套房屋。

2016年6月3日，李某立下《遗嘱书》，内容为302室房屋归原告一继承，303室房屋归原告二继承。2016年9月20日，李某至上海市浦东新区公证处立下《遗嘱》，内容为302室、303室房屋归两原告继承，他人不得干涉。

原告认为两套安置房屋系李某、朱某的遗产。两被告属代位继承人，但原告有两位老人的遗嘱，所以根据遗嘱，两套房屋应由两原告继承所有。原、被告因对朱某的遗嘱有异议协商未果，原告以遗嘱继承纠纷案由诉至上海市浦东新区人民法院（以下简称浦东新区法院），请求判令302室房屋归原告一所有，303室房屋归原告二所有。

两被告辩称：两套房屋属于李某、朱某的遗产，对李某的公证遗嘱无异议，同意李某遗产归两原告所有。但对朱某的所谓遗嘱有异议，朱某的遗产应当法定继承，并提交1997年拆迁协议一份，落款处有朱某签名一枚，欲证明朱某会写字。

原告称朱某无文化，有用私章的习惯。被告称朱某会写字，对朱某的捺印有异议。

浦东新区法院经审理认为，公民的合法财产受法律保护。案涉302室、303室房屋系原老房动迁而得，原老房系李某、朱某共有财产，被告均无异议，应予确认。本案争议焦点在于2009年6月10日遗嘱书的效力问题。法院认为，李某、朱某系长期共同生活的夫妻，在无证据显示朱某会写字的情况下，由李某执笔存在现实可能性。从该遗嘱的内容和形式来看，系李某、朱某共同处分其共同财产，李某签字、朱某捺印的行为应属李某、朱某共同立下自书遗嘱，其效力应予确认有效。被告虽对朱某捺印有异议，但仅凭其他拆迁协议上的朱某字样的签名，不足以推翻涉案遗嘱上捺印的效力。关于李某所立遗嘱及公证遗嘱，原、被告均无异议，系其真实意思表示，应予确认有效。原告依据遗嘱要求继承房屋的诉讼请求，于法有据，应予支持。判决：302 室房屋归原告一继承所有，303 室房屋归原告二继承所有。案件受理费减半收取计 21552 元，由两原告负担。

案例点评

无论采用哪种方式订立遗嘱，都必须符合《民法典》关于订立遗嘱的法律形式要件，否则不能发生效力。

本案中，原、被告双方争议的是 2009 年 6 月 10 日被继承人李某和朱某所立的自书遗嘱效力。《民法典》要求遗嘱人在自书遗嘱上签名，就是为了防止出现内容与遗嘱人的真实意思表示不一致。笔者认为，李某签字、朱某捺印的行为应属两人共同立下自书遗嘱，形式上虽有轻微瑕疵，但并不影响被继承人朱某对其去世后遗产分配所做的意思表示。最终，法院确认涉案的遗嘱具有法律效力，该遗嘱在其去世后应当发生法律效力。

第十六章　被继承人债务清偿纠纷

第一节　案由适用要点

一、案由释义

在被继承人死亡时依法应由其清偿的债务是被继承人的债务，因该债务清偿引起的纠纷即被继承人债务清偿纠纷。被继承人的债务，既包括被继承人个人负担的债务，也包括被继承人在共同债务中应承担的债务份额。

二、管辖法院

因被继承人债务清偿纠纷提起的诉讼，根据《民事诉讼法》第 22 条第 1 款的规定，应当由被告住所地人民法院管辖，被告住所地与经常居住地不一致的，由经常居住地人民法院管辖。

三、要点提示

在审判实践中，被继承人的债务主要包括：（1）被继承人依照税法规定应缴纳的税款；（2）被继承人因合同之债发生的未履行的给付财物的债；（3）被继承人因不当得利而承担的返还不当得利的债务；（4）被继承人因无因管理之债而负担的偿还管理人必要费用的债务；（5）被继承人因侵权行为而承担的损害赔偿债务。因上述情形发生的债务清偿纠纷，适用本案由。

四、法律指引

《民法典》

第一千一百五十九条　分割遗产，应当清偿被继承人依法应当缴纳的税款和债务；但是，应当为缺乏劳动能力又没有生活来源的继承人保留必要的遗产。

第一千一百六十一条　继承人以所得遗产实际价值为限清偿被继承人依法应当缴纳的税款和债务。超过遗产实际价值部分，继承人自愿偿还的不在此限。

继承人放弃继承的，对被继承人依法应当缴纳的税款和债务可以不负清偿责任。

第一千一百六十二条　执行遗赠不得妨碍清偿遗赠人依法应当缴纳的税款和债务。

第一千一百六十三条　既有法定继承又有遗嘱继承、遗赠的，由法定继承人清偿被继承人依法应当缴纳的税款和债务；超过法定继承遗产实际价值部分，由遗嘱继承人和受遗赠人按比例以所得遗产清偿。

第二节　被继承人债务清偿常见问题释解

被继承人债务清偿，是指被继承人死亡后，其生前应当偿还的债务并不消灭，应由其继承人承担清偿责任。

一、被继承人债务的确定

被继承人债务包括公法上的债务（如未缴纳的税款、罚金等）和私法上的债务（如借贷合同之债、损害赔偿的民事责任等）。

继承费用（如遗产管理费用、丧葬费用等）是被继承人死亡后才发生的费用，不属于被继承人生前债务，但可直接从遗产中支付。

另外，根据《民法典》第1162条的规定，遗赠不属于被继承人债务，执行遗赠前也应清偿遗赠人依法应当缴纳的税款和债务。

二、清偿被继承人债务的原则

（一）继承人负有清偿被继承人债务的责任

继承人清偿被继承人债务，以继承人没有放弃继承为前提。《民法典》第

1161 条第 2 款规定，放弃继承的继承人，对被继承人依法应当缴纳的税款和债务不负清偿责任。

（二）限定继承

限定继承，是指继承人以取得遗产的价值范围为限承担被继承人生前债务。根据《民法典》第 1161 条第 1 款规定，“继承人以所得遗产实际价值为限清偿被继承人依法应当缴纳的税款和债务。超过遗产实际价值部分，继承人自愿偿还的不在此限”。可见，我国实行的是法定的限定继承原则。

需要注意的是，继承人如自愿清偿了超出遗产实际价值的被继承人债务，不得以自己有权不予清偿为由主张返还。

（三）照顾缺乏劳动能力又没有生活来源的继承人

《民法典》第 1159 条规定，分割遗产的时候，即使需要清偿被继承人债务，也应当为缺乏劳动能力又没有生活来源的继承人保留必要的遗产。因此遗产分割时只要继承人中有缺乏劳动能力又没有生活来源的人，即使遗产不足清偿债务，也应为其保留必要遗产，然后再清偿债务。

三、债务尚未清偿但遗产已经分割的处理

被继承人债务应在执行遗赠、分割遗产之前予以清偿。如果被继承人债务尚未清偿完毕而遗产已经分割，则应由取得遗产的继承人和受遗赠人按照一定顺序和比例清偿。

根据《民法典》第 1163 条的规定，遗产因法定继承和遗嘱处分分割的，首先由法定继承人清偿被继承人依法应当缴纳的税款和债务；税款和债务超过法定继承人实际取得遗产价值的部分，由遗嘱继承人和受遗赠人按其取得遗产的比例以所得遗产为限清偿遗嘱人债务。

当然，如果只有遗嘱继承和遗赠的，由遗嘱继承人和受遗赠人以取得遗产为限按照比例清偿。

第三节 被继承人债务清偿纠纷实务案例评析

案例1：继承人应在遗产范围内对被继承人生前债务承担偿还责任[①]

基本案情

原告与朱某系同村朋友，双方关系较好。2016年1月3日和7月8日，朱某前后两次以家中缺钱为由，向原告借款20000元，由朱某分别出具2份借条，承诺若逾期还款，自愿承担自借款之日起至还清之日止按中国人民银行同期贷款利率的四倍计算的利息及债权人为实现债权的一切费用。此后，虽经原告催讨，但朱某一直没有归还。后朱某于2019年8月20日去世，原告与被告方协商还款事宜未果。2022年2月17日，原告以被继承人债务清偿纠纷案由诉至浙江省杭州市萧山区人民法院（以下简称萧山区法院），请求判令二被告在遗产继承范围内偿还原告借款20000元，支付自2017年1月1日起至借款还清之日止按银行间同业拆借中心公布的贷款利率（LPR）的四倍计算的利息。

被告一辩称：丈夫朱某活着的时候没有说过借钱，从来都是赌债，不承认，也不偿还。

被告二辩称：案涉借条从来没看到过，父亲朱某生前也没有说过。据说，原告和父亲朱某经常在一起赌博。第一次借了10000元，为什么后来又借了10000元，原告应该很清楚。借条是在什么情况下写的，有没有给付款项，原告应当说清楚。

萧山区法院经审理认为，原告以借条为债权凭证提起民间借贷诉讼，被告虽对案涉借条的真实性提出异议，又称原告和朱某系赌友即案涉借款涉嫌赌债，但均未提供有效证据予以证实。原告持有债权凭证，应认定其与朱某之间的民间借贷关系成立且合法有效，朱某应承担还款付息的民事责任。朱某死亡

① 案号：（2022）浙0109民初1927号。

后，其所应当承担的向原告返还借款本息的民事责任，应由继承其遗产的继承人承担。被告一作为朱某的妻子，被告二作为朱某的子女，均为朱某遗产的第一顺序继承人，应在继承朱某遗产的实际价值范围内承担对原告债务的清偿责任。综上，原告的诉讼请求合理，予以支持。本案系因《民法典》施行前的法律事实引起的民事纠纷，根据《民法典时间效力规定》第 1 条第 2 款之规定，本案应当适用当时的法律、司法解释的规定。判决：二被告在继承朱某遗产实际价值范围内向原告清偿借款 20000 元，并支付该款自 2017 年 1 月 1 日起至实际履行之日止的利息［利率标准在 2019 年 8 月 19 日之前按同期中国人民银行公布的贷款基准利率的四倍执行，自 2019 年 8 月 20 日起按同期全国银行间同业拆借中心公布的一年期贷款市场报价利率（LPR）的四倍执行］。案件受理费减半收取计 182.50 元，由二被告负担。

案例点评

俗话说："欠债还钱，天经地义。"但在现实生活中人们总会遇到一些意外情况，如欠款人不幸去世，欠款应该向谁讨要？是"人死债消"还是"父债子偿"？

《民法典》第 1161 条规定："继承人以所得遗产实际价值为限清偿被继承人依法应当缴纳的税款和债务。超过遗产实际价值部分，继承人自愿偿还的不在此限。继承人放弃继承的，对被继承人依法应当缴纳的税款和债务可以不负清偿责任。"因此，在我国，接受继承的继承人同时接受了债务清偿责任，但仅以继承遗产的实际价值为限，超过部分可以不予清偿。本案中，因债务人朱某已于诉讼前死亡，其妻子、儿女作为朱某的法定第一顺序继承人，应当在继承朱某遗产范围内对朱某生前的债务承担共同还款责任。

案例 2：已故前夫生前个人债务，前妻无需承担责任[①]

基本案情

原告与霍某是朋友关系，2019 年至 2021 年，霍某因承包土地种植果树及农作物需要多次共向原告借款本金 30.5 万元，一直未偿还。2021 年 12 月 21 日，霍某因故去世。霍某的父亲 13 年前过世，被告一系霍某母亲，霍某与前妻 2014 年离婚，婚前生一女儿（被告二）。霍某又与被告三登记结婚，婚后生一儿子（被告四），四被告作为霍某的合法继承人，应当在其继承遗产的范围内承担还款责任。双方就还款事宜经协商未果。

2022 年 1 月 10 日，原告以被继承人债务清偿纠纷案由诉至河南省商丘市睢阳区人民法院（以下简称睢阳区法院），请求判令被告在继承霍某遗产范围内偿还原告借款 35.5 万元及利息，并承担诉讼费用。

被告一辩称，对原告与霍某的借贷不知情，但只要手续齐全，尊重事实。被告二辩称，虽然其有继承权，但因其系未成年人，没有能力承担霍某的债权债务和诉讼费用。同时希望法院考虑其居住、学习和生活费用。被告三辩称，2019 年 12 月 5 日，霍某与其已解除夫妻关系，该笔借款并非形成于婚姻存续期间，不属于夫妻共同债务，不应就该笔借款承担支付责任。被告四没有答辩意见。

睢阳区法院经审理认为，霍某生前多次向原告借款，共计 30.5 万元，有霍某出具的借条能够证明，而且，根据借款数额和原告与被告之间的关系，可以确认借款关系成立，对原告主张借款 30.5 万元的诉讼请求予以支持。原告没有证据证明借款有利息约定，对其要求借款利息的诉讼请求不予支持。被告一、被告二、被告四作为霍某的法定继承人，有义务将遗产用于处理被继承人的债权债务，现查明霍某遗产中有两处房产，被告一、被告二、被告四有义务在霍某遗产范围内对原告履行偿还借款的义务。被告三与霍某于 2019 年 12 月

---

① 案号：（2022）豫 1403 民初 416 号。

5 日已经办理了离婚登记，不是霍某的法定继承人，案涉借款发生在二人离婚之后，不属于夫妻共同债务，故此，原告对被告三的诉讼请求无事实依据，予以驳回。判决：被告一、被告二、被告四在霍某名下两处房产的范围内对原告履行偿还借款 30.5 万元的义务；案件受理费减半收取计 3313 元、财产保全费 2295 元，共计 5608 元，由被告一、被告二、被告四在霍某遗产范围内负担。

案例点评

《民法典》第 1064 条规定，夫妻双方共同签名或者夫妻一方事后追认等共同意思表示所负的债务，以及夫妻一方在婚姻关系存续期间以个人名义为家庭日常生活需要所负的债务，属于夫妻共同债务。夫妻一方在婚姻关系存续期间以个人名义超出家庭日常生活需要所负的债务，不属于夫妻共同债务；但是债权人能够证明该债务用于夫妻共同生活、共同生产经营或者给予夫妻双方共同意思表示的除外。第 1089 条规定，离婚时，夫妻共同债务应当共同偿还。第 1161 条第 1 款规定，继承人以所得遗产实际价值为限清偿被继承人依法应当缴纳的税款和债务。《民法典婚姻家庭编司法解释一》第 36 条规定，夫或者妻一方死亡的，生存一方应当对婚姻关系存续期间的夫妻共同债务承担清偿责任。

本案中，2019 年 12 月 5 日，被告三与前夫霍某在当地民政局登记离婚。2019 年至 2021 年期间，霍某生前向原告借款 30.5 万元，经法院查明该笔债务系霍某生前个人债务，并非霍某与被告三的夫妻共同债务，且被告三不是霍某的法定继承人，故被告三对原告没有还款的义务。

第十七章 遗赠纠纷

第一节 案由适用要点

一、案由释义

遗赠纠纷，是指遗赠人在设立遗嘱或其继承人在实施其遗嘱过程中产生的纠纷。

二、管辖法院

因遗赠纠纷提起的诉讼，可参照《民事诉讼法》第34条第3项关于专属管辖的规定，由遗赠人死亡时住所地或者遗赠财产、遗赠物所在地人民法院管辖。

三、要点提示

遗赠是指自然人以遗嘱方式将其财产赠与国家、集体或法定继承人以外的人，而于其死亡后发生效力的民事行为。遗赠是一种单方民事行为，只要遗赠人一方的意思表示即可成立。

在继承开始后受遗赠人须在知道受遗赠以后60日内表示接受，如到期未表示则视为放弃受遗赠。

四、法律指引

《民法典》

第一千一百二十三条 继承开始后，按照法定继承办理；有遗嘱的，按照遗嘱继承或者遗赠办理；有遗赠扶养协议的，按照协议办理。

第一千一百二十四条 继承开始后，继承人放弃继承的，应当在遗产处理前，以书面形式作出放弃继承的表示；没有表示的，视为接受继承。

受遗赠人应当在知道受遗赠后六十日内，作出接受或者放弃受遗赠的表示；到期没有表示的，视为放弃受遗赠。

第一千一百四十四条 遗嘱继承或者遗赠附有义务的，继承人或者受遗赠人应当履行义务。没有正当理由不履行义务的，经利害关系人或者有关组织请求，人民法院可以取消其接受附义务部分遗产的权利。

第一千一百五十四条 有下列情形之一的，遗产中的有关部分按照法定继承办理：

（一）遗嘱继承人放弃继承或者受遗赠人放弃受遗赠；

（二）遗嘱继承人丧失继承权或者受遗赠人丧失受遗赠权；

（三）遗嘱继承人、受遗赠人先于遗嘱人死亡或者终止；

（四）遗嘱无效部分所涉及的遗产；

（五）遗嘱未处分的遗产。

第一千一百五十八条 自然人可以与继承人以外的组织或者个人签订遗赠扶养协议。按照协议，该组织或者个人承担该自然人生养死葬的义务，享有受遗赠的权利。

第一千一百六十条 无人继承又无人受遗赠的遗产，归国家所有，用于公益事业；死者生前是集体所有制组织成员的，归所在集体所有制组织所有。

第一千一百六十二条 执行遗赠不得妨碍清偿遗赠人依法应当缴纳的税款和债务。

第一千一百六十三条 既有法定继承又有遗嘱继承、遗赠的，由法定继承人清偿被继承人依法应当缴纳的税款和债务；超过法定继承遗产实际价值部分，由遗嘱继承人和受遗赠人按比例以所得遗产清偿。

第二节 遗赠常见问题释解

一、遗赠的概念

遗赠是自然人以遗嘱的方式将其个人财产赠与国家、集体或法定继承人以外的人，并于其死亡后生效的单方民事法律行为。遗嘱人是遗赠人，接受遗产的国家、集体或法定继承人以外的人是受遗赠人。

二、遗赠的法律特征

遗赠是遗嘱处分的一种，所以具有遗嘱的全部特征：遗赠是单方民事法律行为；遗赠于遗赠人死亡时生效；遗赠行为不得代理；遗赠是要式法律行为。除上述特征外，遗赠还具有如下特点：

1. 受遗赠人是法定继承人以外的人

受遗赠人是法定继承人之外的自然人、集体和国家。

2. 遗赠须由受遗赠人在法定期间表示接受

在继承开始后受遗赠人须在知道受遗赠以后 60 日内表示接受，如到期未表示则视为放弃受遗赠。

三、遗赠与遗嘱继承的区别

1. 受遗赠人与遗嘱继承人的范围不同。受遗赠人与遗嘱继承人是相互排斥的关系。受遗赠人可以是国家、集体或法定继承人外的人。遗嘱继承人只能是法定继承人范围以内的人，且是自然人。

2. 遗赠受领权与遗嘱继承权的标的不同。受遗赠人取得的是纯粹的财产利益，原则上只享受财产权利，而不负担清偿遗赠人生前债务的义务。而遗嘱继承人在享受继承遗产权利的同时，负有清偿被继承人债务的义务。

3. 遗产的接受与放弃的规定不同。受遗赠人应当在知道受遗赠后 60 日内，作出接受或放弃受遗赠的表示，到期没有表示的，视为放弃受遗赠。遗嘱继承人在继承开始后、遗产处理前，可以表示接受遗产或放弃遗产，如果没有表示放弃的，视为接受遗嘱继承。

4. 受遗赠人和遗嘱继承人死亡的后果不同。如果受遗赠人在法定期间内未作出接受的意思表示就死亡，不发生受遗赠权的转继承，按照放弃受遗赠处理。而在遗嘱继承中，继承人于遗产分割前死亡，并且没有放弃继承的，该继承人应当继承的遗产转给其继承人。

四、遗赠与赠与的区别

1. 法律性质不同。遗赠是遗赠人的单方法律行为，遗嘱人立遗嘱时不必征得受遗赠人的同意，就可在遗嘱中作出财产让与的意思表示。而赠与属于赠与人与受赠人的双方法律行为，赠与人表示赠与且受赠人同意时，赠与合同才发生法律效力。

2. 意思表示的方式不同。遗赠需要借由遗嘱的方式进行，故须符合遗嘱的形式要件。赠与系不要式的法律行为，除特殊标的有形式要求外，一般情况下，双方口头或书面达成的协议均发生法律效力。

3. 发生效力的时间不同。遗赠在遗赠人死亡后发生执行效力。赠与系实践性法律行为，赠与人交付赠与标的物后即发生法律效力。

第三节　遗赠纠纷实务案例评析

案例 1：受遗赠人应在 60 日内作出是否接受遗赠明确表示[①]

基本案情

被继承人王某和许某系夫妻关系，共育有五女，即本案被告一、被告二、被告三、被告四和被告五。原告系被告四之子，被继承人王某和许某的外孙。

① 案号：（2021）鲁 0602 民初 7138 号。

1996年12月15日，王某和许某以成本价参加房改购买了位于烟台市芝罘区的一套住房，是夫妻共同财产，登记在王某名下。2007年12月27日，王某书写了《我们的决定书》一份，载明：上述房屋归外孙（原告）所有，落款部分由王某签名捺印。2008年1月7日，王某和许某所立内容相同的遗嘱各1份，载明：上述房屋产权份额，全部遗赠给外孙（原告）所有，并在烟台市鲁东公证处进行遗嘱公证。2013年12月31日，许某再立遗嘱一份，该遗嘱由许某签字捺印，并由山东某律师事务所指派两名律师进行了见证，出具的律师见证书中载明："许某和王某的《我们的决定书》，许某称：该文书为其丈夫王某于2007年12月27日亲笔书写并签名，并代替许某签名，许某本人在自己名上加盖了手印。《我们的决定书》是夫妻共同决定的，但当时是其丈夫书写的，自己只加盖手印，故决定再请律师代书并见证立遗嘱。2008年1月许某和王某立公证遗嘱，公证处分房产的意见与上述《我们的决定书》内容一致"等内容。

王某于2013年11月10日去世，许某于2020年3月18日去世。2013年12月12日，原告出具接受遗赠申明书一份，载明：本人同意接受遗赠人遗嘱中遗赠的房产。自知道受遗赠这一事实至本人向公证机构提出公证申请之日止，并未超过有关法律接受遗赠期限的规定，并在广东省深圳市深圳公证处对上述接受遗赠申明书进行了公证。

原告与五被告就上述房屋的归属问题未能达成一致。2020年5月15日，原告以遗赠纠纷案由诉至山东省烟台市芝罘区人民法院（以下简称芝罘区法院），请求判令上述房屋归原告所有；五被告承担诉讼费用。

被告二辩称：1.《我们的决定书》前提为被告五享有涉案房屋的永久居住权，而被告四于2019年春节后将被告五送入养老院，违背了两被继承人的根本遗愿，且许某本人未签字，不符合遗嘱的形式要件，不具备法律效力，应依法取消原告接受遗赠的权利。2.《律师见证书》是对《我们的决定书》的补充说明，不能作为代书遗嘱，且不完全代表被继承人许某的真实意思表示，不具有法律效力，五被告作为被继承人王某和许某的第一顺位继承人，应享有涉案房屋的继承权。3.被告五为精神残疾二级，系无民事行为能力人，被继承人王某和许某所立的经公证的遗嘱没有为被告五留有涉案房屋的产权份额，其不予认可。4. 被继承人许某于2020年3月18日去世后，原告没有在法定60日之内作出接受赠与的意思表示，应视为原告放弃继承涉案房屋的产权份额。综上，应驳回原告的诉讼请求。

被告三辩称：1.《我们的决定书》系被继承人王某所写，"许某"的签名也是由被继承人王某代签，不能代表被继承人许某的真实意思表示，且没有给患有精神疾病的被告五留下应有的份额，应为无效遗嘱。2. 被继承人许某在2013年12月31日作出《律师见证书》时已不具有民事行为能力，故该《律师见证书》应为无效。3. 请求依法对被继承人王某和许某的遗产进行分割，同时考虑患有精神疾病的被告五的生活所需问题。

被告一、被告四、被告五均辩称，对原告诉讼请求无异议。

芝罘区法院经审理认为，法院判决宣告被告五无民事行为能力，并指定被告四为被告五的监护人。故被告四作为被告五的法定代表人诉讼主体适格。遗嘱是遗嘱人生前按照自己的意思和想法处分自己财产的行为，体现的是遗嘱人的真实意志。本案中，被继承人王某于2007年12月27日书写了《我们的决定书》并签名捺印；被继承人王某与许某于2008年1月7日所立的两份遗嘱均经过山东省烟台市鲁东公证处公证，不违反国家法律、法规的强制性规定；被继承人许某再次于2013年12月31日立遗嘱并经山东某律师事务所指派两名律师进行了见证，在该份遗嘱中被继承人许某明确表示其坚持《我们的决定书》中的意见。在上述所涉的证据中被继承人王某和许某多次明确表示将涉案房屋遗赠给原告个人所有。故依法予以认定将涉案房屋赠与原告个人所有系被继承人王某和许某的真实意思表示。被告二和被告三此项抗辩理由，不予采信。被告三主张被继承人许某在2013年12月31日立遗嘱时已无民事行为能力的抗辩理由，因其未提供相关证据，不予采信。被告五虽为精神残疾二级，但其本人有退休金收入，且本案仅涉及涉案房屋并不涉及被继承人王某和许某的其他遗产，被告二和被告三的此项抗辩理由，并不符合《民法典》第1141条"遗嘱应当为缺乏劳动能力又没有生活来源的继承人保留必要的遗产份额"之规定，不予采信。

依据《民法典》第1124条的规定，继承开始后，……受遗赠人应当在知道受遗赠后60日内，作出接受或者放弃受遗赠的表示；到期没有表示的，视为放弃受遗赠。原告在被继承人王某 2013 年 11 月 10 日去世后的 2013 年 12 月 12 日即至广东省深圳市深圳公证处公证声明接受赠与；原告又于被继承人许某 2020 年 3 月 18 日去世后的 2020 年 5 月 15 日向法院递交起诉状请求确认涉案房产归其所有，原告的上述行为应当认定作出了接受被继承人王某和许某遗赠的表示。现原告请求涉案房屋归其所有的主张，理由正当，依法予以支持。被告二以原告已过法定 60 日期限的抗辩理由，不予采信。被告三请求对被继承人王某和许某的遗产进行分割的主张，与本案并非同一法律关系，本案不予审理。判决：确认坐落于烟台市芝罘区上述房屋所有权归原告个人所有，五被告协助原告办理上述房屋产权过户手续。案件受理费 13800 元，由五被告各负担 2760 元。

案例点评

本案争议焦点为原告接受遗赠是否已过法定 60 日期限。

《民法典》第 1124 条第 2 款规定，受遗赠人应当在知道受遗赠后 60 日内，作出接受或者放弃受遗赠的表示；到期没有表示的，视为放弃受遗赠。在日常生活中，受遗赠人因为某些原因不愿接受遗赠，又不作出相应表示，如果法律不规定一个期限要求其明确表示，那么遗赠的财产总处于一种权属不明的状态，不利于财产的流转。因此，受遗赠人需要在知道受遗赠后 60 日内作出是否接受遗赠的表示，到期没有表示的，视为放弃受遗赠。此外，对于受遗赠人放弃受遗赠，法律没有规定具体的方式和程序，实践中只要受遗赠人向继承人明确表示即可，可以是书面的，也可以是口头的。

受遗赠人为继承人以外的人，从某种程度上来讲遗赠行为应当视为双方法律行为，遗赠人作出赠与的意思表示后，受遗赠人也需要作出接受遗赠的意思表示，且需要在知道受遗赠之日起 60 日内以明示的方式（并非一定要以书面形式）做出，否则在法律上将会形成推定受遗赠人放弃受遗赠的法律效果。本案中，原告系受遗赠人，非法定第一顺序继承人，五被告为法定第一顺序继承人。按照上述《民法典》的规定，在被继承人王某和许某去世后，其遗留的上述房屋应由原告继承。原告在王某去世后的 2013 年 12 月 12 日即至广东省深圳市深圳公证处公证声明接受赠与；原告又于许某去世后的 2020 年 5 月 15 日向法院递交起诉状请求确认涉案房产归其所有，原告的上述行为被法院认定为作出了接受王某和许某遗赠的表示。

案例2：夫妻一方为无民事行为能力人，双方共同签署的遗赠协议部分有效①

基本案情

原告系邹某（已故）的姐姐，被告系邹某的妻子。邹某生前患有肝癌，由原告照顾。2021年3月邹某和被告将邹某名下存款50万元赠与原告，邹某去世后一切丧葬等费用由原告负责，款项从赠与的50万元中支出，并形成书面遗赠协议。邹某于2021年3月12日去世，原告为邹某办理丧葬、购买墓地等花销6万余元。现原告处理邹某名下案涉款项，需被告协助。原告以遗赠纠纷案由诉至辽宁省大连市金州区人民法院（以下简称金州区法院），请求判令被告将邹某名下存款50万元给付原告。

被告辩称：原告的诉讼违背事实真相，缺乏事实和法律依据，请法庭不予支持。被告不同意原告的诉讼请求。

被告经鉴定患精神分裂症，目前无民事行为能力，经本院宣告为无民事行为能力人，为其指定监护人。

金州区法院经审理认为，民事法律行为是民事主体通过意思表示设立、变更、终止民事法律关系的行为。被告与邹某是夫妻，在邹某名下的存款50万元应是被告与邹某的夫妻共同财产，邹某仅对其中属于其个人的财产享有处分的权利。原、被告双方均未向本院提供证据证明上述存款是邹某或被告的个人财产，本院酌情确定该存款中的一半即25万元是邹某的个人财产。虽然被告在协议书上签字、按手印，但被告常年患有精神分裂症，经本院宣告为无民事行为能力人，其签字、按手印的行为属无效的民事行为。故原告与邹某及被告于2021年3月12日达成的书面遗赠协议，属于部分有效，即邹某处分属于个

① 案号：（2021）辽0213民初2883号。

人财产的部分有效。原告履行了遗赠协议中的约定义务即操办邹某的丧葬事宜并支付丧葬费用，就有权利要求履行约定的权利即得到遗赠的财产，现原告要求取得遗赠邹某的财产 25 万元之诉请合法，予以支持。判决：邹某名下的存款 25 万元归原告所有。原告将上述存款取出，自留 25 万元，其余 25 万元及利息返还给被告的监护人。案件受理费 50 元，由原告负担。

案例点评

本案争议焦点为被告系无民事行为能力人，其在遗赠协议上签字是否有效以及原告与邹某及被告达成的书面遗赠协议效力是全部有效还是部分有效。

《民法典》第 133 条规定，民事法律行为是民事主体通过意思表示设立、变更、终止民事法律关系的行为。第 144 条规定，无民事行为能力人实施的民事法律行为无效。本案中，被告与邹某是夫妻，在邹某名下的存款 50 万元应是被告与邹某的夫妻共同财产，邹某仅对其中属于其个人的财产享有处分的权利。虽然被告在协议书上签字、按手印，但被告为无民事行为能力人，其签字、按手印的行为属无效的民事行为。故原告与邹某及被告达成的书面遗赠协议，属于部分有效，即邹某处分属于个人财产的部分有效。

第十八章　遗赠扶养协议纠纷

第一节　案由适用要点

一、案由释义

遗赠扶养协议纠纷，是指遗赠人和扶养人在履行遗赠扶养协议过程中产生的纠纷。

二、管辖法院

遗赠扶养协议是一种双务、有偿行为，因遗赠扶养协议纠纷提起的诉讼，根据《民事诉讼法》第22条第1款的规定，应当由被告住所地人民法院管辖，被告住所地与经常居住地不一致的，由经常居住地人民法院管辖。

三、要点提示

遗赠扶养协议是扶养人和被扶养人之间的民事法律行为，须双方的意思表示一致才能成立。这种协议不以标的物的给付为成立生效的要件，为诺成性行为，但须采用书面形式。

四、法律指引

《民法典》

第一千一百二十三条　继承开始后，按照法定继承办理；有遗嘱的，按照遗嘱继承或者遗赠办理；有遗赠扶养协议的，按照协议办理。

第一千一百五十八条　自然人可以与继承人以外的组织或者个人签订遗赠

扶养协议。按照协议，该组织或者个人承担该自然人生养死葬的义务，享有受遗赠的权利。

《民法典继承编司法解释一》

第四十条　继承人以外的组织或者个人与自然人签订遗赠扶养协议后，无正当理由不履行，导致协议解除的，不能享有受遗赠的权利，其支付的供养费用一般不予补偿；遗赠人无正当理由不履行，导致协议解除的，则应当偿还继承人以外的组织或者个人已支付的供养费用。

第二节　遗赠扶养协议常见问题释解

一、遗赠扶养协议的概念

遗赠扶养协议，是指被扶养人与继承人以外的扶养人之间订立的，以扶养人对被扶养人生养死葬的义务以及被扶养人将个人财产遗赠给扶养人为内容的协议。遗赠扶养协议的效力优先于遗嘱继承和遗赠。遗赠扶养协议中被扶养人是遗赠人，扶养人是受遗赠人。

《民法典》第1158条规定，自然人可以与继承人以外的组织或者个人签订遗赠扶养协议。按照协议，该组织或者个人承担该自然人生养死葬的义务，享有受遗赠的权利。

二、遗赠扶养协议的法律特征

遗赠扶养协议是我国特有的扶养和遗赠相结合的法律制度，具有如下法律特征：

1. 遗赠扶养协议是双方法律行为

遗嘱是无相对人的单方法律行为，有严格的形式要件要求，而遗赠扶养协议是基于扶养人和被扶养人双方一致的意思表示成立的双方法律行为，法律并未对其形式有特别要求。

2. 遗赠扶养协议是有偿法律行为

扶养人因承担了扶养义务而享有受遗赠的权利，被扶养人因遗赠而享有被扶养的权利，因此无法定或约定的情形当事人不得随意变更解除协议。

3. 遗嘱扶养协议自协议成立时生效

遗嘱扶养协议自成立时生效，扶养人应履行扶养义务。

4. 遗嘱扶养协议的扶养人是继承人之外的组织或个人

根据《民法典》第 1158 条的规定，能够成为遗赠扶养协议中扶养人的是继承人以外的组织或个人。法律这样规定的原因在于被继承人与继承人之间多是关系紧密的亲属，通常互负扶养义务，而继承人之外的组织或个人依照遗赠扶养协议的约定承担扶养义务，从而取得受遗赠的权利。

5. 遗赠扶养协议效力优先于遗嘱和法定继承

遗赠扶养协议是法律规定的效力最优先的遗产转移方式，根据《民法典》第 1123 条的规定，没有遗赠扶养协议，或协议无效或被解除，或遗赠扶养协议没有处分全部财产，才有遗嘱或法定继承适用的可能性。

三、遗赠扶养协议当事人的权利和义务

1. 扶养人的权利和义务

权利：扶养人享有被扶养人死亡后取得受遗赠遗产的权利。

义务：扶养人应履行对被扶养人生养死葬的扶养义务，不得随意降低扶养标准甚至虐待被扶养人。

2. 被扶养人的权利和义务

权利：被扶养人的权利是生前接受扶养人的扶养，死后得到扶养人的安葬。

义务：被扶养人应确保遗赠扶养协议中约定遗赠的财产在其死亡后能转移给扶养人。这意味着，遗赠扶养协议中明确遗赠给扶养人的财产虽然仍然属于被扶养人，但被扶养人不应另行处理，避免其死亡后无法转移遗赠的财产。若被扶养人擅自另行处分约定的财产，可能导致扶养人解除协议。

四、遗赠扶养协议的解除

1. 协议解除

依照《民法典》第 562 条的规定，当事人协商一致可以解除遗赠扶养协议，并明确协议解除的法律后果。

2. 因一方不履行协议而解除

根据《民法典继承编司法解释一》第 40 条的规定，因协议当事人一方不履行协议而解除有两种情况：

一是受遗赠人无正当理由不履行，致协议解除的，不能享有受遗赠的权利，其支付的供养费用一般不予补偿。

二是遗赠人无正当理由不履行，致协议解除的，应偿还受遗赠人已支付的供养费用。

第三节 遗赠扶养协议纠纷实务案例评析

案例 1：委托他人代签且实际履行的遗赠扶养协议合法有效[①]

基本案情

原告系郭某之兄，被告系郭某外甥，第三人系郭某之妹、被告之母。郭某于 2020 年 8 月 1 日病逝，因终生未婚，无第一顺序继承人，原告和第三人是郭某的法定继承人。2020 年 6 月 28 日，被告和第三人趁郭某病重之机，为谋取郭某的遗产，炮制了一份《遗赠扶养协议》，并通过强制和欺诈手段，加按了郭某的指印。原告认为，该份协议不是郭某的真实意思表示，被告亦未履行对郭某生养死葬的义务，且被告为谋取钱财不择手段，违背公序良俗，该协议应属无效。原告以遗赠扶养协议纠纷案由诉至山东省青岛市黄岛区人民法院（以

① 案号：(2021) 鲁 0211 民初 703 号、(2022) 鲁 02 民终 68 号。

下简称黄岛区法院)，请求确认被告与郭某（已故）签订的《遗赠扶养协议》无效；被告承担诉讼费、保全费、保险费。

黄岛区法院认为，自然人可以与继承人以外的组织或者个人签订遗赠扶养协议。按照协议，该组织或者个人承担该自然人生养死葬的义务，享有受遗赠的权利。因此，遗赠扶养协议属于双方、双务、有偿、诺成、要式和死因民事法律行为。根据本院查明的事实可以看出，死者郭某在2017年春天查出肺癌，2020年8月1日去世，在其去世前1个月，在被告未到场的情况下，由被告的母亲及妹妹替被告与郭某签订《遗赠扶养协议》，并不能体现系郭某与被告之间形成的合意，且庭审中被告自认郭某并没有和其商量如何赡养郭某，故该份遗赠扶养协议无法体现郭某的真实意思表示，且不符合遗赠扶养协议的构成要件，应属无效协议，对原告的主张法院予以支持。判决：被告与郭某（已故）于2020年6月28日签订的《遗赠扶养协议》无效。案件受理费100元，由被告负担。

被告不服，上诉至山东省青岛市中级人民法院（以下简称青岛中院)，请求撤销一审判决，改判驳回原告的诉讼请求；一、二审诉讼费用由原告承担。

二审期间，被告提交了医院陪护证明、医疗费发票证据，以证明郭某住院期间由被告及其妻子进行陪护，并为其看病支付了医疗费。另外提交了郭某生前已按照《遗赠扶养协议》约定将村《股权证》交付给了被告的证据。

青岛中院认为，本案争议焦点为：涉案《遗赠扶养协议》的效力问题。《民法典时间效力规定》第1条第2款规定，《民法典》施行前的法律事实引起的民事纠纷案件，适用当时的法律、司法解释的规定，但是法律、司法解释另有规定的除外。原《合同法》第52条规定，有下列情形之一的，合同无效：(1）一方以欺诈、胁迫的手段订立合同，损害国家利益；(2）恶意串通，损害国家、集体或者第三人利益；(3）以合法形式掩盖非法目的；(4）损害社会公共利益；(5）违反法律、行政法规的强制性规定。遗赠扶养协议作为一种双方法律行为，其本质上属于财产性质的合同，遗赠人与扶养人意思表示一致时即可生效成立，该协议的无效情形亦应当符合我国法律有关合同无效的规定。

具体到本案，2020年6月23日，在法律服务所工作人员的见证下，遗赠人郭某与被告签订《遗赠扶养协议》，根据现场录音录像可认定，法律服务所工作人员就遗赠扶养事项向郭某进行询问，郭某知晓该协议内容且在协议上捺印，系其对该《遗赠扶养协议》内容的确认。被告虽未在现场，但其委托代理人为其办理遗赠扶养事宜，其间委托代理人通过微信等方式将该协议的内容向被告报告，被告亦同意《遗赠扶养协议》的内容。本院认为，该《遗赠扶养协议》的签订，系双方真实意思表示，符合法律规定的形式和实质要件，不存在协议无效的法定事由，且郭某生前亦未对该协议行使撤销权及否认该协议的效力，可据此认定该《遗赠扶养协议》自签订之日成立生效。原告主张该协议的签订并非郭某的真实意思表示，郭某系受到被告、被告母亲等人的胁迫，但没有证据证明，本院不予支持。一审法院认定该《遗赠扶养协议》无效，确有不妥，本院予以纠正。判决：撤销一审法院民事判决；驳回原告的诉讼请求。一审、二审案件受理费200元，由原告负担。

案例点评

本案争议焦点是委托他人代签且实际履行的《遗赠扶养协议》是否有效。

《民法典》第143条规定，具备下列条件的民事法律行为有效：（1）行为人具有相应的民事行为能力；（2）意思表示真实；（3）不违反法律、行政法规的强制性规定，不违背公序良俗。第153条规定，违反法律、行政法规的强制性规定的民事法律行为无效。但是，该强制性规定不导致该民事法律行为无效的除外。违背公序良俗的民事法律行为无效。

具体到本案，遗赠扶养协议是否有效，主要取决于三点：一是内容是否是当事人的真实意思表示；二是形式是否合法；三是协议是否得到完全履行。

从内容上看，2020年6月28日，遗赠人郭某与被告签订《遗赠扶养协议》，郭某知晓该协议内容且在协议上捺印，系其对该《遗赠扶养协议》内容的确认。被告虽未在现场，但其委托代理人为其办理遗赠扶养事宜，其间委托代理人通过微信等方式将该协议的内容向被告报告，被告亦同意《遗赠扶养协议》的内容。另外，该协议内容不存在协议无效的法定事由。

从形式上看，被告与郭某签订的《遗赠扶养协议书》载明了双方基本信息，并有郭某和被告委托代理人的签名和手印，以及签订时间，符合法律规定的形式要件。

从履行上看，被告提交了医院陪护证明、医疗费发票，以证明郭某住院期间由被告及其妻子进行陪护，并为其看病支付了医疗费。另外提交了郭某生前已按照《遗赠扶养协议》约定将村《股权证》交付给了被告。

综上，被告与郭某签订《遗赠扶养协议》，系双方真实意思表示，符合法律规定的形式和实质要件，不存在协议无效的法定事由，且郭某生前亦未对该协议行使撤销权及否认该协议的效力，协议也实际履行了。法院据此认定该《遗赠扶养协议》自签订之日成立生效。

案例 2：第三人与债权人自愿签订的代为承担债务协议有效[①]

基本案情

原告是刘某妻子的侄子，被告与刘某是邻居关系。刘某通过订立公证遗嘱的方式，与原告建立了遗赠扶养法律关系，其后在履行该协议的过程中双方产生矛盾，原告和被告经协商一致，通过签订《声明》的方式，约定由被告负责刘某的扶养问题，同时对原告两年照顾刘某的补偿金额为 20 万元，由被告（代刘某）负责支付。因被告不支付原告 20 万元，协商未果，2021 年 5 月 19 日，原告以遗赠扶养协议纠纷案由诉至广东省广州市海珠区人民法院（以下简称海珠区法院），请求判令被告向原告支付因照顾刘某所产生的费用合计 20 万元，并承担诉讼费用。

海珠区法院经审理认为：虽然《公证书》中载明的是《遗嘱》，但从内容来看，实属遗赠扶养协议。遗赠扶养协议并非因原告无正当理由不履行而解除。从《声明》内容来看，原告与被告均同意由被告代替刘某支付给原告 2018 年至 2020 年之间照顾刘某的辛苦费等一切费用 20 万元，可见，原告与被告对该金额予以认可且也同意免除了刘某的责任，这是原告与被告之间对于原遗赠扶养关系解除后双方就责任问题达成的合意，且该合意并未损害刘某的合法权益。从被告与刘某确认已将涉案房屋过户至被告名下而被告未支付金钱对价来

---

① 案号：（2021）粤 0105 民初 10697 号、（2021）粤 01 民终 26582 号。

看，该《声明》也不存在显失公平的情形。因此，原告要求被告支付20万元，合理有据，予以支持。判决：被告向原告支付20万元。

被告不服，上诉至广东省广州市中级人民法院（以下简称广州中院），请求撤销一审判决并依法改判；一、二审诉讼费用由原告承担。主要上诉理由为：一审判决认定事实不清，适用法律错误。具体如下：被告不是一审适格被告。原告以遗赠扶养协议纠纷为案由，提起本诉讼，然而遗赠扶养协议关系只存在于原告与刘某之间，被告只是遗赠扶养协议关系的第三人，并非本遗赠扶养协议纠纷的适格被告。遗赠扶养协议的解除是原告的责任。原告不具备扶养人的身体条件。扶养关系开始时，原告已73岁高龄，且患有高血压和皮肤病，却要照顾一个已88岁高龄、生活难以自理、已中风、行动受限、无法正常上下楼梯的老人。声明无授权且违背当事人的真实意思表示，存在胁迫，应为无效。

广州中院经审理指出，被告上诉提出，其只是遗赠扶养协议关系的第三人，并非本遗赠扶养协议纠纷的适格被告，其签署代刘某偿还原告扶养费用20万元的《声明》时并没有得到授权，对此本院认为，1.《声明》中载明的20万元，从其法律性质而言，属对原告的解约补偿金。2. 被告虽非遗赠扶养协议的当事人，但是其自愿作为义务人加入该法律关系，自愿代刘某承担20万元解约补偿金，原告对此予以认可，因此在原告与被告之间建立了代为承责法律关系，被告是独立承担责任的一方，因此是本案的适格被告。3. 在上述代为承责法律关系中，被告是独立承担责任的一方，因此被告在签署《声明》时是否已取得刘某的授权，与本案无涉，何况，被告签署《声明》后开始对刘某进行照顾，而刘某的房屋已过户至被告名下，被告没有支付购房款，这表明被告作为义务人加入遗赠扶养法律关系，实已收取了一定对价。被告上诉还提出，其签署《声明》存在被胁迫的情形，但未能举出充分的证据证实。判决：驳回上诉，维持原判。二审案件受理费4300元，由被告负担。

案例点评

本案争议焦点为被告是否是本案的适格被告，原告与刘某解除遗赠扶养协议后，被告未授权代刘某承担解约补偿金的行为是否有效。

《民法典》第 502 条第 1 款规定，依法成立的合同，自成立时生效。第 509 条第 1 款规定，当事人应当按照约定全面履行自己的义务。

本案中，原、被告本应依法履行《声明》约定的义务，原告履行了但被告未履行。《声明》中载明的 20 万元，从法律性质上看，属对原告的解约补偿金。原、被告对该金额予以认可且也同意免除了刘某的责任，这是原、被告之间对于原遗赠扶养关系解除后双方就责任问题达成的合意。被告虽非遗赠扶养协议的当事人，但是其自愿作为义务人加入该法律关系，自愿代刘某承担解约补偿金，原告对此予以认可，因此在原告与被告之间建立了代为承责法律关系，被告是独立承担责任的一方，因此是本案的适格被告。因被告是独立承担责任的一方，其在签署《声明》时是否已取得刘某的授权，与本案无涉，何况，被告签署《声明》后开始对刘某进行照顾，而刘某的房屋已过户至被告名下，被告未支付购房款，这表明被告作为义务人加入遗赠扶养法律关系，实已收取了一定对价。故原告与刘某解除遗赠扶养协议后，被告未授权代刘某承担解约补偿金的行为有效。

第三篇

与婚姻家庭继承有关的合同纠纷案件

第一章　确认合同无效纠纷

第一节　案由适用要点

一、案由释义

合同效力，是指法律对各方当事人合意的评价。当事人订立的合同可能是有效、无效、可撤销和效力待定等状态，当事人对合同效力的认识出现分歧时，可以诉至法院请求依法确认。

合同有效是指法律对当事人签订的合同予以肯定评价，可以发生当事人订立合同时所预期的法律效果，当事人各方都应受合同约束，承受依据合同约定产生的相关权利义务。根据《民法典》第143条规定，民事法律行为具备下列条件的有效：（1）行为人具有相应的民事行为能力；（2）意思表示真实；（3）不违反法律、行政法规的强制性规定，不违背公序良俗。当事人订立的合同符合上述条件的，通常可以认定有效，但法律、当事人另有约定的除外。反之，如果当事人订立的合同不具备上述其中的一个条件，则应为无效。

合同无效是指法律对当事人签订的合同予以否定性评价，当事人订立合同时所预期的法律效果不能实现，但可能会因此承担返还原物、赔偿损失等法定的权利义务。依据《民法典》第153条规定，违反法律、行政法规效力性强制性规定的法律行为，或者违背公序良俗的法律行为无效。第154条规定，恶意串通损害他人合法权益的法律行为无效。第146条规定，通谋虚假意思表示的法律行为无效。

无效合同只是不发生当事人预期的法律效果，仍有可能依据《民法典》第157条的规定承担相应的法律后果：合同无效，因该合同所取得的财产应当予以返还；不能返还或者没有必要返还的，应当折价补偿；有过错的一方应当赔偿对方因此所受到的损失，双方都有过错的，应当各自承担相应的责任。

二、管辖法院

因确认合同无效纠纷提起的诉讼，按照合同纠纷案件的一般管辖原则，根据《民事诉讼法》第24条的规定，由被告住所地或者合同履行地人民法院管辖。《民事诉讼法解释》第18条规定，合同约定履行地点的，以约定的履行地点为合同履行地。合同对履行地点没有约定或者约定不明确，争议标的为给付货币的，接收货币一方所在地为合同履行地；交付不动产的，不动产所在地为合同履行地；其他标的，履行义务一方所在地为合同履行地。即时结清的合同，交易行为地为合同履行地。合同没有实际履行，当事人双方住所地都不在合同约定的履行地的，由被告住所地人民法院管辖。

三、要点提示

虽然所有合同纠纷的解决都涉及合同效力的确认，但确有部分当事人只诉请确认合同效力，因而有必要将之作为一个独立的第三级案由。虽然合同效力的状态存在有效、无效、可撤销、效力待定等多种状态，但要求确认合同有效或无效是其中较多见的部分，因此，将确认合同有效和确认合同无效作为第四级案由。

合同的效力是审理合同纠纷案件必须确认的内容。即使当事人未提出确认合同效力的诉请，法官在审理案件中也需先对合同效力依法确认。当事人也可在诉请确认合同效力的同时，提出其他请求事项。只有在当事人仅就合同效力提出确认请求时，才能将相关纠纷确定为本案由。

如果当事人未请求确认效力，或者在请求确认效力的同时还有与合同相关的其他诉讼请求的，就应依据相关合同类型确定案由，而不能采用本案由。

特别应注意的是，确认合同有效诉讼是一种防御性诉讼，按照合同法理，对于当事人订立的合同在确认无效之前都应当推定为有效，不必就合同的有效性进行司法确认，只有当事人对合同效力产生争议或合同效力受到现实的挑战而处于不确定状态时，才可以单独提起确认合同有效诉讼，否则确认合同有效诉讼即属无必要。

四、法律指引

《民法典》

第一百三十三条　民事法律行为是民事主体通过意思表示设立、变更、终止民事法律关系的行为。

第一百三十四条　民事法律行为可以基于双方或者多方的意思表示一致成立，也可以基于单方的意思表示成立。

法人、非法人组织依照法律或者章程规定的议事方式和表决程序作出决议的，该决议行为成立。

第一百三十五条　民事法律行为可以采用书面形式、口头形式或者其他形式；法律、行政法规规定或者当事人约定采用特定形式的，应当采用特定形式。

第一百三十六条　民事法律行为自成立时生效，但是法律另有规定或者当事人另有约定的除外。

行为人非依法律规定或者未经对方同意，不得擅自变更或者解除民事法律行为。

第一百三十七条　以对话方式作出的意思表示，相对人知道其内容时生效。

以非对话方式作出的意思表示，到达相对人时生效。以非对话方式作出的采用数据电文形式的意思表示，相对人指定特定系统接收数据电文的，该数据电文进入该特定系统时生效；未指定特定系统的，相对人知道或者应当知道该数据电文进入其系统时生效。当事人对采用数据电文形式的意思表示的生效时间另有约定的，按照其约定。

第一百三十八条　无相对人的意思表示，表示完成时生效。法律另有规定的，依照其规定。

第一百三十九条　以公告方式作出的意思表示，公告发布时生效。

第一百四十条　行为人可以明示或者默示作出意思表示。

沉默只有在有法律规定、当事人约定或者符合当事人之间的交易习惯时，才可以视为意思表示。

第一百四十一条 行为人可以撤回意思表示。撤回意思表示的通知应当在意思表示到达相对人前或者与意思表示同时到达相对人。

第一百四十二条 有相对人的意思表示的解释，应当按照所使用的词句，结合相关条款、行为的性质和目的、习惯以及诚信原则，确定意思表示的含义。

无相对人的意思表示的解释，不能完全拘泥于所使用的词句，而应当结合相关条款、行为的性质和目的、习惯以及诚信原则，确定行为人的真实意思。

第一百四十三条 具备下列条件的民事法律行为有效：

（一）行为人具有相应的民事行为能力；

（二）意思表示真实；

（三）不违反法律、行政法规的强制性规定，不违背公序良俗。

第一百四十四条 无民事行为能力人实施的民事法律行为无效。

第一百四十五条 限制民事行为能力人实施的纯获利益的民事法律行为或者与其年龄、智力、精神健康状况相适应的民事法律行为有效；实施的其他民事法律行为经法定代理人同意或者追认后有效。

相对人可以催告法定代理人自收到通知之日起三十日内予以追认。法定代理人未作表示的，视为拒绝追认。民事法律行为被追认前，善意相对人有撤销的权利。撤销应当以通知的方式作出。

第一百四十六条 行为人与相对人以虚假的意思表示实施的民事法律行为无效。

以虚假的意思表示隐藏的民事法律行为的效力，依照有关法律规定处理。

第一百四十七条 基于重大误解实施的民事法律行为，行为人有权请求人民法院或者仲裁机构予以撤销。

第一百四十八条 一方以欺诈手段，使对方在违背真实意思的情况下实施的民事法律行为，受欺诈方有权请求人民法院或者仲裁机构予以撤销。

第一百四十九条 第三人实施欺诈行为，使一方在违背真实意思的情况下实施的民事法律行为，对方知道或者应当知道该欺诈行为的，受欺诈方有权请求人民法院或者仲裁机构予以撤销。

第一百五十条 一方或者第三人以胁迫手段，使对方在违背真实意思的情况下实施的民事法律行为，受胁迫方有权请求人民法院或者仲裁机构予以撤销。

第一百五十一条　一方利用对方处于危困状态、缺乏判断能力等情形，致使民事法律行为成立时显失公平的，受损害方有权请求人民法院或者仲裁机构予以撤销。

第一百五十二条　有下列情形之一的，撤销权消灭：

（一）当事人自知道或者应当知道撤销事由之日起一年内、重大误解的当事人自知道或者应当知道撤销事由之日起九十日内没有行使撤销权；

（二）当事人受胁迫，自胁迫行为终止之日起一年内没有行使撤销权；

（三）当事人知道撤销事由后明确表示或者以自己的行为表明放弃撤销权。

当事人自民事法律行为发生之日起五年内没有行使撤销权的，撤销权消灭。

第一百五十三条　违反法律、行政法规的强制性规定的民事法律行为无效。但是，该强制性规定不导致该民事法律行为无效的除外。

违背公序良俗的民事法律行为无效。

第一百五十四条　行为人与相对人恶意串通，损害他人合法权益的民事法律行为无效。

第一百五十五条　无效的或者被撤销的民事法律行为自始没有法律约束力。

第一百五十六条　民事法律行为部分无效，不影响其他部分效力的，其他部分仍然有效。

第一百五十七条　民事法律行为无效、被撤销或者确定不发生效力后，行为人因该行为取得的财产，应当予以返还；不能返还或者没有必要返还的，应当折价补偿。有过错的一方应当赔偿对方由此所受到的损失；各方都有过错的，应当各自承担相应的责任。法律另有规定的，依照其规定。

第一百五十八条　民事法律行为可以附条件，但是根据其性质不得附条件的除外。附生效条件的民事法律行为，自条件成就时生效。附解除条件的民事法律行为，自条件成就时失效。

第一百五十九条　附条件的民事法律行为，当事人为自己的利益不正当地阻止条件成就的，视为条件已经成就；不正当地促成条件成就的，视为条件不成就。

第一百六十条 民事法律行为可以附期限，但是根据其性质不得附期限的除外。附生效期限的民事法律行为，自期限届至时生效。附终止期限的民事法律行为，自期限届满时失效。

第二节 确认合同无效常见问题释解

根据《民法典》第144条、第146条、第153条和第154条的规定，无民事行为能力人实施的民事法律行为无效；行为人与相对人以虚假的意思表示实施的民事法律行为无效；违反法律、行政法规的强制性规定和违背公序良俗的民事法律行为无效；行为人与相对人恶意串通，损害他人合法权益的民事法律行为无效。订立合同作为一种民事法律行为，如果具有上述无效事由也当然导致合同无效。

一、无效民事法律行为的特点

1. 具有违法性。所谓违法性，《民法典》第153条第1款将其限定为违反了法律和行政法规的强制性规定。强制性规定可分为管理性强制性规定和效力性强制性规定。只有违反效力性强制性规定，才导致民事法律行为无效。效力性强制性规定有两种情形：一是法律法规明确规定了违反禁止性规定就导致合同无效或不成立；二是法律法规没有明确规定，但继续履行将损害国家利益和社会公共利益。

2. 违反了公序良俗。公序是指公共秩序。只要民事法律行为危害了公共秩序，即使没有现行的法律规定，应当被宣告无效。良俗是指善良风俗。违背善良风俗的民事法律行为，应当认定为无效。例如：双方离婚后约定禁止一方当事人生育，约定断绝亲子关系，夫妻在离婚时约定禁止任何一方在离婚后生育等。

3. 实行国家干预。这种干预主要体现在：法院和仲裁机构不待当事人请求确认民事法律行为无效，便可依职权主动审查民事法律行为是否具有无效的因素。

4. 具有不得履行性。

5. 自始无效。民事法律行为一旦被确认无效，就将产生溯及力，使其自成立之时起就不具有法律效力，以后也不能转化为有效的民事法律行为。对已经履行的，应当以返还财产、赔偿损失等方式使当事人的财产恢复到无效民事法律行为实施之前的状态。

二、民事法律行为的部分无效

无效的民事法律行为可分为全部无效和部分无效。《民法典》第 156 条规定："民事法律行为部分无效，不影响其他部分效力的，其他部分仍然有效。"依据这一规定，要考虑无效的原因是否及于民事法律行为的全部。如果无效的原因及于民事法律行为的全部，则全部无效。反之，则部分无效。部分无效，必须以该民事法律行为的内容具有可分性为前提。所谓可分性，是指可以将无效部分分离出来，并且不影响其他部分的民事法律行为的效力。

第三节　确认合同无效纠纷实务案例评析

案例 1：丈夫婚内给情人转账，妻子有权要求全部返还[①]

基本案情

2007 年 2 月 8 日，原告（女）和被告一（男）登记结婚。2019 年 6 月左右，被告一与被告二（女）相识，继而发展为情人关系。2019 年 8 月 13 日至 2019 年 11 月 9 日，被告一通过支付宝、微信转款给被告二共计 158048 元。2019 年 11 月 9 日至 2020 年 8 月 30 日，因被告一与被告二关系恶化，被告二通

① 案号：（2021）京 0114 民初 6991 号、（2021）京 01 民终 10584 号。

过支付宝转账退还被告一71110元，剩余款项未退还，协商未果。原告以确认合同无效纠纷案由诉至北京市昌平区人民法院（以下简称昌平区法院），请求判令被告一赠与被告二86938元的行为无效；被告二向原告返还被告一赠与的86938元；被告二承担诉讼费。

被告二辩称，2019年8月26日和2019年9月5日，通过本人微信向被告一微信转账8099元，该款应予以核减。赠与应该是大额的，小额的不是赠与。二人一起消费不算赠与，只有车和房子才算赠与，其他的都不算。

昌平区法院认为，在婚姻关系存续期间，夫妻对共同财产共同享有所有权和平等的处理权。夫或妻非因日常生活需要对夫妻共同财产做重要处理决定，双方应当平等协商，取得一致意见。本案中，被告一在与原告夫妻关系存续期间，与被告二发展成为情人关系，在未经原告同意的情况下，其通过本人支付宝、微信方式分多次将数额不等的款项合计158048元转给被告二，其处分夫妻共同财产的目的已超出日常生活需要。根据查明的事实和诉争各方当事人陈述，应认定被告一与被告二存在赠与合同关系。庭审中，被告二称其与被告一交往时，被告一告知其已离婚，因未提供证据，故法院不予采信。在未经原告同意的情况下，被告一的赠与行为违反了夫妻忠实义务，不仅侵害了原告个人合法权益，也损害了社会公序良俗。据此，法院确认被告一与被告二之间的赠与合同无效。被告二所称双方不存在法律意义上的赠与合同关系及赠与应是大额的，小额的不是赠与等观点，无法律依据，法院不予采信。原告要求被告一通过其支付宝、微信与被告二形成的赠与合同无效的诉讼请求，法院予以支持。

民事法律行为无效后，行为人因该行为取得的财产，应当予以返还。夫妻共同财产应作为一个不可分割的整体，双方对全部共同财产不分份额地共同享有所有权。夫妻对共同财产享有平等的处理权，并不意味着夫妻各自对共同财产享有一半的处分权。本案中，被告一通过支付宝、微信转给被告二158048元，该款项系其与原告共同财产，原告有权要求被告二全部返还。庭审中，诉争各方均同意从上述款项中抵扣被告二转给被告一的款项合计79209元（8099元+71110元）。经抵扣核算，被告二应返还原告78839元。判决：被告一与被告二形成的赠与合同无效；被告二返还原告款项78839元。

被告不服，上诉至北京市第一中级人民法院（以下简称北京一中院），请求撤销一审判决，依法改判驳回原告的一审全部诉讼请求。北京一中院经审理认为，被告二的上诉请求不能成立，应予驳回；一审判决认定事实清楚，处理结果正确，应予维持。判决：驳回上诉，维持原判。二审案件受理费 1771 元，由被告二负担。

案例点评

《民法典》第 1062 条第 2 款、第 153 条第 2 款、第 157 条规定，夫妻对共同财产，有平等的处理权；违背公序良俗的民事法律行为无效；民事法律行为无效、被撤销或者确定不发生效力后，行为人因该行为取得的财产，应当予以返还；不能返还或者没有必要返还的，应当折价补偿。本案中，被告一与原告婚姻关系存续期间，与被告二发展为不正当男女关系，而被告一在原告不知情的情况下向被告二转账，该转账行为属于处分夫妻共同财产的行为。该行为既非因日常生活需要，又未经原告同意，损害了原告的利益，且被告一转让财产的行为是基于其与被告二之间的不正当男女关系，有悖公序良俗原则。

案例 2：丈夫和情人同居期间的共同消费款项，妻子要求返还的，法院可以酌减[①]

基本案情

原告（女）与肖某（男）系夫妻。2017 年肖某与被告相识，后逐渐发展为情人关系。自 2018 年起至 2020 年底，肖某通过话费充值、微信红包、微信转账等方式向被告支付款项 74 次合计 30005.98 元。原告以确认合同无效纠纷案由诉至浙江省绍兴市嵊州市人民法院（以下简称嵊州市法院），请求判令被告返还原告与肖某共同财产中微信转账、微信红包、话费充值等款项共计 30005.98 元。

嵊州市法院认为，被告明知肖某有家室，仍与之建立情人关系，而肖某更

① 案号：（2022）浙 0683 民初 537 号、（2022）浙 06 民终 916 号。

为恶劣，不仅婚内出轨，还隐瞒妻子擅自赠送夫妻共同财产给被告，该行为严重违背了社会的公序良俗，对肖某和被告，予以谴责。肖某向被告赠与款项，未经原告同意，损害了原告合法权益，该赠与行为因违背公序良俗原则而认定为无效，相关款项应当返还。考虑到肖某向被告交付款项时存在数十笔小额交付，且两人的情人关系保持2年有余，在此期间肖某也存在正常的消费，酌情认定为2000元，对剩余28005.98元，被告应当予以返还。判决：被告返还原告赠与款28005.98元；案件受理费减半收取计275元，原告承担15元，被告承担260元。

2022年3月9日，被告不服，上诉至浙江省绍兴市中级人民法院（以下简称绍兴中院），请求撤销一审判决，改判驳回原告的诉讼请求或发回重审。主要理由：1. 一审认定事实不清。原告丈夫哄骗被告从2017年同居至2020年，并长期在被告处吃住，对引发本案具有过错。其间被告也有与其相互转账的行为，但一审未将相互转账的金额扣减，直接判决全额退回，导致错误判决。2. 一审将28005.98元判决返还违法。该笔款项属于夫妻共同财产，原告仅有要求返还一半的权利，剩余部分因其丈夫未参与诉讼而不得主动判决返还。3. 一审遗漏诉讼主体。本案中，原告丈夫系关键人员，应当参与诉讼，但一审既未主动追加也未告知当事人申请追加。

二审中，被告提交了一组账单，以证明被告曾有将6594.14元转给原告丈夫的事实。原告认为，一审已将案涉的小额转账行为作了酌情处理，认定2000元不在诉请范围内，同时被告已在一审中明确没有证据要提交，现又在二审中提交，故不再属于新证据。至于2021年的转账，与本案无关。

绍兴中院经审理认为，本案二审中的争议焦点主要是被告应否向原告返还案涉款项。根据审理查明的事实，一方面，案涉款项的性质是赠与，而赠与行为发生在赠与人和原告婚姻关系存续期间且原告对此不知情。另一方面，被告即受赠人明知赠与人已婚仍与其发展为情人关系，并接受案涉款项的赠与。故应认为，被告和赠与人的上述行为明显违背公序良俗，赠与人的案涉赠与行为应为无效，被告据此获赠的案涉款项应当返还给原告即赠与人的妻子。至于具体应予返还的金额，被告在二审中仅同意返还4000元，但未能就剩余部分其无须再行返还作出足够充分合理的说明或提供相应证据支撑，故本院难以采信。何况一审已根据本案实际酌情减免了两人在情人关系保持期间的正常消费金额，且经核，该金额合情合理，可予照准。又因在婚姻关系存续期间，若无特别约定的，夫妻双方对共同财产形成的是共同共有关系，且不分份额地共同享有所有权。故被告主张原告仅享有一半的返还请求权于法无据，本院不予支持。至于原告丈夫是否必须参与本案诉讼的问题，因本案基本事实清楚，原告丈夫也不是法律明确规定的必要诉讼参与人，故一审未追加其参与本案诉讼并无不当。综上所述，上诉人的上诉请求不能成立，判决：驳回上诉，维持原判。二审案件受理费 400 元，由被告负担。

案例点评

夫妻共同财产是基于法律的规定，因夫妻关系的存在而产生，在夫妻双方未约定其他财产制的情形下，夫妻对共同财产形成共同共有，共同享有所有权，且不可分割。法院在确定某项财产是否返还及返还数额时，会严格区分丈夫与婚外第三者是否存在借贷、共同消费和正常的赠与以及投资、合作、工作往来等关系。

本案中，原告要求被告返还肖某为其微信转账、微信红包、话费充值等款项共计 30005. 98 元，法院认定肖某向被告赠与款项的行为因违背公序良俗原则而无效，相关款项应当返还。同时考虑到肖某与被告交往期间有共同消费，所以扣除了共同消费金额，判决其他金额全部予以返还。

第二章 民间借贷纠纷

第一节 案由适用要点

一、案由释义

民间借贷纠纷，是指公民之间，公民与非金融机构之间的借款行为产生的纠纷。经金融监管部门批准设立的从事贷款业务的金融机构及其分支机构，因发放贷款等相关金融业务引发的纠纷，不适用2021年1月1日起修订后施行的《民间借贷规定》规定。

二、管辖法院

因民间借贷纠纷提起的诉讼，按照合同纠纷案件的一般管辖原则，根据《民事诉讼法》第22条第1款和第24条的规定，因合同纠纷提起的诉讼，由被告住所地或者合同履行地人民法院管辖。被告住所地与经常居住地不一致的，由经常居住地人民法院管辖。

三、要点提示

（一）夫妻间的借款协议是否成立借款关系

《民法典婚姻家庭编司法解释一》第82条规定：夫妻之间订立借款协议，以夫妻共同财产出借给一方从事个人经营活动或者用于其他个人事务的，应视为双方约定处分夫妻共同财产的行为，离婚时可以按照借款协议的约定处理。这是关于离婚时夫妻之间婚内借款如何处理问题的规定。需要特别注意的是，人民法院在处理上述借款行为时是“可以”而非“应当”按照原借款协议的约定处理。这是因为考虑到在婚姻关系存续期间，夫妻之间在很多情况下对财产的使用、收益、处分可能区分得并不是很清楚。因此，人民法院在处理时应与处理普通自然人之间的借贷纠纷有所不同，不能仅仅简单地根据借款协议的约定处理，而是应综合夫妻财产制、共同财产、共同债务等可能影响到财产分割的情形加以妥善处理。

（二）夫妻逃避债务假离婚

生活中我们经常遇到夫妻双方为了逃避债务办理假离婚，在离婚协议书中放弃一方所有的夫妻共同财产份额，把家庭财产全部转移到另一方名下，企图达到保护家庭财产的目的。依据《民法典》第538条至第542条的规定，夫妻假离婚逃避债务的，一般是将夫妻全部财产转移给配偶，造成债务人无财产可偿还债务的假象，出现这种情形时，债权人可以向法院行使撤销权，撤销债务人处理财产的行为。

（三）夫妻离婚后出现的婚外债务处理

司法实践中，在借款合同和民间借贷纠纷中常出现因原审夫妻关系查明错误导致再审改判的情况。债权人除了起诉借款人，还会同时起诉借款人的配偶，这样做的好处就是在执行阶段当借款人无执行能力时，当债权人发现在债务发生后才离婚的原配偶有可供执行的财产，无需另行诉讼就可以申请执行。债权人在起诉时的依据一般是常住人口登记卡、户籍卡所记载的夫妻关系，请求法院认定涉案债务为夫妻共同债务。这类案件以借款人及其配偶均不出庭应诉的情况居多，主要原因是婚姻关系发生变化，法院不能进行有效送达。再审时借款人配偶会提交《离婚证》及《离婚协议书》或经法院审理后发生的《民事判决书》等新证据证明借款发生时其已经与借款人离婚的事实，再审依据新证据改判债务不能认定为夫妻共同债务。我国的婚姻登记机关是民政部门，故公安机关户籍登记记载的婚姻信息往往滞后于现实情况，并不准确，法院仅凭户籍登记记载的婚姻信息作出的认定与客观事实不符。2018年3月，最高人民法院与民政部已正式签署《关于开展部门间信息共享的合作备案录》，建立当事人婚姻登记信息与涉婚姻案由的案件信息共享机制，法院可通过案件当事人的身份证号码到民政部全国婚姻登记信息数据库中查询婚姻登记信息。同样，民政部门办理婚姻登记时，可直接通过婚姻登记管理信息系统查询涉婚姻案由案件中的当事人信息。

四、法律指引

《民法典》

第一千零六十四条 夫妻双方共同签名或者夫妻一方事后追认等共同意思表示所负的债务，以及夫妻一方在婚姻关系存续期间以个人名义为家庭日常生活需要所负的债务，属于夫妻共同债务。

夫妻一方在婚姻关系存续期间以个人名义超出家庭日常生活需要所负的债务，不属于夫妻共同债务；但是，债权人能够证明该债务用于夫妻共同生活、共同生产经营或者基于夫妻双方共同意思表示的除外。

第一千零六十五条 男女双方可以约定婚姻关系存续期间所得的财产以及婚前财产归各自所有、共同所有或者部分各自所有、部分共同所有。约定应当采用书面形式。没有约定或者约定不明确的，适用本法第一千零六十二条、第一千零六十三条的规定。

夫妻对婚姻关系存续期间所得的财产以及婚前财产的约定，对双方具有法律约束力。

夫妻对婚姻关系存续期间所得的财产约定归各自所有，夫或者妻一方对外所负的债务，相对人知道该约定的，以夫或者妻一方的个人财产清偿。

《民法典婚姻家庭编司法解释一》

第三十三条 债权人就一方婚前所负个人债务向债务人的配偶主张权利的，人民法院不予支持。但债权人能够证明所负债务用于婚后家庭共同生活的除外。

第三十四条 夫妻一方与第三人串通，虚构债务，第三人主张该债务为夫妻共同债务的，人民法院不予支持。

夫妻一方在从事赌博、吸毒等违法犯罪活动中所负债务，第三人主张该债务为夫妻共同债务的，人民法院不予支持。

第三十五条 当事人的离婚协议或者人民法院生效判决、裁定、调解书已经对夫妻财产分割问题作出处理的，债权人仍有权就夫妻共同债务向男女双方主张权利。

一方就夫妻共同债务承担清偿责任后，主张由另一方按照离婚协议或者人民法院的法律文书承担相应债务的，人民法院应予支持。

第三十六条　夫或者妻一方死亡的，生存一方应当对婚姻关系存续期间的夫妻共同债务承担清偿责任。

第三十七条　民法典第一千零六十五条第三款所称“相对人知道该约定的”，夫妻一方对此负有举证责任。

第八十二条　夫妻之间订立借款协议，以夫妻共同财产出借给一方从事个人经营活动或者用于其他个人事务的，应视为双方约定处分夫妻共同财产的行为，离婚时可以按照借款协议的约定处理。

第二节　民间借贷常见问题释解

民间借贷可区分为：1. 自然人之间的借贷。2. 自然人之间借贷以外的民间借贷，包括法人之间的借贷，及法人与自然人之间的借贷。

一、民间借贷合同的生效要件

《民法典》第679条规定，自然人之间的借款合同，自贷款人提供借款时成立。根据《民间借贷规定》第9条的规定，具有下列情形之一的，可以视为自然人之间借款合同生效：

（1）以现金支付的，自借款人收到借款时；

（2）以银行转账、网上电子汇款等形式支付的，自资金到达借款人账户时；

（3）以票据交付的，自借款人依法取得票据权利时；

（4）出借人将特定资金账户支配权授权给借款人的，自借款人取得对该账户实际支配权时；

（5）出借人以与借款人约定的其他方式提供借款并实际履行完成时。

除自然人之间的借款合同外，当事人主张民间借贷合同自合同成立时生效的，人民法院应予支持，但当事人另有约定或法律、行政法规另有规定的除外。

二、民间借贷合同的效力认定

根据《民间借贷规定》第 13 条的规定，具有下列情形之一的，人民法院应当认定民间借贷合同无效：

（1）套取金融机构贷款转贷的；

（2）以向其他营利法人借贷、向本单位职工集资，或者以向公众非法吸收存款等方式取得的资金转贷的；

（3）未依法取得放贷资格的出借人，以营利为目的向社会不特定对象提供借款的；

（4）出借人事先知道或者应当知道借款人借款用于违法犯罪活动仍然提供借款的；

（5）违反法律、行政法规强制性规定的；

（6）违背公序良俗的。

根据《民间借贷规定》第 10 条的规定，法人之间、非法人组织之间为生产、经营需要订立的民间借贷合同，以及法人或者非法人组织在本单位内部通过借款形式向职工筹集资金，用于本单位生产、经营的，除存在《民法典》第 144 条、第 146 条、第 153 条、第 154 条以及《民间借贷规定》第 13 条的情形外，当事人主张民间借贷合同有效的，人民法院应予支持。

根据《民间借贷规定》第 12 条的规定，借款人或者出借人的借贷行为涉嫌犯罪，或者已经生效的裁判认定构成犯罪，当事人提起民事诉讼的，民间借贷合同并不当然无效。人民法院应当依据《民法典》第 144 条、第 146 条、第 153 条、第 154 条以及《民间借贷规定》第 13 条规定，认定民间借贷合同的效力。担保人以借款人或者出借人的借贷行为涉嫌犯罪或者已经生效的裁判认定构成犯罪为由，主张不承担民事责任的，人民法院应当依据民间借贷合同与担保合同的效力、当事人的过错程度，依法确定担保人的民事责任。

根据《民间借贷规定》第 5 条的规定，人民法院立案后，发现民间借贷行为本身涉嫌非法集资等犯罪的，应当裁定驳回起诉，并将涉嫌非法集资等犯罪的线索、材料移送公安或者检察机关。公安或者检察机关不予立案，或者立案侦查后撤销案件，或者检察机关作出不起诉决定，或者经人民法院生效判决认定不构成非法集资等犯罪，当事人又以同一事实向人民法院提起诉讼的，人民法院应予受理。

根据《民间借贷规定》第 6 条的规定，人民法院立案后，发现与民间借贷纠纷案件虽有关联但不是同一事实的涉嫌非法集资等犯罪的线索、材料的，人民法院应当继续审理民间借贷纠纷案件，并将涉嫌非法集资等犯罪的线索、材料移送公安或者检察机关。

根据《民间借贷规定》第 8 条的规定，借款人涉嫌犯罪或生效判决认定其有罪，出借人起诉请求担保人承担民事责任的，人民法院应予受理。

根据《民间借贷规定》第 7 条的规定，民间借贷纠纷的基本案件事实必须以刑事案件的审理结果为依据，而该刑事案件尚未审结的，人民法院应当裁定中止诉讼。

三、民间借贷的利率和利息

根据《民间借贷规定》第 24 条、第 25 条、第 27 条的规定，借贷双方没有约定利息，或者自然人之间借款对利息约定不明的，出借人无权主张借款人支付借期内利息。

除自然人之间借贷的之外，借贷双方对借贷利息约定不明，出借人主张利息的，人民法院应当结合民间借贷合同的内容，并根据当地或当事人的交易方式、交易习惯、市场报价利率等因素确定利息。

假设借贷双方约定了利率，且该利率未超过一年期贷款市场报价利率的四倍，出借人请求借款人按照约定的利率支付利息的，人民法院应予支持。一年期贷款市场报价利率是指中国人民银行授权全国银行间同业拆借中心自 2019 年 8 月 20 日起每月发布的一年期贷款市场报价利率，超过此部分的利息约定则应归于无效。也就是说，民间借贷合同中“高利贷”的认定，当事人约定的民间借贷利率，超过“一年期贷款市场报价利率”（LPR）的四倍的，超过部分为高利贷，应归于无效。

在民间借贷中，亦有可能约定复利。借贷双方对前期借款本息计算后将利息计入后期借款本金并重新出具债权凭证的情形下，若前期利率没有超过合同成立时一年期贷款市场报价利率的四倍，重新出具的债权凭证载明的金额可认定为后期借款本金。超过部分的利息，不应认定为后期借款本金。按此计算，借款人在借款期间届满后应当支付的本息之和，超过以最初借款本金与以最初借款本金为基数，以合同成立时一年期贷款市场报价利率四倍计算的整个借款期间的利息之和的，人民法院不予支持。

四、民间借贷的担保

根据《民间借贷规定》第20条、第21条和第23条的规定，他人在借据、收据、欠条等债权凭证或借款合同上签名或者盖章，但未表明其保证人身份或承担保证责任，或者通过其他事实不能推定其为保证人，出借人请求其承担保证责任的，人民法院不予支持。

借贷双方通过网络贷款平台形成借贷关系，网络贷款平台的提供者仅提供媒介服务，当事人请求其承担担保责任的，人民法院不予支持。网络贷款平台的提供者通过网页、广告或者其他媒介明示或者有其他证据证明其为借贷提供担保，出借人请求网络贷款平台的提供者承担担保责任的，人民法院应予支持。

当事人以订立买卖合同作为民间借贷合同的担保，借款到期后借款人不能还款，出借人请求履行买卖合同的，人民法院按照民间借贷法律关系审理作出的判决生效后，借款人不履行生效判决确定的金钱债务，出借人可以申请拍卖买卖合同标的物，以偿还债务。就拍卖所得的价款与应偿还借款本息之间的差额，借款人或者出借人有权主张返还或者补偿。

五、民间借贷中的企业责任与个人责任

根据《民间借贷规定》第22条的规定，民间借贷合同亦有可能对第三人产生效力。法人的法定代表人或者非法人组织的负责人以单位名义与出借人签订民间借贷合同，有证据证明所借款项系法定代表人或者负责人个人使用，出借人请求将法定代表人或者负责人列为共同被告或者第三人的，人民法院应予准许。法人的法定代表人或者非法人组织的负责人以个人名义与出借人订立民间借贷合同，所借款项用于单位生产经营，出借人请求单位与个人共同承担责任的，人民法院应予支持。

第三节　民间借贷纠纷实务案例评析

案例1：离婚时，夫妻之间婚内借款也应归还①

基本案情

2008年10月18日，原告与被告登记结婚。2017年12月19日，双方通过法院调解离婚。2017年7月9日，被告向原告出具两份欠条，其中第一份载明被告私下透支原告信用卡2万元（购买礼品券1.6万元，套现4000元），其中1.6万元已由中信银行通过原告的银行卡划扣归还，欠条中注明“4000元未还”。第二张欠条载明被告两年内分两次收到原告的借款共计6万元。因被告未还款，原告以民间借贷纠纷案由诉至四川省成都市锦江区人民法院（以下简称锦江区法院），请求判令被告立即归还借款8万元及资金占用利息（从2017年7月10日至付清之日止，按照年利率6%计算）；被告承担诉讼费用。

锦江区法院经审理认为，夫妻之间出借的财产为原告个人财产，或者共同财产出借后被告用于个人经营活动或其他个人事务的，原告可以向被告主张偿还，原告对此应当提供证据予以证实。第一份欠条载明系被告私自透支原告信用卡，该行为应视为用于被告个人事务。欠条载明的4000元欠款，应按照约定偿还给原告，该欠款未约定归还期限，原告又未提供证据证实起诉前向被告主张过还款，原告主张的资金占用利息应自起诉之日起计算。此外，原告主张的其余1.6万元没有证据证实欠款的存在，不予支持。对于第二份欠条载明的6万元，一方面，原告主张支付方式为8次转账加部分现金并提供了8次转账的交易记录，与欠条载明的分两批通过汇款方式支付6万元的支付方式矛盾，而夫妻之间相互转款为正常现象，原告提供的证据不能证实其支付了欠条载明的6万元，更不能证实其是以个人财产支付的6万元。另一方面，欠条载明原

① 案号：（2020）川0104民初8418号、（2021）川01民终9703号。

告支付给被告的为股票金，股票投资的行为不能证实为被告个人经营行为。综上，原告提供的证据不能证实证明其以个人财产出借了资金，或被告将共同财产用于个人经营或者个人事务，对原告的主张不予支持。判决：被告向原告返还4000元及资金占用利息（利息以尚欠借款本金为基数，自2020年7月20日起按年利率6%计算至全部本金偿还之日止）。驳回原告的其他诉讼请求。案件受理费减半收取计1080元，由原告负担1000元，被告负担80元。

原告不服，上诉至四川省成都市中级人民法院（以下简称成都中院），请求撤销一审判决，改判支持原告一审诉讼请求；一、二审诉讼费由被告承担。二审中，被告将一审法院判决的4000元及其利息返还给原告，原告不再在二审主张。原告仅主张6万元欠款。

成都中院经审理认为，本案的争议焦点为：被告应否归还6万元欠条项下借款本息。为证明6万元系被告向原告的借款，原告提交了其从2015~2016年向被告转款的凭证，转款金额共计55700元，原告陈述还支付过部分现金。本院认为，虽然前述款项中有小额转款，也有原告主张的现金，但其一，夫妻之间现金支付情况普遍存在且金额不大。其二，夫妻之间在共同生活中存在多笔转款也属正常，但被告将原告向其转款确认为借款并出具欠条，恰恰证明二人达成了转款性质为借款的一致意思。故被告应当承担6万元欠条项下的债务，并从一审立案之日即2020年7月20日起支付利息。综上所述，原告的上诉请求成立，应予支持。一审认定事实基本清楚，但适用法律不当，判决：撤销一审判决；被告向原告返还借款本金6万元并支付资金占用利息（利息以6万元为基数，自2020年7月20日起按年利率6%计算至本金给付之日止）；一审案件受理费减半收取计1080元，由原告负担216元，被告负担864元。二审案件受理费1300元，由被告负担。

案例点评

自然人之间的借款合同是实践性合同，应自款项交付之日起生效。夫妻婚姻关系存续期间，对于夫妻一方以个人财产出借给另一方的情形，出借方可以按一般借款关系向对方主张权利；而对于以夫妻共同财产出借的情形，《民法典婚姻家庭编司法解释一》第82条规定，夫妻之间订立借款协议，以夫妻共同财产出借给一方从事个人经营活动或者用于其他个人事务的，应视为双方约定处分夫妻共同财产的行为，离婚时可以按照借款协议的约定处理。

本案中，原告对被告欠其6万元借款，提供的8次转账记录共只有55700元，与欠条载明的6万元金额不符，相差4300元。原告陈述4300元为现金，一审法院认为，现金和8次转账的支付方式与欠条载明的分两批通过汇款方式支付6万元的支付方式矛盾，驳回了原告该诉请。但二审法院认为，夫妻之间现金支付情况普遍存在且金额不大，夫妻之间在共同生活中存在多笔转款也属正常，但被告将原告向其转款确认为借款并出具欠条，恰恰证明二人达成了转款性质为借款的一致意思，作出了与一审判决截然相反的判决。

案例2：夫妻一方冒签另一方名借款不是共同债务[①]

基本案情

被告一与被告二曾系夫妻关系，于2021年6月8日协议离婚。被告一于2021年3月24日向原告出具借条，内容为“今借现金10万元，于2021年4月23日归还”，同时在借条上手写了现住址及被告二姓名及身份证号码。原告通过银行向被告一转账10万元。因被告一未归还欠款，原告以民间借贷纠纷案由诉至山东省淄博市张店区人民法院（以下简称张店区法院），请求判决被告一和被告二共同归还借款10万元及其利息（以10万元为基数，按照一年期贷款市场报价利率标准计算，自起诉之日起至款项还清之日止的利息）；被告一和被告二承担诉讼费。

张店区法院经审理认为，被告一向原告借款10万元事实清楚，证据充分，原告要求被告一偿还上述借款及利息损失的诉讼请求成立，予以支持。前述借款发生时被告一、被告二虽为夫妻关系，但涉案款项转账均发生在原告与被告一之间，原告没有证据证实被告二对涉案事宜知情并同意，或涉案款项用于夫妻共同生活。原告要求被告二承担责任证据不足，不予支持。判决：被告一偿

① 案号：（2021）鲁0303民初8999号、（2022）鲁03民终1074号。

还原告借款10万元及其利息损失（以10万元为基数，从2021年10月15日至实际给付之日，按全国银行间同业拆借中心公布的贷款市场报价利率计算）；驳回原告的其他诉讼请求。案件受理费1150元，由被告一负担。

原告不服，上诉至山东省淄博市中级人民法院（以下简称淄博中院），请求判决撤销一审判决，并改判被告一与被告二共同偿还原告借款10万元及其利息；一、二审诉讼费由被告一与被告二承担。

淄博中院经审理认为，被告一以资金周转为由通过朋友向原告借款10万元，出具借条时，被告二并没有到场，借条上被告二的名字为被告一书写。被告二本人表示对涉案款项并不知情。被告一、被告二并未就涉案的10万元款项达成借款合意，且被告一于2021年3月24日借款10万元，约定于2021年4月23日归还，无法认定为用于家庭日常生活所需，依据《民法典》第1064条第2款的规定，债权人应对其主张夫或妻一方的对外债务属于夫妻共同债务负有证明该项债务确为夫妻共同债务的举证责任。原告作为债权人，主张涉案债务为夫妻共同债务，但并未举证证明涉案款项用于被告一、被告二夫妻共同生活、共同生产经营或者基于夫妻双方共同意思表示。判决：驳回上诉，维持原判。二审案件受理费2300元，由原告负担。

案例点评

本案争议焦点为：涉案10万元款项是否属于夫妻共同债务，由被告一和被告二共同偿还。

《民法典》第1064条规定，夫妻双方共同签名或者夫妻一方事后追认等共同意思表示所负的债务，以及夫妻一方在婚姻关系存续期间以个人名义为家庭日常生活需要所负的债务，属于夫妻共同债务。夫妻一方在婚姻关系存续期间以个人名义超出家庭日常生活需要所负的债务，不属于夫妻共同债务；但是，债权人能够证明该债务用于夫妻共同生活、共同生产经营或者基于夫妻双方共同意思表示的除外。

本案中，原告提供的10万元欠条有被告一和被告二的签名，但诉讼中，被告二否认其在欠条上签名，对该笔欠款也不知情。根据上述规定，原告作为债权人应对该笔借款是否为夫妻共同债务有继续举证的义务，但其未举证证明该笔借款用于被告一、被告二夫妻共同生活、共同生产经营或者基于夫妻双方共同意思表示。另外，被告一与被告二于2021年6月8日协议离婚，被告一于2021年3月24日向原告借款，约定于2021年4月23日归还，但直到两人离婚后也未归还，离婚前两个多月大额举债且在被告二不知情的情况下冒签其名，被告一的意图非常明显。故一审和二审法院均驳回原告要求被告二还款的诉请。

第三章 债权人撤销权纠纷

第一节 案由适用要点

一、案由释义

债权人撤销权纠纷，是指债务人不当处分自己的财产或权利，对债权人造成损害，债权人诉至法院请求对债务人的相关行为予以撤销产生的纠纷。债权是相对权，原则上仅对债务人具有法律拘束力。债权人依法行使撤销权突破了债的相对性原则，体现了债的对外效力。

二、管辖法院

因债权人撤销权纠纷提起的诉讼，根据《民事诉讼法》第 22 条第 1 款的规定，应当由被告住所地人民法院管辖，被告住所地与经常居住地不一致的，由经常居住地人民法院管辖。

三、要点提示

实务中，有的夫妻为了逃避债务办理假离婚，在离婚协议书中约定放弃一方所有的夫妻共同财产份额，把家庭财产全部转移到另一方名下，企图达到保护家庭财产的目的。

债权人行使撤销权撤销债务人关于《离婚协议书》财产分割的内容，债权人承担着较高的举证责任：1. 债权人有合法有效之债权，且债权需要形成于《离婚协议书》签订前。2. 债务人在《离婚协议书》中转让财产的行为对债权人造成损害，如债务人仍有清偿能力则撤销请求不予支持。3. 撤销权自债权人知道或者应当知道撤销事由之日起1年内行使。自债务人的行为发生之日起五年内没有行使撤销权的，该撤销权消灭。

债权人撤销权纠纷，不是当事人因合同权利义务而直接产生的纠纷，而是债权人为了保全合同债权要求撤销债务人与第三人间形成的法律关系，诉的依据不是合同，而是法律规定，因此不能以双方当事人的合同类型确定案由，而只能将债权人撤销权纠纷单独作为一类第三级案由。

债权人撤销权诉讼的当事人包括原告（债权人）、被告（债务人）、第三人（受益人或者受让人）。需要注意的是，债权人提起诉讼，要求撤销的是被告与第三人间形成的法律关系，但是不能以被告与第三人间的法律关系来确定案由，只能直接适用本案由。

四、法律指引

《民法典》

第五百三十八条 债务人以放弃其债权、放弃债权担保、无偿转让财产等方式无偿处分财产权益，或者恶意延长其到期债权的履行期限，影响债权人的债权实现的，债权人可以请求人民法院撤销债务人的行为。

第五百三十九条 债务人以明显不合理的低价转让财产、以明显不合理的高价受让他人财产或者为他人的债务提供担保，影响债权人的债权实现，债务人的相对人知道或者应当知道该情形的，债权人可以请求人民法院撤销债务人的行为。

第五百四十条 撤销权的行使范围以债权人的债权为限。债权人行使撤销权的必要费用，由债务人负担。

第五百四十一条 撤销权自债权人知道或者应当知道撤销事由之日起一年内行使。自债务人的行为发生之日起五年内没有行使撤销权的，该撤销权消灭。

第五百四十二条 债务人影响债权人的债权实现的行为被撤销的，自始没有法律约束力。

第二节　债权人撤销权常见问题释解

一、债权人撤销权的定义

债权人撤销权，是指债权人对债务人与他人实施的影响其债权实现的行为（诈害行为），可通过诉讼程序予以撤销的权利。债权人撤销权属于合同保全的其中一种法律制度。

二、债权人撤销权的成立条件

1. 债权人对债务人享有债权且成立于债务人实施诈害行为之前。

2. 债务人实施了诈害行为。所谓诈害行为，即影响了债权人的债权实现的处分行为。《民法典》第538条、第539条规定，对债务人的诈害行为应从行为和后果两个方面予以认定。（1）债务人实施了财产处分行为，其一，以放弃其债权、放弃债权担保、无偿转让财产等方式处分财产利益。无论是放弃到期债权还是放弃未到期债权，均导致债务人责任财产减少。放弃债权担保是指放弃已生效的债权担保，包括放弃抵押权、质权、保证债权等，此类行为使作为债务人责任财产的债权效力减低从而增加了不能受偿的风险。无偿转让财产的行为，包括赠与、遗赠、无息借款等。其二，延长其到期债权的履行期限。其三，以明显不合理的低价转让财产或者以明显不合理的高价受让他人财产或者为他人的债务提供担保。根据相关司法解释，对于“明显不合理的低价”，人民法院应当以交易当地一般经营者的判断，并参考交易当时交易地的物价部门指导价或者市场交易价，结合其他相关因素综合考虑予以认定。转让价格达不到交易时交易地的指导价或市场交易价70%的，一般可以视为明显不合理的低价；对转让价格高于当地指导价或市场交易价30%的，一般可以视为明显不合理的高价。其四，为他人债务提供担保。该行为使债务人的责任财产面临非正常减少的风险，对债权人的债权实现构成危害。（2）债务人的处分行为影响债权人债权的实现（有害于债权）。债务人是否陷入资力不足而不能履行或履行困难，致使自己债权的实现受到影响，应由主张撤销权的债权人负举证责任。

3. 主观要件。主观要件，是指债务人实施影响债权实现的处分行为时债务人和相对人的主观意识状态，分为恶意和善意。对此，《民法典》第 538 条、第 539 条区分不同情形作了规定：

其一，债务人无偿处分财产权益的，无论债务人、相对人是否存在善意，均不影响债权人撤销权的成立。债务人为无偿行为而影响债权实现时，只需具备客观要件，债权人即可请求法院予以撤销。因为对无偿行为的撤销，仅使受益人丧失无偿取得利益，并未损害其固有利益，因而法律侧重保护债权人的利益，无论双方善意还是恶意，均成立撤销权。

其二，债务人延长其到期债权的履行期限而影响债权实现的，仅在该行为出于债务人恶意时，债权人方可主张撤销权。延长到期债权履行期限对债权人而言并非无偿处分，于相对人也不是纯获利益，故法律要求只有债务人恶意为之，即债务人明知该行为影响他人债权的实现而故意为之，债权人才能请求撤销该行为。至于相对人是否须为恶意，法律未作要求。

其三，债务人为有偿处分行为或为他人债务提供担保影响债权实现的，须相对人为恶意。对于债务人的有偿处分和对外担保行为，需兼顾债权人和相对人的利益，对善意相对人予以保护，故对于债务人以明显不合理的低价转让财产、以明显不合理的高价受让他人财产或为他人的债务提供担保的，只有相对人知道或应当知道该情形，债权人才能请求撤销该行为。若相对人为善意，即不知道且不应当知道该情形（指上述处分行为减损债务人的履行能力从而影响他人债权的实现），则债权人不得主张撤销权。至于相对人是否明知债务人具有危害债权的恶意，应在所不问。相对人的恶意，应由债权人承担举证责任。

三、债权人撤销权的行使

依照《民法典》第 538 条至第 541 条的规定及相关司法解释，债权人行使撤销权须遵从以下规则：

1. 由债权人以自己的名义通过诉讼方式行使。由于债权人撤销权关系到第三人的利益，因此，应由法院审查债权人撤销权的各项成立条件，以避免债权人撤销权的滥用。债权人撤销权诉讼，由被告即债务人住所地人民法院管辖。

2. 在债权为连带债权的情况下，各债权人可作为共同原告主张债权人撤销权，也可以其中的一个债权人作为原告主张债权人撤销权。但是，在后一种情况下，其他共同债权人不得再就该撤销权的行使提起诉讼。

3. 债权人提起撤销权诉讼时，只以债务人为被告，未将受益人或受让人列为第三人的，人民法院可以追加该受益人或受让人为第三人。两个或两个以上债权人以同一债务人为被告，就同一标的提起撤销权诉讼的，人民法院可以合并审理。

4. 在行使范围上应以债权人的债权（价款）为限。在债务人实施了多个不当处分财产的行为时，债权人应当在其债权数额范围内行使撤销权。若债务人处分的标的物为金钱或可分物，则债权人只能在债权数额范围内主张撤销；若债务人处分的标的物为不可分物，则债权人可以整体撤销债务人的行为。

5. 债权人撤销权应当自债权人知道或者应当知道撤销事由之日起 1 年内行使；自债务人的行为发生之日起 5 年内没有行使撤销权的，该撤销权消灭。债权人撤销权的行使期间属于除斥期间，不适用诉讼时效的中止、中断和延长规则。

四、债权人撤销权的效力

1. 对债务人和相对人的效力

（1）被撤销行为自始无效。《民法典》第 542 条规定，债务人影响债权人的债权实现的行为被依法撤销后，自始不具有法律约束力。据此，债权人撤销权的行使具有溯及力，债务人的处分行为被依法撤销后，债务人尚未给付的，不得向相对人给付，相对人也不得请求给付；相对人已受领债务人财产的，负有返还的义务，原物不能返还的应折价予以赔偿。相对人已向债务人支付对价的对债务人享有不当得利返还请求权。债务人为他人提供担保行为被撤销后，债务人不再承担担保责任；债务人已承担担保责任的，担保人应负返还义务。（2）债权人行使撤销权的必要费用（律师代理费、差旅费等），由债务人负担。

2. 对债权人的效力

债权人提起撤销权诉讼的，对其债权发生诉讼时效中断的效力。撤销权诉讼对债权人而言发生形成之诉的直接效果，即导致债务人和受益人之间的民事法律行为无效。关于债权人撤销权诉讼所产生的给付之诉的效果，即债权人能否直接受领相对人的给付（利益返还）以实现债权清偿，《民法典》未作规定。一般认为，对此原则上适用“入库原则”，但为了限制债务人不当受领或者再作处分，可由行使撤销权的债权人代为受领，债权人虽不享有优先受偿权，但其相应债权可先行得到清偿。

第三节 债权人撤销权纠纷实务案例评析

案例1：夫妻假离婚逃避债务，债权人可行使撤销权①

基本案情

2019年9月14日，被告驾驶电动摩托车与原告驾驶电动摩托车在吉州区门往东200米路段发生交通事故，造成原告受伤，后经鉴定为二级伤残。后原告将被告诉至法院，请求赔偿损失1133445.3元。经法院审理，判决被告赔偿原告各项损失共计1131958.39元。判决生效后，被告未履行生效判决确定的义务，原告于2020年11月24日向法院申请强制执行。经法院查询得知，被告于2019年10月将其房产转移至其第三人（被告第三人）名下，导致其无可供执行的财产。原告因此无法得到赔偿，卧病在床，生活困难。原告以债权人撤销权纠纷为案由将被告与第三人诉至江西省吉安市吉州区人民法院（以下简称吉州区法院），请求判决撤销被告与第三人于2019年10月23日在吉安市不动产登记中心签订的关于位于吉安市吉州区某房屋的《夫妻之间不动产（房屋）转让约定》；被告与第三人将上述房屋恢复登记至被告与第三人双方名下；被告承担诉讼费用。

吉州区法院认为，本案的争议焦点为被告与第三人约定将案涉房屋变更登记在第三人个人名下的行为是否属于无偿处分财产权益的行为，原告对该行为是否具有撤销权。

一、关于原告对被告是否存在合法有效的债权。原告与被告发生交通事故之后，经法院判决，被告应赔偿原告1131958.39元，且至今被告仍未履行生效判决

① 案号：（2021）赣0802民初4982号、（2021）赣08民终2643号。

确定的义务，原告对被告的该债权是既存的合法有效债权，并未消灭。被告对原告因交通事故产生的侵权之债事实存在，原告对被告具有合法有效的债权。

二、关于被告是否存在无偿处分财产权益的行为。原告与被告于2019年9月14日发生严重交通事故，10月9日至11日，被告与第三人即短时间内大量筹措近45万元用于提前归还银行按揭贷款，解除房屋抵押登记以便于后期将房屋转移登记至被告第三人个人名下，紧接着，10月24日双方便协议离婚，10月28日该房屋便转移登记至第三人名下。被告与第三人的一系列行为逃脱不了假离婚之嫌疑。2019年10月23日，双方在吉安市不动产登记中心签订了《夫妻之间不动产（房屋）转让约定》，约定案涉房屋不动产权属为第三人单独所有，但10月24日协议离婚时，案涉房屋并未正式转移登记至第三人名下，双方在民政局备案的《离婚协议书》中却并未就财产分配作出明确约定，仅表述为“无共同财产”，与事实不符。另外，被告与第三人明知被告不久前大量举债，却在民政局备案的《离婚协议书》中约定无共同债务，而不是对债务分担作出明确约定，也与事实不符。双方对房产及债务的分担不在正式备案的《离婚协议书》中作出明确处理，而是在近两个月后的2019年12月21日的《补充协议》中另行内部约定，不合常理。双方在民政局备案的《离婚协议书》中对小孩抚养费及抚养权作出了约定，但小孩抚养费并非要一次性给付，除该房产外，被告也不存在一次性给付小孩抚养费的经济条件，且该《离婚协议书》中也未约定一次性给付小孩抚养费。在被告与第三人仍存在大量债务的情况下，却在《补充协议》中约定将被告的房产份额冲抵完应承担的债务份额后的剩余价值折抵小孩抚养费一次性付清，实际上也是短时间内有意加重自身债务负担。综上，被告将案涉房屋转移登记至第三人个人名下应认定为无偿处分财产权益的行为。

三、关于被告无偿处分财产权益的行为是否影响了原告债权的实现。此应结合行为发生时及权利行使时债务人有无资力来判断。首先，行为发生时，被告将案涉房屋转移登记至第三人个人名下，实为其积极减少责任财产的行为。此时，虽然交通事故赔偿数额尚未最终确定，但被告与第三人已大量举债，并且庭审中双方均表示至今仍未还清上述借款。另外，被告也未举证证明房屋产权变更登记时其另有财产足以清偿原告的债务。可见，行为发生时，被告已无资力应对交通事故侵权之债，足以影响原告债权的实现。其次，被告在交通事故赔偿判决书生效后，未能履行生效判决确定的义务，虽经强制执行，因其无财产可供执行，至今仍未履行生效判决确定的义务。被告也未举证证明现今其有财产足以清偿原告的债务。可见，原告行使撤销权时被告仍无资力，故被告将案涉房屋转移登记至第三人个人名下，可以认定足以影响原告债权的实现。

综上，本院有充分理由认为被告与第三人恶意串通，预谋规避债务履行，其行为足以使案涉债权虚置风险系数提高。被告的行为属隐蔽的无偿处分财产权益的行为，影响了对原告交通事故赔偿款的清偿，损害了原告的合法权益，应当予以撤销。判决：撤销被告与第三人于2019年10月23日在吉安市不动产登记中心签订的关于位于吉安市吉州区某房屋的《夫妻之间不动产（房屋）转让约定》；被告与第三人将上述房屋恢复登记至被告与第三人双方名下。案件受理费减半收取计2525元，财产保全费1770元，合计4295元，由被告负担。

第三人不服，上诉至江西省吉安市中级人民法院（以下简称吉安中院），请求判决撤销一审判决，改判由第三人按案涉房屋的市场评估价扣减银行贷款后50%（价值约218605元）返还给被告用于偿还其对原告的债务；案件受理费由被告承担。主要理由为：1. 第三人与被告离婚并非假借离婚无偿转让财产。2. 在案涉房屋已经由第三人举借还清按揭款并已办理了变更登记的情况下，按案涉房屋的市场评估价扣减银行贷款后50%（价值约218605元）返还给被告用于偿还其对原告的债务，比一审判决更有利于解决矛盾纠纷，保护各方合法权益。3. 即使案涉房屋恢复到变更前的权属状态，被告对案涉房屋所享的一半的权益也只是案涉房屋的市场评估价减去银行贷款金额后的一半。案涉房屋目前的市场价值约888400元，扣除剩余银行贷款447533.42元及提前还款违约金3654.86元后，按一半计算，被告对案涉房屋的权益价值约为218605元。

原告答辩称：1. 第三人的上诉请求并不属于本案受理范围；2. 第三人在原告与被告发生交通事故后，与被告行使的一系列行为均是逃避债务，第三人要求先行扣除40万元，无法律依据。

被告书面述称，被告与第三人离婚前两年即不在一起生活，导致感情破裂。签订离婚协议前已与第三人签订了《夫妻不动产（房屋）转让约定》并将房屋过户至第三人名下，故在协议时注明无共同财产、无共同债务。因第三人为还清银行贷款余款而借支的45万元的一半债务，其一个人还要抚养两个小孩，确实难以承受，被告作为两个小孩的父亲，才与第三人签订《补充协议》。

吉安中院认为，被告与第三人于2019年10月24日在永丰县民政局婚姻登记处办理协议离婚登记手续是否确系双方夫妻感情确已破裂而致，不是本案的争议焦点，也不是本案的审理范围，对此本院在本案中不作评述。

本案的争议焦点为，被告与第三人在案涉交通事故发生后所进行的举债提前偿还银行按揭贷款等一系列行为能否认定为被告无偿处分其财产权益的行为。本案中，原告与被告于2019年9月14日发生严重交通事故，被告与第三人明知被告即将赔偿原告相关损失，却在2019年10月9日至11日短时间内大量筹借近45万元用于提前归还银行按揭贷款。2019年10月23日，被告与第三人在吉安市不动产登记中心签订《夫妻之间不动产（房屋）转让约定》，约定案涉房屋不动产权属为第三人单独所有，并共同申请办理相关过户登记手续。次日，双方协议离婚，约定双方无共同财产、无共同债务。2019年10月28日，案涉房屋正式过户登记至第三人名下。2019年12月21日，被告与第三人又另行签订了一份《补充协议》，约定案涉房屋为夫妻共同财产，按揭贷款为夫妻共同债务，第三人于2019年10月所借45万元归还按揭贷款，被告应承担一半即22.5万元债务，该45万元全部由第三人负责归还，被告以其对该房屋享有的共有份额冲抵其应承担的债务份额，被告同意将小孩抚养费增加到每月1600元，并同意将其房产份额冲抵完应承担的债务份额后的剩余价值折抵小孩抚养费一次性付清。本院认为，被告与第三人的上述一系列行为可以认定为被告无偿处分财产的行为，理由如下：第一，被告在其与原告发生交通事故即将向原告赔偿相关损失后，短时间内大量举债，提前偿还银行按揭贷款以解除案涉房屋的抵押，并在吉安市不动产登记中心与第三人签订《夫妻之间不动产（房屋）转让约定》，约定案涉房屋归第三人个人所有，共同申请办理相关过户登记手续。被告与第三人在民政局协议离婚时，在案涉房屋并未过户至第三人个人名下且双方存在举债45万元的情形下，《离婚协议书》关于双方无共同财产、无共同债务的约定与事实不符。第二，双方离婚后，案涉房屋正式过户登记于第三人个人名下，双方却又签订《补充协议》，对夫妻共同财产及分割、夫妻共同债务及分担另行约定。双方约定的共同债务产生于案涉交通事故之后，且系为提前偿还银行按揭借款以将案涉房屋登记于第三人个人名下产生的，双方约定以被告承担的一半共同债务与其享有的案涉房屋的一半份额相冲抵，该约定与在民政局备案的《离婚协议书》的约定相冲突，足以认定被告系无偿处分其财产。第三，被告在明知其将要向原告支付相应的交通事故赔偿款的情况下，在《补充协议》中约定将其案涉房屋的份额冲抵双方在事故后短时间内举的债；被告在其不存在一次性给付小孩抚养费的经济条件的情形下，将《离婚协议书》约定的小孩抚养费由1000元/月增加至1600元/月并约定一次性付清，以折抵其房产份额冲抵完其应承担的债务份额后的剩余价值，实际上也是短时间内有意加重自身债务负担。综上，一审法院认定被告的行为属隐蔽的无偿处分财产权益的行为，影响了对原告交通事故赔偿款的清偿，损害了原告的合法权益，遂判令该行为应当予以撤销，处理并无不当。第三人的上诉理由缺乏事实和法律依据，本院依法不予采纳。第三人关于按案涉房屋的市场评估价扣减银行贷款后50%（价值约218605元）返还给被告用于偿还其对原告的债务的上诉请求不是本案的审理范围，故对第三人的该项上诉请求本院不予审理。判决：驳回上诉，维持原判。二审案件受理费4580元，由第三人负担。

案例点评

《民法典》第538条规定，债务人以放弃其债权、放弃债权担保、无偿转让财产等方式无偿处分财产权益，或者恶意延长其到期债权的履行期限，影响债权人的债权实现的，债权人可以请求人民法院撤销债务人的行为。

债权人行使撤销权一般应具备以下构成要件：一是债权人对债务人存在合法有效的债权；二是债务人存在无偿处分财产权益的行为；三是债务人无偿处分财产权益的行为影响了债权人债权的实现。

本案中，原告与被告发生交通事故之后，经法院判决，被告应赔偿原告110万余元，且被告未履行生效判决确定的义务，原告对被告的该债权是既存的合法有效债权。对于债权人撤销权之标的，上述规定仅列举了放弃债权、放弃债权担保、无偿转让财产、恶意延长到期债权的履行期限这几类比较明显的表现形式，但无偿处分财产权益的行为比较复杂，该条作了“等”外规定，以适应实践中外观上看似有偿，实质上变相无偿处分财产权益的行为。被告与第三人明知被告即将赔偿原告损失，却短时间内大量举债，而后借离婚之名分割夫妻共同债务，让被告承担一半共同债务，以抵偿案涉房屋一半产权的价款。因该一半共同债务产生于交通事故之后，并且是短时间内有意加重自身债务负担，应认定为被告无偿处分财产的行为。被告也未举证证明房屋产权变更登记时其另有财产足以清偿原告的债务，其上述无偿处分财产权益的行为足以影响原告债权的实现。故一审和二审法院均支持了原告的诉请。

案例 2：债权人行使撤销权的律师费、保险费等费用由债务人承担[①]

基本案情

2001 年 4 月 29 日，被告与第三人登记结婚。2019 年 8 月 16 日，原告向法院起诉，要求被告偿还借款本息，同年 11 月 15 日，法院判决被告偿还原告 98.7 万元借款本息。2020 年 1 月 15 日，被告与第三人协议离婚，《离婚协议书》第二条约定：婚后购得房产一套，坐落于北京市丰台区，归女方所有，尚有贷款，由女方负责继续偿还。

原告对此上述《离婚协议书》第二条财产分配条款有异议，以债权人撤销权纠纷案由，诉至北京市丰台区人民法院（以下简称丰台区法院），请求判决撤销被告与第三人于 2020 年 1 月 15 日达成的《离婚协议书》第二条；第三人将北京市丰台区某房屋恢复登记至被告名下；被告承担保险费 4200 元、律师费 50000 元、诉讼费和保全费。

丰台区法院认为，因债务人放弃其到期债权或者无偿转让财产，对债权人造成损害的，债权人可以请求人民法院撤销债务人的行为。撤销权的行使范围以债权人的债权为限。债权人行使撤销权的必要费用，由债务人负担。撤销权自债权人知道或者应当知道撤销事由之日起 1 年内行使。自债务人的行为发生之日起 5 年内没有行使撤销权的，该撤销权消灭。合同无效或者被撤销后，因该合同取得的财产，应当予以返还。《离婚协议书》中有关财产的约定属于平等主体意思自治范畴，应适用合同法等相关法律规范的约束。被告在明知原告

① 案号：（2021）京 0106 民初 16764 号、（2022）京 02 民终 2434 号。

债权成立的前提下，通过协议离婚的方式放弃大额夫妻共同财产，导致原告依法成立的债权无法执行，原告作为债权人有权要求撤销该《离婚协议书》中有关财产分配的部分条款。原告自称在 2021 年 2 月得知被告与第三人《离婚协议书》一事，并于 2021 年 3 月 26 日向一审法院递交诉讼材料，该期限并未超过 1 年。故对原告关于撤销《离婚协议书》第二条即对北京市丰台区某房屋处理方案的诉讼请求，予以支持；该项协议条款被撤销后，房屋应恢复登记至被告名下。因被告恶意转移财产导致原告无法通过正常执行程序实现债权，并依法进行本案诉讼，故本案一审的案件受理费、保全费及原告因本案诉讼发生的律师费、保险费应由被告承担。判决：撤销被告与第三人于 2020 年 1 月 15 日签订的《离婚协议书》第二条；被告与第三人共同将位于北京市丰台区某房屋恢复登记至被告名下；被告给付原告保险费 4200 元、律师费 50000 元。

被告不服，上诉至北京市第二中级人民法院（以下简称北京二中院），请求撤销一审判决被告给付原告保险费 4200 元、律师费 50000 元，改判为驳回原告诉讼请求或者发回重审。

北京二中院经审理认为，原告在本案二审中提交的微信支付记录，与其在本案一审中提交的《民事案件委托合同》、发票可以形成证据链，足以证明原告主张的其已实际支付律师费 50000 元的事实，因此，本院对被告的此项上诉请求不予采信。被告上诉主张，原告的保险费支出 4200 元，系由于原告的过度查封造成，不应当由被告承担。本院认为，因被告恶意转移财产导致原告无法通过正常执行程序实现债权，并依法进行本案诉讼，故本案的财产保全保险费应由被告承担。判决：驳回上诉，维持原判。一审案件受理费 14170.8 元，由被告负担，二审案件受理费 1155 元，由被告负担。

案例点评

《民法典》第 540 条规定，撤销权的行使范围以债权人的债权为限。债权人行使撤销权的必要费用，由债务人负担。这里的“必要费用”包括当事人委托律师的律师费和保险公司出具保函而收取的保险费。本案中，原告因被告恶意转移财产，行使撤销权，产生了律师费和保险费等必要费用，该费用依照上述规定，由被告承担。

第四章　储蓄存款合同纠纷

第一节　案由适用要点

一、案由释义

《民法典》合同编对储蓄存款合同没有明确规定，因此，储蓄存款合同属于无名合同。根据《储蓄管理条例》第 3 条第 1 款的规定，储蓄是指个人将属于其所有的人民币或者外币存入储蓄机构，储蓄机构开具存折或者存单作为凭证，个人凭存折或者存单可以支取存款本金和利息，储蓄机构依照规定支付存款本金和利息的活动。根据中国人民银行《关于执行〈储蓄管理条例〉的若干规定》第 1 条的规定，储蓄存款是指个人所有的存入在中国境内储蓄机构的人民币或外币存款。

本案由所指的“储蓄存款合同”，既包括储蓄合同，也包括存款合同，主体既包括自然人，也包括法人和非法人组织。

二、管辖法院

因储蓄存款合同纠纷提起的诉讼，根据《最高人民法院关于审理存单纠纷案件的若干规定》第 4 条和《民事诉讼法》第 24 条的规定，应当由被告住所地人民法院或出具存单、进账单、对账单或与当事人签订存款合同的金融机构住所地人民法院管辖。住所地与经常居住地不一致的，由经常居住地人民法院管辖。

三、要点提示

在实务中，储蓄存款合同一般表现为存折、存单或其他储蓄存款凭证。但是，储蓄存款凭证仅仅是储蓄存款合同关系的证明，而不是储蓄存款合同关系本身。储蓄存款合同作为实践合同，自存款人将货币交付于金融机构之时起，合同成立。存款人对其在金融机构的存款所享有的权利是一种债权。

四、法律指引

《民法典》

第四百六十五条　依法成立的合同，受法律保护。

依法成立的合同，仅对当事人具有法律约束力，但是法律另有规定的除外。

第五百零九条　当事人应当按照约定全面履行自己的义务。

当事人应当遵循诚信原则，根据合同的性质、目的和交易习惯履行通知、协助、保密等义务。

当事人在履行合同过程中，应当避免浪费资源、污染环境和破坏生态。

第五百七十七条　当事人一方不履行合同义务或者履行合同义务不符合约定的，应当承担继续履行、采取补救措施或者赔偿损失等违约责任。

第五百七十九条　当事人一方未支付价款、报酬、租金、利息，或者不履行其他金钱债务的，对方可以请求其支付。

第一千一百二十四条　继承开始后，继承人放弃继承的，应当在遗产处理前，以书面形式作出放弃继承的表示；没有表示的，视为接受继承。

受遗赠人应当在知道受遗赠后六十日内，作出接受或者放弃受遗赠的表示；到期没有表示的，视为放弃受遗赠。

第一千一百二十七条　遗产按照下列顺序继承：

（一）第一顺序：配偶、子女、父母；

（二）第二顺序：兄弟姐妹、祖父母、外祖父母。

继承开始后，由第一顺序继承人继承，第二顺序继承人不继承；没有第一顺序继承人继承的，由第二顺序继承人继承。

本编所称子女，包括婚生子女、非婚生子女、养子女和有扶养关系的继子女。

本编所称父母，包括生父母、养父母和有扶养关系的继父母。

本编所称兄弟姐妹，包括同父母的兄弟姐妹、同父异母或者同母异父的兄弟姐妹、养兄弟姐妹、有扶养关系的继兄弟姐妹。

第一千一百五十三条 夫妻共同所有的财产，除有约定的外，遗产分割时，应当先将共同所有的财产的一半分出为配偶所有，其余的为被继承人的遗产。

遗产在家庭共有财产之中的，遗产分割时，应当先分出他人的财产。

第二节 储蓄存款合同常见问题释解

由于目前尚无专门调整储蓄存款合同的法律，处理储蓄存款合同纠纷的法律依据散见于《民法典》合同编相关规定，《商业银行法》第 1 章和第 3 章以及《储蓄管理条例》《最高人民法院关于审理存单纠纷案件的若干规定》等。另外因储蓄存款合同案件知识非常多，理论知识较少，本节内容只介绍与婚姻家庭继承有关的知识，其他不再阐述。笔者现将有关婚姻家庭继承的储蓄存款合同案件，涉及查询已故存款人存款和提取已故存款人小额存款的内容进行介绍。

一、查询已故存款人存款

2019 年 4 月 4 日，中国银保监会办公厅、司法部办公厅发布的《关于简化查询已故存款人存款相关事项的通知》规定，已故存款人的配偶、父母、子女凭已故存款人死亡证明、可表明亲属关系的文件（如居民户口簿、结婚证、出生证明等）以及本人有效身份证件，公证遗嘱指定的继承人或受遗赠人凭已故存款人死亡证明、公证遗嘱及本人有效身份证件，可单独或共同向存款所在银行业金融机构提交书面申请，办理存款查询业务。查询范围包括存款余额、银行业金融机构自身发行或管理的非存款类金融资产的余额。银行业金融机构经形式审查符合要求后，应书面告知申请人所查询余额。

二、提取已故存款人小额存款

2021 年 1 月 28 日，中国银保监会、中国人民银行联合发布了《关于简化提取已故存款人小额存款相关事宜的通知》（以下简称《通知》）。《通知》在

《关于简化查询已故存款人存款相关事项的通知》基础上，进一步简化已故存款人小额存款的提取手续，便利群众办理小额存款继承。

《通知》发布后，已故存款人的第一顺序继承人（配偶、子女、父母）、公证遗嘱指定的继承人或受遗赠人，向银行业金融机构申请提取已故存款人账户内存款及该行发行的非存款类金融产品，余额合计在 1 万元以内（含 1 万元）的，无需提交继承公证书，持相关材料即可办理提取。同时考虑地区经济差异和银行业金融机构间差异，鼓励银行业金融机构在 5 万元以内上调免公证提取的账户限额。已故存款人的配偶、子女、父母办理已故存款人小额存款提取业务，应当向存款所在银行业金融机构提交以下材料：（1）死亡证明等能够证明已故存款人死亡事实的材料；（2）居民户口簿、结婚证、出生证明等能够证明亲属关系的材料；（3）提取申请人的有效身份证件；（4）提取申请人亲笔签名的承诺书。

《通知》将已故存款人小额存款提取流程由原先"继承公证+银行审核"简化为仅由银行进行审查，在控制风险的前提下，可以提高办事效率，节省公证费用支出，使群众获得实实在在的便利。

下一步，中国银保监会、中国人民银行将继续加强与有关部门的沟通协作，推进银行业金融机构与公安部门、民政部门、公证机构等建立健全联网核查机制，提高银行业金融机构审查能力，保障存款安全和继承人合法权益。

第三节 储蓄存款合同纠纷实务案例评析

案例 1：已故亲人 1 万元以上存款，需公证或法院判决继承[①]

基本案情

高某系两原告的母亲，于 2021 年 10 月 12 日死亡。高某生前，两原告为高

① 案号：（2022）皖 0711 民初 8 号。

某在被告某银行处办理了一张个人存折，截至2020年12月21日，存折本息合计为61030.62元。高某生前由两原告轮流照顾，存折款项也是两原告共同出资给老人留的备用养老金。现高某去世，两原告多次要求被告给付上述储蓄本息，均遭被告拒绝。2022年1月4日，两原告以储蓄存款合同纠纷案由诉至安徽省铜陵市郊区人民法院（以下简称郊区法院），请求判令被告立即返还原告储蓄存款61030.62元；被告承担诉讼费。两原告向法院提供的证据材料主要有储蓄存款存单、居民死亡医学证明书、死亡注销证明、死者直系亲属情况证明、放弃继承权声明书等。

被告辩称：1. 案涉储蓄存款人是高某，不是两个原告，两原告无权要求返还；2. 两原告并非存款人，也没有履行法定继承前置程序，无权要求金融机构支付存款，应当驳回其起诉或者全部诉讼请求；3. 被告作为金融机构对于储户的存款必须严格按照规定执行，实际上被告是没有权利自行支配和处置的。

法院查明，该笔遗产的法定第一顺序继承人为高某的六个女儿，其中四个女儿对该笔遗产均书面表示放弃继承。

郊区法院认为，案外人高某在被告处存入存款61030.62元并产生相应利息，其与被告之间存在储蓄存款合同关系，其死亡后该存款及相应利息属于遗产的范围，被告在原告方未出具有效法律文书的情况下，拒绝支付，并无过错。该笔遗产的法定第一顺序继承人为包括原告在内的六个人，除两原告要求继承外，其余四人均书面放弃继承，属于对自身权利的处分，应予准许。在继承人确定后，被告依法应当支付，故两原告要求被告支付案外人高某名下存款61030.62元存款本金及相应利息的诉讼请求，本院予以支持。关于本案的诉讼费，因被告对本案纠纷的产生并无过错，应由两原告自行承担。判决：被告向两原告支付高某名下存款61030.62元及相应利息（按银行计息办法计算）。案件受理费减半收取计663元，由两原告负担。

案例点评

根据《通知》规定，已故存款人的第一顺序继承人（配偶、子女、父母）、公证遗嘱指定的继承人或受遗赠人，向银行业金融机构申请提取已故存款人账户内存款及该行发行的非存款类金融产品，余额合计在1万元以内（含

1万元）的，无需提交继承公证书，持相关材料即可办理提取。同时考虑地区经济差异和银行业金融机构间差异，鼓励银行业金融机构在5万元以内上调免公证提取的账户限额。

本案中，原、被告所涉及的存款金额为6万余元，不是被告免继承公证就可提取给原告存款的权限范围。两原告可以让所有法定继承人到公证处申请公证，然后向银行出具公证书、高某死亡证明等材料提取存款；也可以通过诉讼在法院达成调解协议或法院作出判决提取存款。两原告选择通过诉讼提取存款。根据《民法典》第1127条规定，配偶、子女和父母是遗产第一顺序法定继承人。法院经审理查明高某的父母和配偶先于高某去世，高某也没有立遗嘱，确定高某的六个子女是高某第一顺序法定继承人。另外，除两原告要求继承外，其余四人均书面放弃继承。最后法院判决被告向两原告支付存款及其利息。

案例2：妻子支取亡夫存款遭拒，法院要求银行连本带利给付①

基本案情

原告与李某系夫妻关系。李某父母早亡，于2002年5月与原告开始以夫妻名义共同生活，并于2017年1月12日办理了结婚登记手续，婚后未生育子女。2021年5月23日，李某病故，原告是李某的唯一合法继承人。李某生前从2020年6月24日起至2021年4月15日，在被告处存款5笔共计6万元，该6万元存款系原告与李某的夫妻共同财产，各笔存款存期均为1年。因李某生前看病及死亡办理丧事，原告支出很大一部分资金，在办理完李某的丧事后，持5张存折到被告处支取存款，被告拒付。

2021年12月20日，原告以储蓄存款合同纠纷案由诉至河南省周口市西华县人民法院（以下简称西华县法院），请求判令被告给付原告存款本金6万元及利息。原告向法院提供的证据材料主要有存整取定期储蓄存单5张、结婚

① 案号：（2021）豫1622民初5460号。

证、户口簿、派出所户口注销证明等。

被告辩称，原告丈夫李某在我行存款6万元是事实，存款期限是1年定期，根据监管部门要求，原告如果依法提供相关手续，我行会依法为原告办理取款业务。

西华县法院认为，李某生前在被告处存款6万元，本案应为储蓄存款合同纠纷。李某与被告之间签订的储蓄存款合同是双方真实意思表示，应为有效合同，双方均应按合同约定行使权利、履行义务。李某生前在被告处存款6万元，被告应按储蓄合同约定给付李某存款及利息，因李某已死亡，原告是李某唯一合法继承人，故被告应按合同约定给付原告存款本金6万元及利息。判决：被告给付原告存款本金6万元及利息。案件受理费650元，由被告负担。

案例点评

亲属去世后留下的存款属于遗产，在没有遗嘱或遗赠协议的情况下，应按法定继承办理，所有第一顺位继承人均有法定继承权。

银行作为专业的金融机构，有义务保障储户的资金安全，以免发生盗取引发纠纷。面对这种情况，有两种解决方法：一是所有法定继承人可以到公证处申请公证，然后向银行出具公证书、老人死亡证明等材料，方可取出钱款；二是通过诉讼在法院达成调解协议或法院作出判决，确定遗产的继承分配。

本案中，李某生前未生育子女，其父母早年均已亡故，原告是李某的唯一合法继承人。李某在被告处的6万元存款，应为夫妻共同财产，其中共同财产中属于李某的遗产部分，也应由其配偶继承。最终法院判决被告给付原告存款本金6万元及利息。在法律的规定下，最大限度地尊重和保护了继承人的利益，也守护了亲情的温度。

附录

办案工具箱

办案数据、计算公式速查

一、诉讼时效等法定期限

1. 因胁迫而结婚，受胁迫一方向人民法院请求撤销婚姻，请求的时限要求是自胁迫行为终止之日（如被非法限制人身自由，自恢复人身自由之日）起：1 年内。（《民法典》第 1052 条）

2. 因一方婚前不如实告知患有重大疾病而结婚，另一方向人民法院请求撤销婚姻，请求的时限要求是：自知道或者应当知道撤销事由之日起：1 年内。（《民法典》第 1053 条）

3. 无过错方作为被告在离婚诉讼一审中没有提出离婚损害赔偿请求的，二审期间提出的，人民法院调解不成的，告知当事人另行起诉的时间是离婚后：3 年内。（《民法典》第 188 条）

4. 夫妻一方隐藏、转移、变卖、毁损、挥霍夫妻共同财产，或者伪造夫妻共同债务企图侵占另一方财产，向法院起诉请求再次分割夫妻共同财产的诉讼时效为自发现之日起：3 年内。（《民法典婚姻家庭编司法解释一》第 84 条）

5. 男女双方协议离婚，任何一方不愿意离婚要求撤回离婚登记申请，应在婚姻登记机关收到离婚登记申请之日起：30 日内。（《民法典》第 1077 条）

6. 男女双方协议离婚，应在婚姻登记机关收到离婚登记申请之日起 30 日届满后领取离婚证的时限要求：30 日内。（《民法典》第 1077 条）

7. 遗赠要求受遗赠人接受或者放弃受遗赠的意思表示作出时限要求是应当在知道受遗赠后：60 日内。（《民法典》第 1124 条）

二、法定年龄及法定人数要求

1. 法定的男、女的结婚最低年龄分别为：22 周岁、20 周岁。（《民法典》

第 1047 条）

2. 法院判决离婚后子女抚养问题时，一般情况下由母亲抚养要求子女属于：2 周岁以下。（《民法典》第 1084 条）

3. 法院判决离婚后子女抚养问题时，父母发生争执，应当尊重子女真实意愿时，要求该子女达到：8 周岁。（《民法典》第 1084 条）

4. 抚养费的给付期限一般到子女：18 周岁为止。（《民法典婚姻家庭编司法解释一》第 53 条）

5. 一般情况下，收养人要求其年龄：满 30 周岁。（《民法典》第 1098 条）

6. 无配偶者收养异性子女的，收养人与被收养人的年龄差距：40 周岁以上。（《民法典》第 1102 条）

7. 进行收养时，需要征得被收养人同意的条件是要求其达到：8 周岁。（《民法典》第 1104 条）

8. 一般情况下，有子女的收养人只能收养子女：1 名。（《民法典》第 1100 条）

9. 遗嘱人在危急情况下可以订立口头遗嘱，但是要求应当有在场见证人：2 人以上。（《民法典》第 1138 条）

三、其他法定时间要求

1. 男女双方离婚视为感情破裂的情形之一是双方因感情不和分居满：2 年。（《民法典》第 1079 条）

2. 男方不得提出离婚的情形之一是女方分娩后：1 年内。（《民法典》第 1082 条）

3. 男方不得提出离婚的情形之一是女方终止妊娠后：6 个月内。（《民法典》第 1082 条）

4. 经人民法院判决不准离婚后，一方再次提起离婚诉讼的，应当准予离婚的条件是双方又分居满：1 年。（《民法典》第 1079 条）

四、加倍支付迟延履行期间的债务利息计算公式

加倍部分债务利息=债务人尚未清偿的生效法律文书确定的除一般债务利

息之外的金钱债务×日万分之一点七五×迟延履行期间（《民事诉讼法》第 260 条、《最高人民法院关于执行程序中计算迟延履行期间的债务利息适用法律若干问题的解释》第 1 条）

五、军人复员费离婚时分割计算公式

夫妻共同财产=婚龄×［复员费总额÷（70 周岁-入伍年龄）］（《民法典婚姻家庭编司法解释一》第 71 条）

法院诉讼费缴费标准及计算方法

一、财产案件

标的金额	计算方法
1 万元以下	50 元
1 万~10 万元	2.5%-200 元
10 万~20 万元	2%+300 元
20 万~50 万元	1.5%+1300 元
50 万~100 万元	1%+3800 元
100 万~200 万元	0.9%+4800 元
200 万~500 万元	0.8%+6800 元
500 万~1000 万元	0.7%+11800 元
1000 万~2000 万元	0.6%+21800 元
2000 万元以上	0.5%+41800 元

对财产案件提起上诉的，按照不服一审判决部分的上诉请求数额交纳上诉费。

二、非财产案件

<table>
<tr><td rowspan="3">离婚案件</td><td>一般情况</td><td>300 元</td></tr>
<tr><td>涉及财产分割，财产总额不足 20 万元的</td><td>不另行交纳</td></tr>
<tr><td>超过 20 万元的部分</td><td>0.5%</td></tr>
<tr><td rowspan="4">侵害姓名权、名称权、肖像权、名誉权、荣誉权以及其他人格权的案件</td><td>一般情况</td><td>500 元</td></tr>
<tr><td>涉及损害赔偿，赔偿金额不超过 5 万元的</td><td>不另行交纳</td></tr>
<tr><td>超过 5 万元至 10 万元的部分</td><td>1%</td></tr>
<tr><td>超过 10 万元的部分</td><td>0.5%</td></tr>
<tr><td>其他案件</td><td colspan="2">100 元</td></tr>
</table>

三、劳动争议案件

每件交纳 10 元；管辖权异议案件，异议不成立的，每件交纳 100 元。

四、知识产权案件

类型	收费标准
没有争议金额或者价额的	1000 元
有争议金额或者价额的	按照财产案件标准交纳
商标、专利行政案件	100 元
其他行政案件	50 元

五、执行案件

执行申请费无须申请人预交，待执行后按下列标准由被执行人负担：

没有执行金额的	50 元至 500 元
1 万元以下	50 元
1 万~50 万元	1. 5%-100 元
50 万~500 万元	1%+2400 元
500 万~1000 万元	0. 5%+27400 元
1000 万元以上	0. 1%+67400 元

六、诉讼保全案件

财产数额不超过 1000 元或不涉及财产数额	30 元
1000 元~10 万元	1%+20 元
10 万~89. 6 万元	0. 5%+520 元
89. 6 万元以上	5000 元

七、其他类型案件

申请支付令	比照财产案件受理费标准的 1/3 交纳
申请公示催告	100 元
申请撤销仲裁裁决或者认定仲裁协议效力	400 元
申请破产	依照破产财产总额计算，按照财产案件受理费标准减半交纳，最高不超过 30 万元

婚姻家庭继承案件诉讼管辖法院

一、离婚案件

类型	管辖法院	法律依据
一般	被告住所地法院	《民事诉讼法》第22条
双方均为军人	军事法院	《民事诉讼法解释》第11条
一方离开住所地超过1年，另一方起诉离婚	可以由原告住所地法院管辖	《民事诉讼法解释》第12条
双方离开住所地超过1年，一方起诉离婚	由被告经常居住地法院管辖；没有经常居住地的，由原告起诉时被告居住地法院管辖	《民事诉讼法解释》第12条
下落不明或者宣告失踪的人/被采取强制性教育措施的人/被监禁的人	原告住所地人民法院	《民事诉讼法》第23条
双方都被监禁或者被采取强制性教育措施	被告原住所地法院	《民事诉讼法解释》第8条
被告被监禁或者被采取强制性教育措施1年以上	被告被监禁地或者被采取强制性教育措施地法院	《民事诉讼法解释》第8条
国内结婚并定居国外的华侨	如定居国法院以离婚诉讼须由婚姻缔结地法院管辖为由不予受理，当事人向法院提出离婚诉讼的，由婚姻缔结地或者一方在国内的最后居住地法院管辖	《民事诉讼法解释》第13条
国外结婚并定居国外的华侨	如定居国法院以离婚诉讼须由国籍所属国法院管辖为由不予受理，当事人向法院提出离婚诉讼的，由一方原住所地或者在国内的最后居住地人民法院管辖	《民事诉讼法解释》第14条

续表

类型	管辖法院	法律依据
一方居住在国外，一方居住在国内	国内起诉的，国内一方住所地法院。国外一方在居住国法院起诉，国内一方向法院起诉的，受诉法院有权管辖	《民事诉讼法解释》第15条
双方在国外但未定居	原告或者被告原住所地法院	《民事诉讼法解释》第16条
已经离婚，双方均定居国外，仅就国内财产分割提起诉讼	主要财产所在地法院	《民事诉讼法解释》第17条

二、赡养费、扶养费、抚养费案件

类型	管辖法院	法律依据
一般	被告住所地法院	《民事诉讼法》第22条
几个被告住所地不在同一辖区	原告住所地法院	《民事诉讼法解释》第9条

三、不服指定监护或者变更监护关系案件

类型	管辖法院	法律依据
一般	被监护人住所地法院	《民事诉讼法解释》第10条

四、继承遗产案件

类型	管辖法院	法律依据
继承遗产	被继承人死亡时住所地或者主要遗产所在地法院	《民事诉讼法》第34条
因不动产的权利确认、分割引起的物权纠纷	不动产所在地法院	《民事诉讼法》第34条 《民事诉讼法解释》第28条

办理婚姻登记办案流程图

一、中国公民办理结婚登记流程图

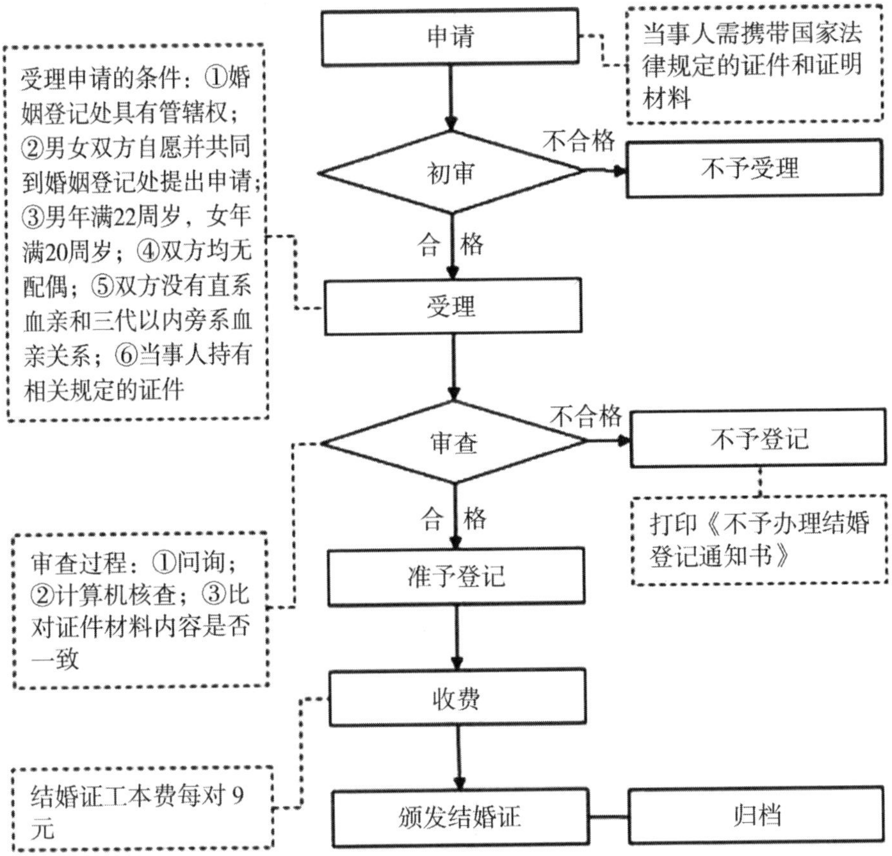

二、中国公民办理离婚登记流程图

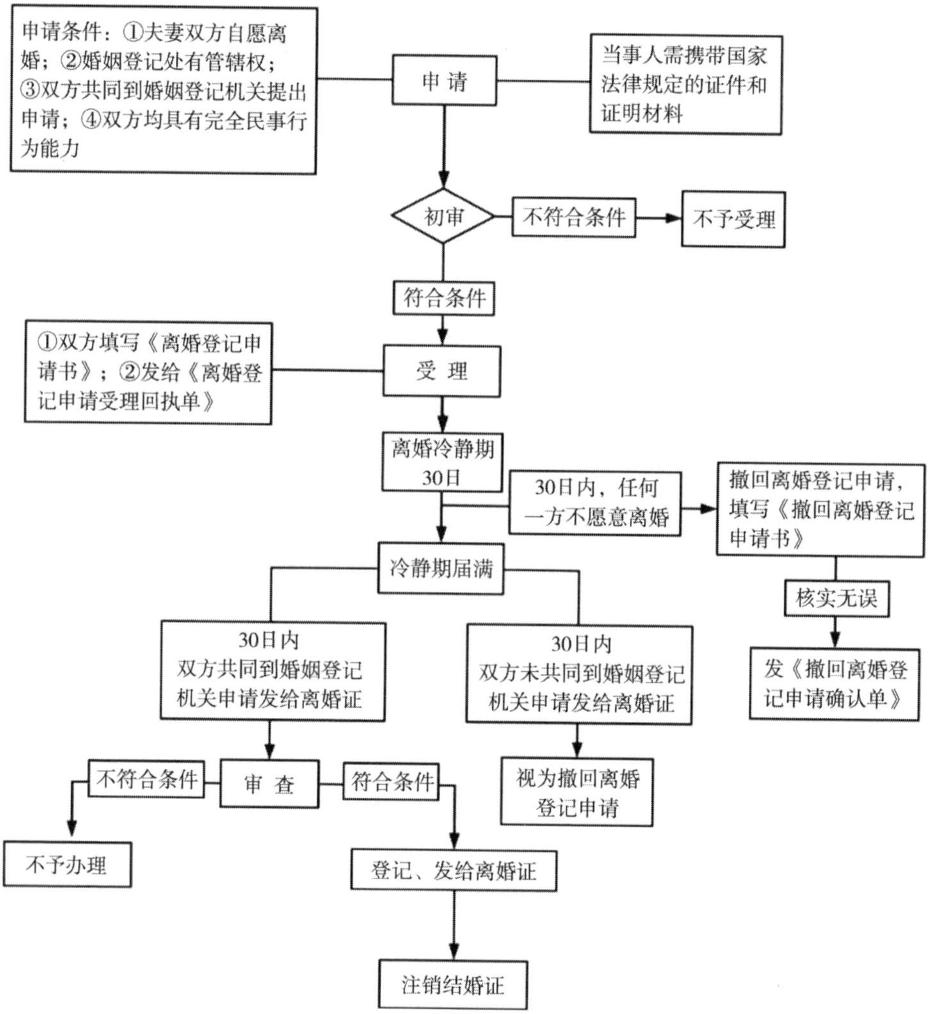

图书在版编目（CIP）数据

婚姻家庭继承案件实用办案手册 / 邝宪平著 . —北京：中国法制出版社，2023. 2
ISBN 978-7-5216-3190-6

Ⅰ. ①婚⋯ Ⅱ. ①邝⋯ Ⅲ. ①婚姻法-案例-中国-手册②继承法-案例-中国-手册 Ⅳ. ①D923. 05-62

中国版本图书馆 CIP 数据核字（2022）第 226677 号

责任编辑：秦智贤（qinzhixian@ zgfzs. com）　　封面设计：杨鑫宇

婚姻家庭继承案件实用办案手册
HUNYIN JIATING JICHENG ANJIAN SHIYONG BAN'AN SHOUCE

著者/邝宪平
经销/新华书店
印刷/三河市紫恒印装有限公司
开本/710 毫米×1000 毫米　16 开　　印张 / 17. 25　字数 / 192 千
版次/2023 年 2 月第 1 版　　2023 年 2 月第 1 次印刷

中国法制出版社出版
书号 ISBN 978-7-5216-3190-6　　定价：58. 00 元

北京市西城区西便门西里甲 16 号西便门办公区
邮政编码：100053　　传真：010-63141600
网址：http：//www. zgfzs. com　　**编辑部电话：010-63141798**
市场营销部电话：010-63141612　　**印务部电话：010-63141606**

（如有印装质量问题，请与本社印务部联系。）